Hafis

Der Diwan

Hafis

Der Diwan

Die Auswahl der schönsten Gedichte

In der Übersetzung von
Joseph von Hammer-Purgstall

marixverlag

Aus: Der Buchstabe Elif

I.

Reich mir, o Schenke, das Glas,
Bringe den Gästen es zu,
Leicht ist die Lieb' im Anfang
Es folgen aber Schwierigkeiten.

Wegen des Moschusgeruchs,
Welchen der Ostwind geraubt
Deinen gekrausten Locken,
Wie vieles Blut entfloss dem Herzen!

Folge dem Worte des Wirts
Färbe den Teppich mit Wein.
Reisende sind der Wege,
Sie sind des Laufs der Posten kundig.

Kann ich genießen der Lust
In des Geliebten Gezelt,
Wenn mich zum Aufbruch immer
Der Karawane Glocke rufet!

Finstere Schatten der Nacht!
Wogen und Wirbelgefahr,
Können euch wohl begreifen,
Die leicht geschürzt am Ufer wohnen?

Durch die befriedigte Lust
Ward ich zum Märchen der Stadt,
Kann ein Geheimnis bleiben
Der Stoff der allgemeinen Sage?

Wünschest du Ruhe, Hafis,
Folge dem köstlichen Rat:
Willst du das Liebchen finden,
Verlass die Welt und lass sie gehen.

II.

Der Mond der Schönheit borgt sein Licht
Von deiner Wangen Strahlen,
Der Glanz der Anmut strahlet aus
Von deines Kinnes Grübchen.

Kann mein *versammeltes* Gemüt
Mit deines Haares Locken,
Die ganz *zerstreuet* sind, o Gott!
Sich je zusammenfinden.

Des Sinnes, dich zu schauen, kam
Mein Geist auf meine Lippen,
Soll er entfliehn? Soll er zurück?
Was ist dein Herrscherwille?

Gehst du vorbei, heb' auf den Saum
Vom Blute und vom Staube,
Denn viele deiner Opfer sind
Auf diesem Weg gefallen.

Verwaiset ist mein Herz, o gebt
Hievon den Freunden Kunde!
O Freunde! meine Seele ist
Mit euern Seelen eines.

Was nützet die Enthaltsamkeit
Dem, der dein Auge sah?
Viel besser ists, die Nüchternheit
Dem Trunknen nicht verkaufen.

Mein träges Glück, das lange schlief,
Ist endlich aufgewachet,
Der Schimmer deines Angesichts
Hat ihm ins Aug' geblitzet.

Der Ostwind bring' mir einen Strauß
Vom Rosenbusch der Wangen,
Vielleicht wird mir dann sein Geruch
Vom Staube deines Gartens.

Ihr sollet leben, euer Wunsch
Werd' stets erfüllt, ihr Schenken!
Wiewohl mein Glas zu eurer Zeit
Nicht einmal voll geworden.

Horcht auf! es betet nun Hafis.
Sagt Amen, denn er betet.
Herr! gib uns unser täglich Brot
Vom Zucker ihrer Lippen.

O Morgenwind, zieh hin nach *Jesd*[1]
Sag denen, die dort wohnen,
Der Kopf dess, der nicht dankbar ist,
Sei eurer Ballen Schlägel.

Zwar bin ich weit von euch entfernt,
Doch ist mein Geist nicht ferne,
Ich bin der Diener eures Schahs
Und euer Loberedner.

Ich habe Mut, ich fleh bei Gott!
O höchster Schah der Schahe!
Ich küss' die Erde deines Zelts
Wie das Gewölb des Himmels.

[1] *Jesd* eine Stadt drei Tagreisen von Schiras, an deren Einwohner, als an seine besondern Freunde, der Dichter diese Ode gerichtet hat; dem Ballenschlägel im *Maillespiel*, das in Persien sehr stark gespielt wird und wovon in allen Dichtern häufig Vergleichungen hergenommen sind.

III.

Schenk'! erleucht' mit dem Licht des Weins den Becher,
Sänger, singe; nun geht's nach unsern Wünschen.

Ich erblick im Pokal der Wangen Abglanz.
Wiss' es, der du nichts weißt vom Glück des Trinkens.

Rausch und Trunkenheit ziemt dem Aug' des Freundes;
Deshalb raubt mir der Rausch so Zaum als Zügel.

Dieser Schmächtigen Reiz gefällt so lang nur,[1]
Bis sich meine Zypress' mit Schwanken nahet.

Wessen Zunge die Lieb' beseelet, stirbt nicht.
Ewig bleibet mein Ruhm im Weltenbuche.

Ich befürchte, dass nicht am jüngsten Tage
Priesterbrot und der Wein von gleichem Wert sei.

Ostwind, gehst du vorbei beim Rosenhaine,
Gib doch Kunde von mir dem treuen Freunde.

Du, ätherische Fluth, und du, o Mondschiff,[2]
Ihr verschwindet zugleich in seiner Großmut.

O mein Auge, verstreu' das Korn der Tränen,
Dass sich fange im Netz der Wollust Vogel.

[1] Nur so lange gefällt mir der hohe Wuchs anderer Schönen, bis er von dem der meinigen verdunkelt wird.

[2] Das Meer des Äthers und das Mondschiff sind so klein im Vergleich mit der Großmut *Hadschi Kawams*, dass sie beide in derselben versinken. Dieser *Hadschi Kawameddin* (denn es waren ihrer zwei) war nach *Sudi* der Wesir des Sultans Hasan des Ilchaniers und seines Sohnes Oweis, dessen Tod von Hafis, durch einen Chronographen, gefeiert ward und der gewöhnlich der große Kowam genannt wird. Derselbe, der die Schule für Hafis erbaute.

IV.

Komm, o Weiser, und schau hinein in den Spiegel des Bechers,
Schaue die Lust des purpurnen Weines!
Frag' um verborgenen Sinn die Eingeweihten des Bechers,
Weil auch hievon die Frömmsten nichts ahnen.

Keiner hat erjagt den *Simurg*, o zieh die Garne zusammen[1]
Denn es schwillt nur vom Winde das Netz auf.
Auf! Genieße die Zeit, und gedenke: dem Vater der Menschen
Blieb in Elisiums Fluren der Trunk nicht.[2]

Leere der Becher ein Paar, beim Feste des Lebens, und fort dann!
Geiz' nicht hienieden nach stetem Genusse.
Hin ist die Jugend! o Herz, und keine Blume gepflücket,
Nach Namen und Tugend streb' nun im Alter:

Ostwind höre! Hafis ist ein treuer Jünger des Bechers
Geh und grüß mir den Herrn vom *Weinhaus*.

[1] *Simurg* oder *Anka,* der König der Vögel, der seit dem Anfang der Welt lebt, Salomons geheimer Rat war und seitdem auf dem Gebirge Kaf in philosophischer Einsamkeit lebt. Die ganze orientalische Welt spricht von ihm, niemand hat ihn aber gesehen, und noch weniger gefangen.

[2] Selbst Adam konnte im Paradiese nicht mehr zu trinken bekommen, um wie viel weniger ich.

V.

Schenke, steh auf und reiche das Glas
Begrabe die Sorgen mit Wein!
Reiche das Glas und schenke den Wein
Die bläuliche Kutte hinweg![1]

Übel zwar klingt dies weiserem Ohr;
Doch kümmert der Ruf mich nicht viel.
Bringe mir Wein! Das Übrige ist
Verlust der verderblichen Zeit.

Rauch von der Glut der flammenden Brust
Hat diese Gefrorenen zerschmelzt.
Närrisches Herz! Noch find' ich im Volk
Nicht einen Vertrauten für dich.

Wenigstens bleibt noch übrig der Trost,
Dass alles verloren auf einmal!
Früh und auch spät geduld' dich, Hafis,
So gehet dir alles nach Wunsch.

[1] Die blaue Kutte, das Unterscheidungszeichen der Jünger des Scheichs Hasan, zu denen Hafis selbst gehörte und von denen er Vorwürfe über seine freie Lebensweise anhören musste. Die Anrede an dieselben gehet fort bis ans Ende der Ode.

VI.

Meiner Hand ist das Herz entflohen, ihr Herzenbesitzer!
Wehe! bei Gott! Weh mir! denn das Geheimnis ist weg!

Gestern tönte so schön von Wein und Rosen Aodi
Bringet den Morgenwein, o ihr Betrunkenen her!

Schau in das Glas! es ist der Spiegel des griechischen Königs,
Alle Plane Daro's wirst du erspähen darin[1]

Gnädiger Herr! aus schuldigem Dank für blühenden Wohlstand
Fraget doch eines Tags, wie es Derwischen ergeht.[2]

Ruhe hienieden und dort verbürgen diese zwei Worte:
Liebreich begegne dem Freund, Feinden begegne mit Gunst.

Mir ward Eintritt ins Land des guten Namens versaget.
Tadler, gefällt es dir nicht, änd're das ewige Los.

Dieser bittere Saft, dem Weisen *die Mutter der Laster*[3]
Schmeckt viel lieblicher mir als ein jungfräulicher Kuss:

In unfreundlicher Zeit genieß' und freu dich des Rausches!
Dieser Alchimiker macht Bettler wie *Karun* beglückt.[4]

Sträube dich nicht, sonst wirst du wie Kerzen in Gluten verflammen,
In der Geliebten Hand werden die Steine zu Wachs.

Persische Schöne verleihn mit ihren Worten das Leben,
Greisen und Frömmlingen gib Schenke die Kunde davon!

Ach, nicht mit Willen besudelt Hafis die Kleider mit Weinfleck.
Frommer Lehrer, verzeih! O du verzeihest es ihm.

[1] Alexanders Spiegel, berühmt in der orientalischen Fabellehre. Er brauchte nur hineinzusehen, um auf der ersten Blick alle Plane Daro's (Darius') zu durchschauen.
[2] Eine Anrede an den Geliebten, der als *Schah* erscheint, während ihn der Liebende als Derwisch anspricht.
[3] Mahommeds Wort über den Wein.
[4] Der Wein ist ein Alchimiker, der Bettler so reich macht wie den ägyptischen König *Karun*, der unermessliche Schätze besaß.

VII.

Die Gärten blühn im frischen Reiz der Jugend[1]
Bulbul hört von der Rosen Freudenkunde.

O Morgenwind kömmst du zu jungen Wiesen,
Grüß mir Basilikon, Zypress' und Rose.

Wenn mich des Wirts Knabe süß liebkoset,
So weih' ich meine Wimpern ihm zur Bürste.

Du, der mit Ambraschlägeln Ballen spielest,
Schlag mich Geschlagenen nicht mehr zurücke.

Ich fürchte, jene, die der Trinker spotten,
Verlieren ihren Glauben selbst in Schenken.

Sei Männern Gottes Freund, es ist ein Stäubchen
Im Schiffe Noahs, dem die Flut nicht schadet.

Was brauchts Paläste, die zum Himmel reichen,
Für jenen, der zuletzt im Staube schlummert?

O Kanaans Mond! dein ist der Thron Ägyptens,[2]
Zeit ists den finstern Kerker zu verlassen.

Begehr' kein Brot, verlass der Erde Gasthof!
Der Erde Wirt ermordet seine Gäste.

Ich weiß nicht, was du willst mit deinen Locken:
Dein Moschushaar auf diese Art verwirrend.

Hafis, trink Wein, betrinke dich, sei froh,
Mach nicht zuletzt zum Fallstrick den Koran.

[1] Statt der Charitinnen steht hier Bulbul, die persischen Nachtigall, eine von der unsrigen durch Gestalt, Farbe und Gesang verschiedener Vogel, dessen Liebe mit der Rose die schönste Mythe der persischen Dichtkunst ist.
[2] Der Mond aus Kanaan, dem der Thron Ägyptens gebührt, ist Josef, das Ideal jugendlicher Schönheit.

VIII.

Nähme mein Herz in die Hand der schöne Knabe aus Schiras,
Gäb' ich fürs Mal *Samarkand* und *Buchara.*[1]

Reiche mir, Schenke, den Wein, im Himmel suchst du vergebens
Roknabad's Blumengestad, und Mosella's.[2]

Wehe! die Schelmen mit schwarzem Aug' und süßer Gebärde
Rauben dem Herz die Geduld, wie die Türken.

Unvollkommene Liebe bedarf nicht die Schönheit des Freundes,
Schöne Gesichter bedürfen nicht Schminke.

Bleibe beim Sänger, beim Glas, erforsch nicht verborgene Dinge
Keiner noch hat es gelöset, wird's lösen.

Jusufs berauschende Schönheit erklärt den Zauber der Liebe,
Welcher zerrissen den Flor bei *Sulicha.*[3]

Höre den Rat, denn wiss': ein wohlerzogener Jüngling
Schätzt wie die Seele die Worte der Alten.

Böses hast du gesprochen. Verziehn! Wohl ward es gesprochen
Bitteres ziemet den zuckrigen Lippen.

Lieder hast du gesungen, Hafis, und Perlen gebohret.
Wert, dass Plejaden der Himmel verstreue.[4]

[1] Die Freigebigkeit des Dichters, mit welcher er die beiden Städte *Samarkand* und *Buchara* verschenken will, hätte ihm übel bekommen können. Denn seine Feinde hatten den Vers benützt, ihn bei Timur zu verschwärzen, dass er die zwei herrlichsten Städte seines Reichs so gar gering achte und zum Preis eines Schönheitsmales herabwürdige. Timur stellte Hafisen hierüber auch wirklich zur Rede, der sich durch Geistesgegenwart und durch eine unmerkliche Veränderung des Verses sehr ehrenvoll aus der Schlinge zog. Der Vers heißt im Persischen:
Bachschem Samarkand u Buchara.
Geben wollt' ich Samarkand und Buchara.
Ists wahr? fragte Timur, indem er den Vers wiederhohlte, dass du dich unterstanden, meine herrlichsten Städte so zu lästern?

Verzeihe, Schah, antwortete der Dichter, man hat dich falsch berichtet: der Vers heißt:
Bachschem du ser kandi buchara
Geben wollt' ich zwei Zuckerbrote von Buchara.
Timur, zufrieden mit der Rechtfertigung, belohnte den guten Einfall.

[2] *Roknabad,* ein Spaziergang vom Fürsten *Rokneddin,* längs den Ufern eines kleinen Flusses bei Schiras angelegt. *Mosella,* ein öffentlicher Gebetort in dem Rosenhaine von Schiras, wo Hafis auch begraben liegt. Im Paradies, meint Hafis, wirst du weder das eine noch das andere finden.

[3] *Sulicha* oder *Suleicha,* Potifars Gemahlin in den orientalischen Romanen, die in des ägyptischen Josephs Geschichte nichts als die unwiderstehbare Macht der Schönheit des Mannes aufs Herz des Weibes darzustellen suchen.

[4] Hier vergleicht Hafis seine Verse mit Perlen, die er durchbohret, um sie an der goldnen Schnur des Liedes anzureihen; auch die Plejaden sind Perlen, Perlen des Himmels, aber höchstens gut genug, um auf die Perlen des Liedes ausgestreut zu werden.

IX.

Sage, Morgenwind, mit Schmeicheln
Jener lieblichen Gazelle,
Auf die Berge, in die Wüsten
Hat die Liebe mich getrieben.

Warum frägt der Zuckerhändler
(Herr, erhalte ihm das Leben)
Warum frägt er nicht ums Wohlsein
Seines Zucker-Papageies?

Wenn du bei dem Liebchen sitzest,
Wein an seiner Seite trinkest,
O erinnre dich der Freunde,
Die umher gleich Winden irren.

Wisse, Rose, dir geziemt es
Nicht so stolz zu sein auf Schönheit,
Dass aus Stolz du nach der irren
Nachtigall nicht einmal fragest.

Nur mit guter Art und Weise
Wirst du den Geliebten fangen,
Denn es gehen kluge Vögel
Nicht ins Netz und in die Schlinge.

Wer belehrt mich, warum diese
Dunkeln Augen, hohe Formen,
Diese vollen Mondsgesichter
Mir so gar nicht hold sein wollen!

Deiner Schönheit fänd' ich wahrlich
Gar nichts anders auszusetzen,
Als dass insgemein die Schönen
Nichts von Treu' und Liebe wissen.

Für den Umgang mit den Freunden,
Für die Gunst des Glückes dankbar,
Sei auch eingedenk der Fremden,
Die durch Heid' und Wüsten streifen.

Was ists Wunder, wenn im Himmel,
Durch Hafisens Lied gewecket,
Zu dem Lautenspiele Suhres[1]
Der Messias Reigen tanzet?[2]

[1] *Suhre* oder *Sohre* auf Arabisch, auf Persisch *Nahid* (*Anaitis*), der weibliche Genius des Morgen- oder Abendsterns, ehemals ein tugendhaftes Weib auf Erden, welches die in menschlicher Gestalt die Erde durchpilgernden Engel *Harut* und *Marut* umsonst zu verführen sich bemühten. Diese wurden zur Strafe in einem Brunnen bei Babylon an den Füßen in Ketten aufgehangen, *Suhre* aber zur Belohnung ihrer Tugend unter die Sterne versetzet, wo sie als himmlische Venus auf der Laute die Melodien spielt, nach denen die Sphären tanzen.
[2] Der *Messias* oder nach *Sudi* Hasreti Issa, der Herr Jesus.

X.

Unser Scheich wallte gestern
Aus dem Bethaus in die Schenke.
O ihr frommen Männer, saget,
Was ist uns forthin zu raten?

Wie doch können wir, die Jünger,
Das Gesicht zur *Kaaba* wenden,
Wenn der alte Vater Scheich
Selber in die Schenke gehet!

Ei so lasset mit dem Wirte
Uns gemeine Sache machen!
Denn so wars von Ewigkeiten
In das Schicksalsbuch geschrieben.

Sieh, ein Windhauch in die Locken
Hat die Welt für mich verfinstert!
Dieses also ist der Nutzen,
Den mir deine Locken bringen.

Ruhe hatte sich mein Herz
In dem Netze aufgefangen,
Sieh, da rollten auf die Locken,
Und entflohen war die Beute.

Wüsste der Verstand, wie selig
Herzen in den Locken ruhen,
O! es würden die Verständ'gen
Unsrer Bande wegen närrisch.

Einen Vers vom Schönheitskoran
Hat mir dein Gesicht enthüllet.
Deshalb atmen meine Verse
Hohe Schönheit, reine Anmut.

Können meine Feuerseufzer
Und die Gluten meines Busens,
So die ganze Nacht durch brennen,
Nicht dein steinern Herz bewegen!

Sieh, Hafisens Seufzer-Pfeile
Sind zum Himmel aufgeflogen,
Haben Mitleid mit demselben,
Fürchte dich vor meinen Pfeilen.

XI.

Wer überbringet das Gesuch
Den Freunden des Sultanes?
Vom Bettler wende nicht den Blick,
Für deine Herrschaft dankbar.

Ich flücht' vom Nebenbuhler, *der*
Des Teufels ist, ich flüchte
Zu meinem Gott, vielleicht dass Er
Durchs Feuer ihn verzehret.

Du steckst die ganze Welt in Brand,
Wenn deine Wangen leuchten,
Sag an, was hast du denn davon,
Dass du nicht milder herrschest?

Geliebte, was für Formen sind
Dem Liebenden erschienen!
Welch ein Gesicht, dem Monde gleich,
Und Wuchs, gleich der Zypresse!

Ich hoffe ganze Nächte lang,
Dass mit dem Hauch des Morgens
Mir eine Kunde kommen wird
Von meinen trauten Freunden.

Wenn deine schwarzen Wimpern dir
Zum Blutvergießen winken,
So denke, dass sie Schelme sind,
Lass dich ja nicht verführen.

Es blutet längst mein armes Herz
Durch deine Zauberaugen.
O meine Teure, blicke her,
Wie du mich hast ermordet!

Hafis! wenn jetzt im Trennungsstand
Dein Herz sich schon verblutet,
Was harret sein, wenn einst Genuss
Dasselbe soll beglücken.

XII.

Wo ist, was recht und gut ist, wo?
Wo ich Betrunkener, wo?
Ha! Welch ein Unterschied ist nicht
Im Weg von wo zu wo!

Wie reimet sich die Trunkenheit
Mit der Schamhaftigkeit?
Wo ist das Wort des Predigers,
Schalmei'ngetöne, wo?

Die Zelle und das Gleisnerkleid
Verließ schon längst mein Herz;
Wo ist der wackre alte Wirt
Und reiner Nektar, wo?

Ach! des Genusses Tag ist hin,
Gesegnet sei er mir!
Wo ist die süße Schmeichelei
Des Liebchens Zürnen, wo?

Ach! Was versteht vom Angesicht
Des Freunds, des Feindes Herz!
Wo ist ein ausgelöschtes Licht,
Und Sonnenschimmer, wo?

Weil deiner Türe Schwellenstaub
Des Auges Schminke wird,
So sage, wo ich bleiben soll
Vor dieser Türe, wo?

Betrachte nicht ihr Apfelkinn!
Im Wege liegt ein Brunn,
Wohin mit dieser Last mein Herz?
Wo wirst du halten, wo?

XIII.

Ich und mein Herz, du weißt, wir bleiben getrennt vom Geliebten.
O wie lange noch raubt feindliches Los mir mein Glück!

Meine Wimpern, sie sollen den Fuß mit Tränen vergolden,
Welcher mir Kunde bringt, freundliche Kunde von dir.

Lange schon hab' ich gebetet, du heb' nun die Hände zum Beten.
Treue weich' nicht von dir; Gott, mein Beschirmer, ist nah.

Würde mein Haupt von der Welt mit Schwertern und Kolben geschlagen,
Nimmer schlüge man mir Treue für dich aus dem Haupt.

Dir ists bewusst, dass der Himmel mit jedem erneuerten Schwure
Gegen unseren Bund Hass und Erbitterung mehrt.

Wenn gleich Schicksal und Welt uns beide mit Unrecht bedrängen,
So verschaffet uns doch unser Beschützer einst Recht.

O es kommt noch ein Tag, wo der Freund mit Wohlsein zurückkehrt;
Froher, seliger Tag! Kommt er mit Wohlsein zurück!

Deine Gedichte, Hafis, beschämen die Blätter der Rose,
Weil sie atmen das Lob rosiger Wangen des Freunds.

XIV.

Seit deine Schönheit dem Verliebten
Die Hoffnung zum Genusse gab,
Hat sich mein Herz und meine Seele
Gestürzet in dein Mal und Haar.

Solch Qual und Leiden, als Verliebte
Erfahren von der Hand der Flucht,
Solch Qual und Leiden hat erlitten
Die Märt'rerschar von *Karbela*.[1]

Wenn sich mein Türke selbst betrinket
Und meine Seele trunken macht,
So ist es meine Pflicht vor allen
Auf Nüchternheit Verzicht zu tun.

Die Frühlingstage und die Jugend,
Die Zeit der Freude und des Weins,
Vier Tage sind es nur, o wehe!
Benütze die Gelegenheit.

Hafis! Wenns dir vielleicht gelinget
Den Fuß zu küssen deines Schahs[2]
So bist du in den beiden Welten
Erhöht mit Herrlichkeit und Macht.

[1] Die siebzig Gefährten *Hosseins*, die in der Schlacht von *Karbela* mit ihm teils erschlagen wurden, teils aus Durst umkamen. Überall, wo morgenländische Dichter auf brennende Sehnsucht und heißen Durst anspielen, werden diese Märtyrer in Anspruch genommen. Deshalb geschieht ihrer nirgends so häufig Erwähnung als in den Aufschriften der Brunnen und Fontänen. So sind die Durstigen zur Ehre gekommen, die Beschützer der öffentlichen Wasseranstalten zu sein, wie die Siebenschläfer zur Ehre des Patronats der otomanischen Seemacht.

[2] Der Schah, das ist der Geliebte.

XV.

Gnädig bist du, wenn du
Nicht verwehrst dem armen *Harut*,
Dass er nach Verlangen
Schau ins Auge seinem *Marut*.[1]

Von der Liebe Leiden –
Bin ich überhäuft wie *Harut*,
Wollte Gott, ich hätte
Nie gesehen meinen *Marut*!

In des Kinnes Grübchen
Wäre nicht gefallen *Harut*,
Hätte nicht entlehnet
Deiner Schönheit Schatten *Marut*.

Rosen blühn, ihr *Peris,*
Kommet auf die Fluren *Haruts;*
Nachtigallen singen,
Trunken von dem Auge *Maruts.*

Qual und Leiden
Kostet mich die lange Trennung,
Zeig' dich gnädig, dass einst
Auch Hafis dein Antlitz sehe!

[1] *Harut* und *Marut*, zwei Engel, welche, von Gott auf die Erde gesandt, Menschentöchter verführten und dann selbst gegeneinander in Liebe entbrannten; *Suhre* (Venus), ein tugendhaftes Weib, das ihre Anträge zurückgewiesen hatte, ward zur Belohnung für ihre Tugend in den Himmel versetzt, wo sie im Morgenstern die Laute spielt zum Reigen der Sterne. Harut und Marut aber wurden zur Strafe ihrer Missetaten in einem Brunnen bei Babel bei den Füßen aufgehängt, wo sie bis ans Ende der Welt so hängen bleiben, unterdessen aber allen, die sich dem Brunnen nahen und mit ihnen sich unterhalten wollen, in der Zauberei Unterricht geben; aus dieser sonderbaren Mythe fließen die häufigen Anspielungen in den erotischen persischen Gedichten, wo bald der Zauberreiz des Geliebten nur der Zauberkraft dieser beiden gefallenen Engel, und bald das Kinngrübchen mit dem Brunnen, in dem sie aufgehänget sind, verglichen wird.

Aus: Der Buchstabe Be

I.

Ich sprach zu dem Schah der Schönen:
Erbarme dich dieses Fremden,
Er sagte: Wohl mögen im Sinn
Verirren sich die Fremden.

Ich sagte: Verweil' ein wenig,
Er sprach: Halt mich entschuldigt;
Was kümmert uns Kinder vom Haus
Der Gram von solchen Fremden!

Wer königlich hingebettet
Auf Hermelinen lieget,
Der kennet nicht Kissen aus Stein,
Das Dornenbett des Fremden.

O du, in den Ketten dessen
So viele Freunde schmachten,
Es schickt sich das Mal zum Gesicht
Gar schön gleich einem Fremden.

Es scheinen die feinen Haare
Auf deinen Wangen fremde,
Doch sollte auf Sinas Gemälden
Der Haarstrich nicht befremden.

Auf deinem Gesicht erscheinet
Der Widerglanz des Weines,
Wie Purpurblüh' lieblich erscheinet
Auf der Narziss' der Fremden.

Ich sprach zu dem Abend: Schwarz ist
Dein Haar, dem Fremde huldigen,
Mit Rechte beklagen sich dann
Zur Morgenzeit die Fremden.

Es sprach zu sich selbst der Dichter,
Bekannte werden irre;
So minder dann darf dich befremden
Der Gram und Schmerz der Fremden.

II.

Schon lächelt der Morgen,
Und Wolken ziehn her,
Den Wein! den Wein! Ihr Freunde!

Auf Wangen der Tulpen
Entglänzet der Tau,
Den Trunk! den Trunk! Ihr Freunde!

Es wehet von Fluren
Edenischer Hauch;
Verbergt den reinen Wein nicht.

Schon sitzet die Rose
Auf smaragdenem Thron,
Bring feurige Rubinen.

Versperrt ist die Schenke,
Ein anderes Mal
O tut euch auf, ihr Pforten![1]

In Tagen des Frühlings
Ist's wunderlich doch
So bald das Tor zu schließen!

Es bleibt den Rubinen
Des Mundes ihr Recht
Auf die verbrannten Busen.

Hafis, du vor allem,
Bekümmere dich nicht,
Das Los wird sich entschleiern.

[1] Eine Parodie eines Spruches, der gewöhnlich über den Eingang und die Türe geschrieben wird und so heißt:
Ja mufettihol – eburab iftah lena elbab bilchair.
O Eröffner der Pforten! Eröffne die Pforte mit Segen.

III.

Seht! wie der Morgen lacht! o reich't statt der Sonne den Becher!
Jetzt ist die Zeit! o reichet den Wein her!

Einsam im Haus! Ein freundlicher Schenk, ein lieblicher Sänger!
Tage der Lust, des Bechers, der Jugend!

Unser Gemüt zu erfreuen und die Schönheit des Festes zu schmücken,
Ziemen zum Gold nur geschmolzne Rubinen?[1]

Liebling und Sänger reichen die Hand, die Trunkenen tanzen,
Schenkengekos' macht schlaflos die Trinker.

Wir sind allein, und sicher ists hier im Zirkel der Trauten,
Offen sind nur die Tore der Wollust.

Kundig der Anmut des Weins verbarg die Natur, die gewandte,
Rosenwasser ins tiefste der Blätter,

Seit dass meinem Mond die Perlen Hafisens gefallen,
Horchet selbst *Suhre* den Tönen der Laute.

[1] Anspielung auf den Rubinenbecher Dschemschids, aus dem die alten persischen Könige am Neujahrsfeste am ersten Tage des Frühlings der zurückkehrenden Sonne Heil und Segen zutranken.
Ein schönes Epigramm, das roten Wein mit Onyx vergleicht, findet sich in der persischen Anthologie, S. 61, von Rüdegi:
Wer immer sieht den onyxfarben Wein
Hält ihn für Onyx auf den ersten Schein.
Und beide sind ein wahrer Edelstein.
Der eine flüss'ge, jener eine harte Spende;
Wer diesen kaum berührt, färbt sich damit die Hände,
Wer ihn gekostet kaum, fühlt ihn im Kopf behende.

IV.

Der Garten deines Genusses
Verleiht dem Paradiese Glanz.
Das Feuer deiner Entfernung
Entflammt der Hölle Glut.

Zu deinem Gesichte und Wuchse
Hat sich geflüchtet Edens Flur,
Von Tag zu Tage vermehre
Sich ihrer Schönheit Preis!

Wie Quellen fließet mein Auge
Die ganze lange Nacht hindurch,
Und schaut das Bild der Narzisse
In deinem Aug', im Traum.

Der Frühling hat die Reize
Von deiner Schönheit nur erklärt,
Das Paradies erinnert
Mit jedem Schritt an dich.

Mein armes Herz – es verbrennet,
Und nicht erreicht es seinen Wunsch.
Wär' sein Verlangen gestillet,
Nicht weinen würd' es Blut.

Dein Mund erfordert mit Rechte
Von mir das Brand- und Wundengeld.
Du hast die Brust mir verwundet,
Er hat mein Herz verbrannt.

Glaub' nicht, es seien Verliebte,
Zu unsrer Zeit allein berauscht,
Hast du von frommen Betrachtern,
Die trunken, nichts gehört?

Ha, deine Lippen bezeugen,
Dass der Rubin ein Tropfen ist,
Der von den Gluten der Sonne
Zur Erde niederfällt.

Den Schleier zieh zurücke,
Wie lang wirst du dich noch verhüllen?
Was nützet dich der Schleier?
Zu was verbergen dich?

Dein Gesicht schaute die Rose,
Ha! da entglühte sie voll Scham,
Sie spürte deinen Geruch und
Zerfloss in Rosenwasser.

Aus Liebe deines Gesichtes
Stürzt in das Elend sich Hafis,
Bald wird er sterben, o komm!
Und finde Rettung auf.

Hafis, es gehe das Leben
Nicht ohne Früchte dir vorbei,
Bemüh' dich und erkenne
Des Lebens großen Wert.

In unserer Prosa würde der Inhalt dieser Ode beiläufig so heißen:
[1]) Bin ich bei dir, so bin ich im Paradiese, bin ich ferne von dir, so bin ich in der Hölle.
[2]) Die Reize Edens huldigen den deinen.
[3]) Mein Auge weint die ganze Nacht aus Sehnsucht nach dem deinigen.
[4]) Die Schönheit des Frühlings ist ein bloßer Kommentar über die deinige, und die Freuden des Paradieses sind eine schwache Erinnerung gegen die, welche deine Liebe gewähret.
[5]) Mein Herz ist verbrannt, weil ihm sein heißester Wunsch nicht gewährt wird.
[6]) Da dein Mund ein wahrer Wüterich und Mordbrenner ist, so mag er freilich auch Kriegssteuer und Brandschatzung fordern.
[7]) Nicht nur Verliebte, sondern auch fromme Männer sind Trinker.
[8]) Wenn ihr zweifelt, dass der Rubin nichts als geschmolzene Sonnensglut sei, so seht nur die Lippen des Geliebten an.
[9]) Entschleiere dich.
[10]) Rosen entfliehen, weil du sie an Schönheit beschämest.
[11]) Und Hafis vergeht aus Liebe.
[12]) Er kennt den Wert des vergänglichen Lebens und will es benutzen.

Aus: Der Buchstabe Ta

I.

Bei dem Geiste des Herrn, beim alten Recht und dem Bündnis
Schwör ich, es bleibet dein Heil immer mein Morgengebet.

Meine Tränen ergießen sich zwar wie vor Noe die Sündflut,
Aber des Busens Bild waschen sie nimmer hinweg.

Kauf mein zerschlagenes Herz, in tausend Stücke zerbrochen,
Ist es so viel als sonst tausend der anderen wert.

Schelte mich nicht der Trunkenheit, der Geleitsmann der Liebe
Hat mich seit Anbeginn selber zum Rausche gebracht.[1]

Sei gerad', dann ersteiget die Sonne hell dem Gemüte,
Während die Dämmerung trügt, zeigt sie sich finster und schwarz.[2]

Nicht verwirf, o mein Herz, die Hoffnung der Gnade des Freundes.
Hast du mit Liebe geprahlt, tue Verzicht auf den Kopf.

Wahnsinn jagt mich um dich hinaus in Wüsten und Berge,
Meiner Ketten Last, ach, die erleichterst du nicht!

Ausgeschmält hat die Ameis' *Assafen*, und wahrlich mit Rechte,[3]
Dass er verloren den Ring, dass er ihn nimmer gesucht,

Gräme dich nicht, Hafis! und hoffe von Schönen auf Treue,
Ist es des Ackers Schuld, wenn das Getreide nicht wächst?

[1] Am Tage, wo das ewige Schicksal die Bestimmung aller Menschen entschied, ward auch meine Neigung zum Trunke unwiderruflich entschieden.

[2] Im Persischen ein besonderes Wortspiel. Die erste Dämmerung heißt *Subhi kasib,* der *trügende Morgen.* Das Morgenlicht, auf welches unmittelbar der Aufgang der Sonne folgt, heißt *Subhi sadik,* der *aufrichtige Morgen.* Sei also aufrichtig, dann wird die Sonne aufgehen; bist du trügerisch wie die erste Dämmerung, so wird es auch in deinem Gemüte finster bleiben.

[3] Eine Anspielung auf die Geschichte der Ameise, die, nachdem alle Tiere mit Geschenken beladen vor dem Throne Salomons erschienen waren, auch einen Grashalm brachte. *Assaf* verlor das Siegel Salomons, dessen sich hernach ein Diwe bemächtigte und mit Hilfe desselben in Salomons Namen regierend die Völker täuschte. Das Siegel Salmons bedeutet hier die Lippen des Freundes, deren Genuss für jetzt verloren ist. Hafis will sich aber nicht die Nachlässigkeit des Großwesirs zu Schulden kommen lassen.

II.

Die Zelte meiner Augen
Sind deinem Aufenthalt geweiht,
O komm herab, sei gnädig,
Denn meine Wohnung ist dein Haus.

Des Mals, der Flaumen Anmut
Hat Weisen selbst das Herz geraubt
O sonderbare Weise,
Sie dienen dir statt Netz und Korn.

In dem Genuss der Rose
Erfreue dich, o Nachtigall!
Denn mit verliebten Klagen
Erfüllest du allein die Flur.

Die Heilung meines Herzens
Sei deinen Lippen heimgestellt,
Die Kräfte des Rubines
Sind deinem Schatze anvertraut.

Zwar bin ich nicht im Stande
Dir körperlich zu nah'n,
Doch bleibet meine Seele
Der Staub der Schwelle deines Tors.

Ich spende nicht an jedes
Verliebtes auch mein Seelengold,
Dein Siegel und dein Zeichen
Sind meinem Schatze aufgedrückt.

Mein holder süßer Ritter,
Woher nahmst du die selt'ne Kunst,
Dass du den Gaul des Himmels
Nach Wunsch mit deiner Geißel zähmst?

Wie soll denn ich Verliebter
Den tausend Künsten widerstehn,
Den Gaukelei'n, mit welchen
Du selbst den Himmel irreführst.

Es tanzen selbst die Sphären
Im lichten Harmonienkreis
Indem hiezu die Weise
Das süße Lied Hafisens spielt.

III.

Herz! du bist der Schleier Ihrer Liebe,
Aug'! du bist der Spiegel Ihres Glückes;

Bei den Welten neiget sich mein Kopf nicht,
Ihre Gnade beuget meinen Nacken.

Du und *Tuba*, ich und Wuchs der Freundin,[1]
Jeder denkt, was seinem Sinn gemäß ist.

Was kann mir in dem *Hareme* werden,[2]
Wo der Ost selbst vor der Türe stehet.

Ist mein Saum befleckt, was hat's zu sagen,
Wenn die Welt von Ihrer Reinheit zeuget,

Hin sind *Medschnun's* Tage, nun sind meine,[3]
Jeder kömmt fünf Tage an die Reihe;

Alles, Liebeherrschaft, Freudenschätze
Alles nur ein Seegen Ihres Glückes.

Sei ich selber, sei mein Herz geopfert,
Ists kein Schade, wenn nur Sie gesundet.

Meinem Auge sei Ihr Bild nie ferne,
Denn Ihr Kämmerlein ist dieser Winkel.[4]

Frische Rosen die der Flur entblühen
Blühen glänzend, duften wie Ihr Umgang.

Schaut nicht auf Hafisens äußre Armut,
Denn sein Busen ist der Schatz der Liebe.

[1] Du frommer Scheich denkst an den Baum des Paradieses *Tuba*, ich Profaner auf den Wuchs der Freundin. Jedem das Seinige.

[2] Wie kann denn ich hoffen in ihren Harem zu kommen, wozu selbst jedem Lüftchen der Eingang verwehret ist.

[3] *Medschnun,* das Ideal eines unglücklich Liebenden.

[4] Dieser Winkel meines Auges.

IV.

Mein Kopf und Willen fügen sich
Zur Schwelle meiner Freundin,
Was über meinen Kopf ergeht,
Ergeht nach Ihrem Willen.

Ich schaute Ihresgleichen nicht,
Wiewohl dem Mond der Sonne,
Den Spiegel ich entgegenhielt
Bloß des Vergleiches willen.

Was kann der Ostwind von der Qual
Des armen Herzens sagen?
Es ist verwickelt Blatt in Blatt
Wie eine Rosenknospe.

In dieser trunknen bösen Welt,
Sind außer mir noch Trunkne;
Gar viele Köpfe sind allhier
Geformt aus Ton der Kanne;[1]

Vielleicht hast du mit einem Kamm
Dein Ambrahaar durchfahren,
Weil Moschusduft im Ostwind haucht
Und Ambra aus der Erde.

Ein jedes Rosenblatt der Flur
Sei deiner Wangen Streue,
Und die Zypressen an dem Fluss
Ein Opfer deines Wuchses!

Die Sprach' und Redekunst verstummet,
Soll sie die Sehnsucht schildern,
Wie könnte das, der Feder Rohr,
Das schwätzende, gespaltne!

Dein Angesicht kam in mein Herz,
Nun wird mein Wunsch erfüllet,
Denn gute Dinge folgen stets
Auf gute Vorbedeutung.

Es fiel Hafisens Herz nicht jetzt
Ins Feuer der Begierde,
Von ewig her ist dein Gesicht
Gebrannt wie eine Tulpe.[2]

[1] Der Ton, aus dem Weinkannen geformt werden, war von Ewigkeit her bestimmt zu trinken. Trunkenbolde sind auch aus solchem Ton geformet.

[2] Tulpen sind von Natur aus mit Brandmalen gezeichnet, so ist Hafisen von Ewigkeit her das Feuermal der Liebe auf die Stirne eingebrannt.

V.

Schau den Schwarzen nur an,
Der die Welt versüßt!
Augen glühen, Lippen lachen
Herzen sind fröhlich durch ihn.

Zuckermündige sind
Zwar die Herr'n der Welt,
Aber *Salomon* ist jener,
Welcher den Siegelring hat.

Dieses schwärzliche Mal
Auf den weißen Wangen,
Lehrt uns, dieses sei das Körnlein,
Welches einst Adam verführt.[1]

Weise sinnet der Freund,
Freunde helft bei Gott!
Wie wird's gehen dem wunden Herzen?
Denn die Arznei ist bei Ihm.

Er ist schön von Gesicht.
Rein und tugendvoll.
Beider Welten reine Seelen
Geben darum ihm Geleit.

Wem kann ich es vertrauen?
Dieser Mörder hat
Mich erschlagen, ob er gleich den
Hauch des Messias besitzet.

Zähle deinen Hafis
Stets den Frommen zu,
Denn es wandeln viele Geister
Seliger Freunde mit ihm.

[1] Nach der Sage der Islams war die Frucht, durch welche Adam das Paradies verlor, nicht ein Apfel, sondern ein Weizenkorn. Hafis vergleicht damit das Mal des Geliebten, das auch auf den ersten Anblick alle Ruhe und Glückseligkeit raubet.

VIII.

Fordre ja nicht von mir Trunknem
Pflichterfüllung, gute Werke,
Denn am Tage der Bestimmung
Ward zum Becher ich bestimmet.

Seit ich an dem Quell der Liebe
Mich nach Brauch gewaschen habe,
Hab' ich ja mit einem Worte
Allem Übrigen entsaget.

Gib mir Wein, dass vom Geheimnis
Meines Loses ich dir sage,
Welches Angesicht ich liebe,
Welcher Duft mich trunken machte.

Berge trugen diese Lasten
Nicht so sicher wie die Ameis'.
Trinker, du verzweifle niemals
An der Pforte der Erbarmung.

Ausser dem Narzissenauge
(Gott bewahr's vor bösen Augen)
Hat im blauen Himmelskreise
Alles seine Ruh' verloren.

Willig werde meine Seele
Deinem Munde hingeopfert,
In der Garten schöner Ansicht
Blühet keine schönre Knospe.

Deine Liebe hat Hafisen
Salomonen gleich gemacht,
Denn es bleibt ihm vom Genusse
Nichts als Wind in leeren Händen.

IX.

Gut ist, was auf dem Pfad des Gemüts vor Betrachtenden herzieht,
Auf geradem Weg' hat sich noch keiner verirrt.

Wunderlich ist das Spiel, wir wollen den *Bauern* nur ziehen,
Denn auf diesem Feld zieht der Betrunk'ne nicht *Schah*.

Kennt ihr das hohe Gewölb mit vielen seltnen Gemälden?
Noch hat auf der Welt keiner das Rätsel gelöst.

Freilich begreifet mich nicht der außen frömmelnde Klausner;
Ihm verarge ich nichts, was er auch über mich sagt.

Was für Ergebung, o Herr, und Dulden vergleicht sich mit meinem?
Sieh, mir blutet das Herz, und es entflieht mir kein Ach!

Unser *Wesir* fehlt wider den Stil und die Formen des *Diwans,*[1]
Denn die Formel *durch Gott* fehlet auf seinem Ferman.

Komme, wer will, und jeglicher sprech' nach seinem Belieben
Freundlich und liebreich sind Pförtner und Hüter des Tors.

Steht es nicht recht, so ist an meinem Wuchse der Fehler;
Denn es ist dein Kleid keinem der andern zu kurz.

In die Schenke geht ein, Ihr Reinen von Herzen und Geiste,
Prahler und Gleisner gehört nicht auf der Trunkenen Weg.

Dienen will ich dem Herrn, der mir beständig gewogen,
Nicht wie der Klausner und Scheich, bald mir gewogen, bald nicht.

Ehrenstellen verschmäht Hafis aus höherem Sinne:
Gold und Ehre reizt liebende Herzen nicht viel.

[1] Hisbet lillah, eine Formel, die *dem Wir durch Gottes Gnaden* entspricht und oben auf die Briefe oder Kanzleibefehle gesetzt wird. Unser Wesir hat die Formel vergessen, seine Befehle sind ungültig; d.i. mein Geliebter handelt nicht nach Recht und Billigkeit.

XII.

O Morgenwind, gehst du vorbei
Beim Aufenthalt der Freundin,
Bring einen Hauch vom Wohlgeruch
Des Ambrahaars der Freundin.

Bei ihrer Seel'! ich will aus Dank
Die meinige verstreuen,
Wenn du zu mir die Kunde bringst
Vom Busenschnee der Freundin.

Ich bin ein Bettler! – Ihr Genuss!
O wehe der Verwirrung!
Vielleicht kann ich im Traume sehn
Das schöne Bild der Freundin.

Es zittert auf mein hohes Herz
Wie Weiden leicht beweglich,
Aus Sehnsucht nach dem hohen Wuchs
Der Pinie der Freundin.

Wiewohl die Freundin mich für nichts
Erkaufet hat zum Sklaven,
So geb' ich doch um eine Welt
Kein Haar vom Kopf der Freundin.

Was nützt es wohl, wenn auch das Herz
Hafisens frei vom Gram ist,
Er bleibet doch der treue Knecht,
Er bleibt der Sklav' der Freundin.

XIII.

Komm! es ruht der Palast der Hoffnung auf lustigen Pfeilern,
Komm und bringe mir Wein, unsere Tage sind Wind.

Gerne weih' ich als Sklav mich jenem mutigen Geiste,
Der auf der weiten Welt aller Verbindung entsagt.

Soll ich dir sagen, wie gestern der Lichtbot' himmlischer Freuden
In die Schenke zu mir heimliche Kunde gebracht.

O hochfliegender Falk'! du wohnst auf dem Baume des Lebens,
Dieser Winkel des Grams ziemet dir übel zum Nest.

Horch! sie rufen auf dich herab von den Zinnen des Himmels,
Wahrlich, ich weiß nicht, was hier in dem Netze dich hält.

Ich erteile dir Rat, merk ihn und handle nach solchem,
Denn ich habe das Wort selber vom Meister gelernt.

Such nicht Glauben und Treu' bei der Welt der leichtfertigen Dirne,
Tausend Werber ja hat diese verrufene Braut.

Kümmere dich nicht um die Welt, und meine Lehren vergiss nicht;
Diesen verliebten Scherz ließ mir ein Wandrer zurück.

Gib dich in das, was geschehn, enthülle die Stirne von Locken,
Weder mir noch dir hat man gegeben die Wahl.

Weder Dauer noch Treu' bezeichnet das Lächeln der Rose
Liebende Nachtigall, klag'! Stoffes zu Klagen genug!

Was beneidest du Hafisens strömende Verse?
Wiss', es hat ihm ein Gott Anmut der Rede verliehn.

XVII.

Der Garten Edens ist die Zelle der Derwische.
Es quillt ein Ehrenquell im Dienste der Derwische.

Der Schatz der Einsamkeit mit feinem Talisman
Wird nur gehoben durch die Blicke der Derwische.

Die Sonne legt die Krone ihres Stolzes nieder,
Vor jenem Scheine, der umstrahlet die Derwische.

Des Himmels herrlichster Palast mit seinem Hüter
Ist nur ein Schatten von den Fluren der Derwische.

Der Stein der Weisen, der durch Glanz des Herzens Eisen
In Gold verkehrt, liegt in dem Umgang der Derwische.

Das Heer des Unrechts ist von Pol zu Pol gelagert,
Allein des Siegs Gelegenheit ist für Derwische.

Suchst du die Herrschaft, die kein Untergang bedrohet,
Hör's ohne Groll, dies ist die Herrschaft der Derwische.

Chosroen sind der Nöten und der Bitten *Kibla*,[1]
Warum? Sie selber sind die Diener der Derwische.

O Reicher, prahle nicht mit deinem Glanz und Stolze;
Denn Gold und Silber ist ein Segen der Derwische.

Der Schatz *Karuns* er ging zu Grund' im Grimme Gottes,
Wie die Geschichten sagen, aus Missgunst der Derwische.[2]

Des Wunsches Angesicht, um das die Schönen flehen,
Erscheint im Spiegel vor dem Antlitz der Derwische.

Ich bin der Knecht des Blicks, des Großwesirs der Zeiten,
Es hat der Schahe Art, die Sitte der Derwische.

Hafis! Verlangest du des ewigen Lebens Wasser?
Es quillt im Pfortenstaub der Zelle der Derwische.

Hafis, hier sei bescheiden, denn des Reiches Herrschaft
Hängt ab vom Dienst, den du verrichtest für Derwische.

[1] *Chosroen,* der Plural von *Chosroes,* die Könige und Kaiser; sie sind die *Kibla* der Bitten, wohin sich alle Gesichter beim Beten wenden; sie sinds bloß darum, weil sie die Derwische ehren.

[2] Karun, der überreiche Ägypter, dessen Schätze unter dem See, der seinen Namen trägt, begraben liegen.

XX.

Geh zu deinem Geschäft, o Prediger, lasse das Lärmen,
Mein verirrtes Herz, sage, was geht es dich an!

Jene Mitte des Leibs, die Gott aus nichts hat erschaffen,
Ist ein kitzliger Punkt, keinem zu lösen verliehn.[1]

Nicht *acht* Himmel bedürfen in deinem Dorfe die Bettler.[2]
Sklaven deines Haars sind die Gefreiten der Welt.

Zwar durch den Rausch der Liebe bin ich schon gänzlich zerstöret,
Aber mein Dasein blüht aus der Zerstörung hervor.

Jamm're nicht, Herz, und klage nicht über die Härte der Freundin,
Was sie dir zuerkannt, alles ist billig und recht.

Bis ich nicht meinen Wunsch an ihren Lippen erreiche,
Ist der Rat der Welt meinem Gehör wie Wind.

Gehe, Hafis, und lies nicht Zauberformeln und Wünsche,
Ähnliche Zauberein kennt zur Genüge mein Herz.

[1] Das Liebchen hat eine Taille, fein wie ein Punkt, um die Mitte des Leibes, den der Gürtel umschließt; den Gürtel zu lösen, ist ein kitzliger Punkt.

[2] Die Mohammedaner haben die ursprügliche Siebenzahl der Paradiese bloß deshalb in acht verwandelt, um zu zeigen, dass Gottes Barmherzigkeit größer sei als seine strafende Gerechtigkeit, denn da es sieben Höllen gibt, so meinen sie, dass es wenigstens acht Himmel geben müsse. Übrigens liegen diesen acht Himmeln vielleicht auch die acht Seligkeiten der christlichen Lehre zu Grunde.

XXIV.

Die rote Rose blühet auf,
Die Nachtigall ist trunken,
Nun lasst dem Trinken freien Lauf,
Ihr Weinverehrer!

Der Bau der Reu', er schien so fest,
Als wär' er ganz von Steine,
O seht, wie das kristallne Glas
Ihn schon zerschlagen.

Er bringet Wein, denn vor dem Thron
Der unsern Wunsch erhöret,
Gilt Weiser gleich und Trunkenbold
Und Fürst und Wächter.

Da ich einmal verlassen muss
Dies Gasthaus mit zwei Pforten,
So gilt es gleich, mein Lebenslauf
Sei hoch, sei niedrig.[1]

Es ist nicht möglich ohne Gram
Und ohne Leid zu leben,
Denn an dem Tag des Loses ward
Uns Leid beschieden.

Um Sein und Nichtsein sorg' dich nicht,
Sei immer frohen Herzens,
Das Ende jeder Trefflichkeit
Ist die Vernichtung.

Die Pracht, *Assaff*, der Ostwindgaul,
Der Vögelsprache Kunde,[2]
Ist alles in den Wind zerstiebt
Und nützte nichts dem Herrn.

Du schwing dich vom geraden Weg
Nicht in die Luft mit Flügeln,
Der Pfeil fliegt in die Höh' und fällt
Alsdann zur Erde.

Wie kann die Zunge deines Kiels
Dafür Hafisen danken,
Dass deine Worte stets von Mund
Zu Munde fliegen.

[1] Das Gasthaus mit zwei Pforten ist die Welt mit dem Ein- und Ausgang des Lebens und des Todes; eine wahre Karawanserei.

[2] Salomon hatte den Prachtliebenden Assaff zum Wesir, der Ostwind diente ihm als Pferd, er verstand der Vögel Sprache; doch nutzte ihm alles das nichts.

XXVI.

Ihre Locken ziehen tausend
Herzen durch ein einzig Härchen,
Und zu tausend Mitteln bleibet
Nirgends mehr ein Ausgang offen.

Dass aus Hoffnung des Geruches
Jeder seine Seele opfre,
Löset sie zwar auf die Locken,
Aber hält doch jeden ferne.

Weil der Vollmond meiner Schönen
Brauen trägt dem Neumond ähnlich,
Bald sich zeigt und bald verschwindet,
Bin zum Narren ich geworden.

Wein von mannigfachen Farben
Hat der Schenke eingeschenket,
Sieh die seltenen Gemälde,
Die er wunderbar bezeichnet!

Was hat dieses zu bedeuten?
Hat vielleicht im Hals der Flasche[1]
Sich das Rebenblut gestocket,
Weil sie sprudelt Glu, Glu, Glu!

Was für eine seltne Weise
Hat der Sänger angestimmet,
Dass die Frommen in Verzückung
Selbst ihr *Ha* und *Hu* vergessen![2]

Weise, welche das Benehmen
Dieses falschen Weltlaufs sahen,
Haben sich zurückgezogen
Und kein Wörtchen mehr gesprochen.

Wer das Bittere der Liebe
Nicht genossen und Genuss wünscht,
Will das Pilgerkleid anziehen,[3]
Ohne sich vorher zu waschen.

[1] Die Flasche macht *Glu, Glu,* oder wie die persische Onomatopie es ausdrückt, *Galgal,* gleich einem Menschen, dem etwas im Halse stecken geblieben.
[2] Die Derwische schreien in der Ekstase ihrer mystischen Tänze *Ha* und *Hu.*
[3] Das *Iram* oder Pilgerkleid für die Wallfahrt nach Mekka kann nur nach vorhergegangener gesetzlicher Reinigung angelegt werden.

XXVII.

Gott hat deiner Augenbrauen
Schöne Formen gebunden,
Er hat meines Lebens Freude
An dein Lächeln gebunden.

Er hat mich und die Zypresse
In die Erde gesenket,[1]
Seit er den Narzissenstiel nach
Deinem Wuchse gebunden.

Hundert Herzensrosen werden
Durch den Ostwind eröffnet,
Die durch Sehnsucht verbunden.

Deine Banden trag' ich, und der
Himmel ist es zufrieden,
Doch umsonst! der Faden ist an
Deinen Willen gebunden.

O zerdrück' mein armes Herz nicht,
Wie den Beutel des Moschus,
Denn es ist mit deinen Locken
Kraft Verträgen verbunden.

Ach du schenkest auch andern Leben,
Zarter Hauch des Genusses,[2]
Sieh den Irrtum, sieh, ich glaubte
Mich an Treue gebunden.

Deiner Strenge müde sprach ich:
Aus der Stadt will ich fliehen,
Flieh Hafis, so sprachst du lächelnd,
Flieh, dein Fuß ist gebunden.

[1] Ich und Zypresse versinken in Staub aus Scham vor seinem Narzissenwuchse.
[2] Du bist der Hauch des Lebens, aber ach! du belebst nicht mich allein, sondern auch andre, du bist mir untreu.

XXVIII.

Heutigen Tags, wenn einen treuen Freund du wünschest,
Nimm den Becher voll Wein und das Schiff des Liedes.

Geh du allein, denn einzig ist der Pass der Rettung,
Nimm das Glas, denn es ersetzt nichts den Wert des Lebens.

Tätigkeit fehlt mir nicht, ich klag' nicht ihren Mangel,
Mancher Weise besitzt Kenntnis ohne Werke.

Schau mit Vernunft auf diesen lärmenvollen Durchgang
Alle Größe der Welt wird dir eitel scheinen.

Auf den Genuss der Wangen hofft' ich einst unendlich,
Doch es schneidet der Tod ab des Lebens Börse.

Greif um das Haar des Monds, und lass das Sternendeuten,
Von dem Neumonde Glück, vom Saturnus Unglück.

Unser Hafis kann nüchtern nie gefunden werden,
Denn betrunken ist er kraft des ewigen Loses.

XXIX.

Schwebt dein Bild mir vor den Augen,
Was kümmert mich das Trinken?
»Sei gefaßt« – so sprich zur Kanne –
»Denn die Schenke wird zerfallen.« –

Ist gleich in dem Rebensafte
Selbst das Paradies enthalten,
Gießt ihn weg! es sind Scherbete,
Ohne Mädchen mir die Hölle.

Weh! die Freundin ist entflohen,
Und in meiner Augen Tränen,
Sind die Formen Ihrer Schönheit
Zart auf Wasser hingemalet.

Wache auf, mein Auge! wache!
Wer auf diesem Posten schlummert,
Ist von der Gefahr des Stromes[1]
Keinen Augenblick gesichert.

Die Geliebte wollte ohne
Schleier hier vorüberwallen,
Aber sie sah Nebenbuhler,
Deshalb hat sie sich verschleiert.

Seit die Rose hat gesehen
Deines Wangentaues Anmut,
Sank, auf Eifersucht verbrennet,
Sie in Rosenwasser unter.[2]

In dem Winkel meines Hirnes
Such' ich Rat und gute Lehren,
Denn du wirst darin von Zithern
Und von Lauten übertönet.

Was für eine hohe Straße
Ist die Straße deiner Liebe!
Denn der Ozean des Himmels
Ist nur Wasserschein dagegen![3]

Täler grünen, Berge grünen,
Komm und lass uns an dem Wasser
Nicht mit leeren Händen sitzen,
Denn die Zeit zerrinnt wie Wasser.

Dein Gesicht hat in dem Herzen
Hundert Lichter angezündet,
Obgleich (das ist eben selten)
Hundert Schleier es verhüllen.

O du Flammenkorn der Herzen,
Ohne deiner Wangen Schimmer
Ist mein Herz, das an dem Feuer
Tanzte, längst in Staub verbrennet.

Immer sei Hafis betrunken,
Immer kos' er liebeäugelnd,
Manche wunderliche Streiche
Ziemen in der Zeit der Jugend.

[1] Des Tränenstromes
[2] Die Eifersucht über die Anmut deiner feuchten Wangen hat der Rose Tropfen ausgepresst, und diese sind das Rosenwasser.
[3] *Sirab*. Der wie Wasser glänzende Dunst, der in Persiens und Arabiens Wüsten in den heißesten Tagen so oft die durstigen Karawanen täuschet. Die Franzosen nennen denselben *mirage*.

XXXIII.

Es ist zwar unverschämt, mit Tugenden
Sich vor dem Freunde zu prahlen,
O Zunge, schweig! Wiewohl du von
Reinem Arabischen strömst.

Des Angesichts *Peri* hat sich verstecket,
Aber der *Dive* des Auges
Hat mit des Staunens Flammen mich verbrannt.
Ei, wie das wunderbar ist!

Du frage nicht, warum des Himmels Kreis
Niedrige Seelen begünstigt?
Gerade Mangel des Verdienstes ist
Ihm der genügende Grund.

Fürwahr! Noch keiner brach auf dieser Flur
Ohne die Dornen die Rose,
Und in die Lampen des Propheten sprühen
Die Funken des *Ebileheb*.[1]

Ich kauf nicht um ein halbes Gerstenkorn
Kloster und Stiftsgebäu,
Der Schenke Bank ist meines Doms Gewölb,
Meine Behausung das Glas.

In unsrem Augenlichte glänzet hell
Tochter der Rebe! Dein Reiz
Bald hüllt des Glases Schleierkleid,
Bald Beerengewebe dich ein.

Wenn du für deinen Gram ein Mittel suchst,
Such, was die Herzen erfreuet.
Du findest es in Flaschen voll Wein
Und im sinesischen Glas.

Mein Meister! War ich eh' nicht an Verstand,
Nicht eh' an Tugenden reich?
Jetzt aber, da ich ganz betrunken bin,
Lieb' ich den Mangel von Scham.

Den Wein bring her! Denn dieses Eine ist,
Welches Hafis sich erflehet,
Wenn er des Morgens lange Klage weinet,
Wenn er um Mitternacht fleht.

[1] *Ebileheb,* einer der heftigsten und gefährlichsten Feinde Mohammeds.

XXXVI.

Wiewohl der Wein die Herzen erfreut,
Wiewohl der Wind die Rosen verstreut,
So trink doch nicht zum Lautengetön,
Denn scharf ist der Wächter.

Wenn eine Flasche oder ein Freund
Von ungefähr zu Händen dir kommt,
So trinke mäßig und mit Verstand;
Die Zeiten sind böse.

In deinen Kuttenärmel hinein
Versteckest du mit Sorgfalt das Glas,
Sieh, unsre Zeiten träufen von Blut,
Wie das Auge der Flasche.

Mit Tränen will ich waschen hinweg
Aus meiner Kutte Flecken des Weins.
Wir leben in der Mäßigkeit Zeit,
In Tagen der Faste.

Der Weltlauf ist ein blutiger Stahl,
Sieh, nur als Tropfen fallen herab
Der *Nuschirwane* glänzendes Haupt,
Die Kron' der *Perwise*.[1]

Verlange von den Zeiten nicht Ruh',
Und tu Verzicht auf Güter der Welt,
Der reinste Wein von diesem Gefäß
Ist trübe wie Hefen.

Mit deinen Liedern hast du, Hafis,
Bisher erobert *Fars* und *Irak*,
Tebris und *Bagda* harren nun dein,
Die Reih' ist an ihnen.

[1] Ein kühnes Bild. Die Tropfen, welche dem blutigen Schwert des Weltschicksals entlaufen sind, Häupter von Königen wie *Nuschirwan* und Kronen von Chasroen wie *Perwis*.

XXXVIII.

Du frommer Mann, verlästre nicht die Trinker,
Man schreibt die fremden Sünden nicht auf dich.

Ich sei nun böse oder gut. Sei ruhig,
Ein jeder erntet ein, was er gesät.

Auf Gottes Gnade lass mich nicht verzweifeln,
Was weißt du, wer verdammt, wer selig wird?

Es liebt den Freund der Nüchterne und Trunkne,
Moscheen und Kirchen sind der Liebe Haus.

Nicht ich allein fiel aus der Reinheit Zelle,
Mein Vater schon verlor das Paradies.

Den Kopf hab' ich der Schenke übergeben,
Versteht's der Neider nicht, sag': neig' den Kopf.

Schön ist das Paradies! Doch du genieße
Der Weide Schatten und den Rain der Flur.

Verlass dich nicht auf fromme Taten, weißt du,
Was dir des Buches Feder einstens schrieb.

Am Todestag, Hafis! Das Glas zum Munde
Dann fahrest du vom Mund zum Himmel auf.

Ist deine Neigung dies, o schöne Neigung!
Ist dieses dein Gebrauch, o guter Brauch!

Diese Ode ist eine Apologie wider die Beschuldigungen von Irreligion und Ketzerei, wozu Hafisens freie Lebensart häufigen Stoff gab. Der Geist der Duldung und Nachsicht wird empfohlen. Jeder gehe seinen Weg, ohne sich um den andern zu bekümmern, sagt der Dichter; ich kann nicht anders handeln, als ich handle, von Ewigkeit her war so meine Bestimmung.

XXXIX.

Jetzt, da edenischer Hauch
Vom Garten wehet,
Trennet mich nichts von dem Wein,
Von Himmelsmädchen.

Sollen die Bettler denn nicht
Mit Herrschaft prahlen,
Ist nicht der Himmel ihr Zelt,
Die Flur ihr Tanzsaal?

Jetzo erzählet die Flur
Des Mais Geschichten,
Wer sich mit Geld jetzt befängt,
Der ist nicht weise.

Frische dein Herz auf mit Wein!
Die Erd' ist nur ein
Bau, zu dem unser Gebein
Den Mörtel hergibt.[1]

Suche beim Freunde nicht Treu',
Sie ist erstorben,
Heiliges Feuer kömmt nicht
Aus Kirchenlampen.[2]

Du verschwärze mich nicht
Ob meinem Rausche.
Wem ist bekannt, was das Los
Schrieb auf die Stirne?

Wende die Schritte nicht ab
Vom Grab Hafisens;
Wenngleich in Sünden versenkt,
Harrt er des Himmels.[3]

[1] Wir sind Erde, aus dieser Erde brennt das Schicksal Kalk, um den Ruin der immer alternden und immer sich verjüngenden Natur aufzubauen. Mache diesen Mörtel also mit Wein an.

[2] Es wäre gerade so, meint Hafis, als wenn ein frommer Moslim das Licht seiner himmlischen Eingebungen aus einer christlichen Kirche holen wollte.

[3] Dies ist der Vers, der nach Hafisens Tod ihm die anfangs verweigerte Ehre des Begräbnisses verschaffte.

XL.

Aufs Paradies, o Klausner, lass
Verzicht uns tun,
Wir sind von Anfang her dazu
Nicht eingeschrieben.

Wer Gott zulieb' auf dieser Welt
Kein Körnlein pflanzet,
Der wird mit keinem Körnlein auch
Des Daseins froh.

Dir ziemt Moschee und Rosenkranz,
Gebet und Tugend,
Und mir die Schenk' und Glockenton
Und Kirch' und Kloster.[1]

Du frommer Mann, o halte mich
Nicht ab vom Weine,
Es ward mein Staub am Schöpfungstag
Mit Wein geknetet.

Der ist kein Weiser, der verdient
Nicht Himmelsfreuden,
Wer in der Schenke nie sein Kleid
Für Wein verpfändet.

Wer seines Freundes Kleidersaum
Entschlüpfen lasset,
Wird Edenslust und Engelskuss
Nie recht genießen.

Hafis, wenn Gottes Gnade dich
Mit Gunst bezeichnet,
Scheu du die Hölle nicht, du bist
Des Himmels sicher.

[1] Hafis suchte seine Geliebten in christlichen Klöstern, wie noch heute häufig die Türken. Diese kennen sogar in den Zoten ihres chinesischen Schattenspieles keine gesalznere Posse, als wenn sie griechische Kelogeren und Popos vor den Augen der ernst zuschauenden Versammlung gewaltsam missbrauchen.

XLI.

In Bogenformen sind die Augenbrauen geworfen,
Den blut'gen Pfeil hast du damit auf mich geworfen.

Ob einer einzigen Liebkosung der Narzisse[1]
Hat dein Betrügeraug' die ganze Welt zerworfen.

Es schämt sich der Jasmin, dass man ihn dir vergleichet,[2]
Er hat sich durch den Ost selbst Staub ins Maul geworfen.

Betrunken ging ich gestern auf der Flur vorüber,
Die Rose hat vom Mund mir Zweifel aufgeworfen.[3]

Die Veilchen kräuselten die Schelmenlocken,[4]
Da hat der Ost von deinem Haar das Wort geworfen.

Ich war enthaltsam, wusste nichts von Wein und Sänger,
Da hat die Knabenlust in beides mich geworfen.

Jetzt wasch' ich ab mit rotem Wein die Ordenskutte;
Allein es wird das Los von mir nicht abgeworfen.

Man wusste von zwei Welten nichts, da war schon Liebe,
Die Zeit hat nicht erst heut dazu den Grund geworfen.

Zerstöret bin ich durch die Linien der Wangen,
Welch eine Feder hat, o Gott! den Riss entworfen?

Vielleicht ist die Zerstörung für Hafis ein Ausweg,
Ihm hat das Los den Wein des Wirtes zugeworfen.

Nun geht nach meinem Wunsch der Kreislauf dieses Glückes,
Es hat mich in den Dienst des Herrn der Welt geworfen.

[1] Die Narzisse unterstand sich, liebäugeln zu wollen, wie du; du zürntest dieser Vermessenheit und brachtest die ganze Welt in Aufruhr.

[2] Der Jasmin ist sehr beschämt durch die Vergleichung, die man zwischen ihm und dir anstellt, und aus Verdruss frisst er Staub, den er sich durch den Ostwind selbst ins Maul werfen lässt.

[3] Die Rose warf mir den Zweifel auf, ob ihre Blätter oder deine Wangen, ihre Knospen oder deine Lippen schöner seien.

[4] Die Veilchen kräuselten sich ganz ruhig das Haar, als der Ostwind den Duft des deinigen herbeiführte und sie alle in Unruh' setzte.

XLII.

O Morgenwind, der Freundin Ruheplatz, wo ist er?
Der Wohnort dieses seltnen Monds,
Der die Verliebten mordet,
Wo ist er?

Die Nacht ist finster, vor uns liegt das Tal der Ruhe,
Wo ist das Feuer Sinais?[1]
Wo ist der verheißne Anblick?
Wo ist er?

Wer auf die Welt kömmt, trägt in sich Zerstörung,
Verstöret schauet er umher,
Und fragt, wo ist der Weise?
Wo ist er?[2]

Wer Liebe kundig ist, darf gute Kunde bringen,
Denn der Geheimnisse sind viel,
Wem wurden sie vertraut?
Wo ist er?

Mit jeder Spitze deines Haars hab' ich viel tausend
Geschäfte abzutun, ha! wo
Bin ich? wo ist der Lästrer?
Wo ist er?

O bind' mit deinem Haare den Verstand, er raset.
In einem Winkel sitzt mein Herz,
Wo ist der Brauen Bogen?
Wo ist er?

Bereitet sind der Wein, die Sänger und die Rosen,
Doch ohne den Geliebten wird
Kein Freudenfest bereitet.
Wo ist er?

Ich bin der Zelle und des Scheichs längst überdrüssig,
Wo ist der Christenknab', mein Freund?
Wo ist der Ort des Weines?
Wo ist er?

Des Herbstwinds zürne nicht, vernünftig sollst du denken,
Hafis, wo ist der Rosenstrauch,
Der keine Dornen hat?
Wo ist er?

[1] Unter dem Feuer des Berges Sinai wird hier der Abglanz der Wangen verstanden.
[2] In dieser und der folgenden Strophe ist das persische Wortspiel zwischen *charab* und *charabat*, *ischaret* und *bescharet* durch *Zerstörung* und *Verstörung*, *kundig* und *Kunde* nachgeahmt.

XLIV.

Des Gartens fröhliche Flur,
Der Freunde Gespräch ist lieblich.
Den Rosenhainen Heil! sie sind für
Trinkende lieblich.

Das Morgenlüftchen erquickt
Die Seele mit frischen Düften,
Fürwahr, fürwahr! verliebter Seelen
Düfte sind lieblich.

Die Ros' ist unaufgeknospt
Der Flur zu entfliehen willens,
O klag' *Bulbbul!* der wunden Herzen
Klagen sind lieblich.

Viel Glück dem Sänger der Nacht
Im Liebesgebiet! die Klagen
Verliebter so die Nacht durchwachen
Dünken ihm lieblich.

Der freien Lilie Zung'[1]
Erteilte mir diese Kunde:
Der Leichtgeschürzten Tun auf dieser
Erden ist lieblich.

Vergnügten Herzens allhier
Ist keiner, und wird es einem,
So wird es nur dem Schelmischen und
Trunknen lieblich.

Der Welt entsagen Hafis,
Dies leitet zur Herzensfreude.
Du meine nicht, es sei der Stand der
Mächtigen lieblich.

[1] Die *Lilie* gilt unter den Blumen, so wie die Zypresse unter den Bäumen, für die *Freie* und *Unabhängige*; weil die eine und die andere hoch und frei aufschießt und der gerade Wuchs derselben von Ästen und Nebenzweigen *frei ist*. Saadi sagt:
Sei wie Palmen, fruchtbar, oder sei wenigstens wie Zypressen, hoch und frei.

XLVI.

Der Gram ob der Geliebten hat die Brust verbrannt,
Das Feuer hat im Haus mein Kämmerlein verbrannt,

Mein Leib ist durch die Glut der Trennung ganz zerschmelzt;
Die Seele ist durch ihrer Wangen Glut verbrannt.

Wer je gesehen hat die Bande ihrers Haars,
Ward aus Begier zum Toren wie mein Herz gebrannt.

O schau die Brust! die Glut der Tränen meines Augs
Hat wie den Schmetterling aus Liebe mich verbrannt.

Mich wunderts nicht, dass Freunde meinethalben entglühen;
Denn Fremde sind, als ich von Sinnen kam, entbrannt.

Das Kleid der Eingezogenheit trug fort der Rausch,
Und des Verstandes Haus ward von dem Glas verbrannt.

Der Stein der Reue schlug des Herzens Glas entzwei;
Es kocht wie Wein und ist wie's Wirtshaus abgebrannt.

Lass das Vergangne, komm zurück, mein Auge hat[1]
Die alten Kleider ausgezogen und verbrannt.

Hafis, lass diese Kosereien, trinke Wein!
Durch Kosen ist die Kerze, da ich schlief, verbrannt.

[1] Um dieses kühne Bild ganz zu fassen, ist es notwendig zu wissen, dass im Persischen der Augapfel *merdümi tscheschm*, d.i. der *Augenmann* oder *Augenmensch* heißt, als ob im Auge der ganze Mensch sich darstellte. Nun sagt Hafis: mein Augenmensch hat die alten Kleider ausgezogen und verbrannt, statt: ich habe den alten Menschen ausgezogen. Wo die *Perser* einen *Mann* sehen, dort der *Grieche* ein *Mädchen*, der *Engländer* nichts als eine *Kugel*, der *Franzose* eine *Pflaume* und der *Deutsche* einen *Apfel*.

XLVII.

Der Weise hat im Glanz des Weins
Verborgenes erkannt,
Denn es wird jedermanns Natur
Durch diese Perl' erkannt.

Den Wert der Rose hat allein
Die Nachtigall erkannt;
Nicht jeder, der ein Blättchen liest,
Hat auch den Sinn erkannt.

Die beiden Welten bracht' ich dar
Dem vielerfahrnen Herz;
Es hat nur deiner Liebe Wert,
Den Rest für nichts erkannt.

Die Rose und den Wein verkehrt
Durchs Anschaun in Rubin,[1]
Wer nur den wahren Wert des Hauchs
Der Seligkeit erkannt.

Vorbei ist nun die falsche Scham
Vom Angesicht des Volks,
Seitdem mich im Verborgenen
Der Wächter hat erkannt.[2]

Du, der vom Buche der Vernunft
Die Liebe lernen willst,
Ich fürchte, du hast diesen Punkt
Nicht, wie du sollst, erkannt.

Bring Wein! denn mit der Rose prahlt
Kein Mensch auf dieser Welt,
Der die Verwüstungen des Winds
Im Herbste hat erkannt.

Der Schöne meinte: dass für jetzt
Nicht Zeit zur Ruhe sei;
Deshalb hat er dem armen Geist,
Verläng'rung zuerkannt.[3]

Hafis hat diese Perlenschnur,
So die Natur ihm gab,
Für unleugbare Wirkungen
Der Held *Assafs* erkannt.[4]

[1] *Der wahre Glaube bewegt Berge*, wer den Wert überirdischer Dinge erkennt, kann durch bloßes Anschauen Rosen und Steine in Rubinen verwandeln.

[2] Was brauche ich mich noch vor den Leuten zu schämen, seitdem mich der Wächter im Verborgenen ertappt hat.

[3] Mein Geliebter hat mich auf die Hoffnung des Genusses angewiesen.

[4] *Assaf*, der Weise Salomons, worunter hier der Wesir *Hadschi Kawameddin*, Hafisens Mäzen, verstanden wird.
Der Blick seiner Huld verwandelt Staub in Perlen, wie durch Elixier der Chemiker Ton in Gold.

L.

Die Nachtigall hat in dem Mund
Ein Rosenblatt gehalten,
Und über dieses Blatt Genuss
Der Reden viel gehalten.

Ich sprach zu ihr: Was soll dies Lied,
Dies Klagen vom Genusse?
Sie sprach: es hat mein Liebchen mich
Mit Hoffnung hingehalten.

Wenn die Geliebte mich verschmäht,
So darf es mich nicht wundern;
Des Bettlers Umgang hat der Schah
Zur Unehr' sich gehalten.

Der Freundin Schönheit bleibet stets
Den Bitten unzugänglich,
O glücklich, wer von Schönen hat
Ein bessres Los erhalten.

Steh auf! dass wir die Seele vor
Des Meisters Pinsel opfern,
Der die Gemälde dieser Welt
So meisterlich gehalten.[1]

Wenn du den Pfad der Liebe gehst,
Denk nicht auf bösen Namen,
Sein Kleid hat Scheich *Sanaan*[2]
Zum Weinglas hingehalten.

Wie däuchte ihm die Zeit so süß,
Dem Süßesten der Kalendere,[3]
Als er statt Kutt' und Rosenkranz
Den Gürtel musste halten!

Ein Eden, unter dessen Flur[4]
Die Ströme sich ergießen.
Es hat Hafis bisher dein Dach
Fürs Paradies gehalten.

[1] Preise den Schöpfer, der das Bild der Schöpfung so herrlich gemalet hat.

[2] Der Scheich *Sanaan*, ein alter, gar frommer und im Rufe der Heiligkeit stehender Mann, wallfahrtete mit siebenhundert Jüngern nach Mekka; erblickte aber unglücklicherweise auf dem Wege ein junges griechisches Mädchen, in das er sich verliebte und demselben zuliebe er nicht nur die Enthaltsamkeit, sondern auch den Glauben abschwor.

[3] Der süßeste der Kalendere, nämlich der Scheich Sanaan; wie deuchte es ihm so süß, statt der Kutte und des Rosenkranzes den gelösten Gürtel des Mädchens zu halten.

[4] Ein Text des Korans, wodurch das Paradies geschildert wird. Hafis sagt, dass er diesen Vers bisher auf die Wohnung des Geliebten gedeutet habe. Der arabische Text heißt: *Tedschra tahtiha elenhar*, d.i. unterhalb fließen Ströme. Der Morgenländer kennt in seinem brennenden Klima keine größere Wollust als Schatten und Quellen. Quellen und Schatten sind ihm das Vorbild paradiesischer Fluren. Nur bemerke man die geheimnisvolle Beziehung, die der Dichtergenius Mohammeds in die poetische Beschreibung seines Paradieses legt. Es ist kein gewöhnlicher Garten, von Bächen bewässert, sondern eine von dem Lebenshauche unsichtbarer Wasser beständig getränkte und frisch aufblühende Flur. Oben grünet das Leben und unten fallen die Ströme, deren Geräusch den Seligen mystische Worte zuspricht.

LII.

Ohne deinen Wangenglanz
Ist kein Tag für mich geblieben,
Nichts als eine finstre Nacht
Ist für mich zurückgeblieben.

Von dem vielen Tränennass,
So bei unsrer Trennung strömte,
Ist mein Auge ohne Licht
(Gott behüte dich!) geblieben.

Als dein Bild aus meinem Aug'
Scheidend wanderte, da sprach es:
Mir ist leid um diesen Ort,
Dass er leer und wüst geblieben.

Dein Genuss hielt meinen Tod
Fern bis jetzt von meinem Haupte,
Jetzt da wir getrennet sind,
Ist er nicht mehr fern geblieben.

Sieh! es nahet sich die Zeit,
Wo einst sagt mein Nebenbuhler:
Nah an deiner Tür ist krank
Der Verwiesene geblieben.

Was kann's nützen, dass der Freund
Herzukommen sich bemühet,
Wenn in meinem Körper einst
Ist kein Odemzug geblieben.

Ach! ich weiß wohl, dass Geduld
Deiner Trennung Schmerzen lindert,
Aber zur Geduld ist mir
Keine Kraft zurückgeblieben.

Ob des Weinens und des Klagens
Kann Hafis nun nicht mehr lachen,
Dem, der Trauerkleider traget,
Ist kein Freudenkleid geblieben.

LV.

Der Liebe Weg ist unbegrenzt,
Die Seele wird dort aufgeopfert,
Sonst ist kein Mittel.

Erschreck' mich nicht mit der Vernunft,
Bring Wein; denn nichts hat sie als Wächterin
Uns hier zu schaffen.

Wenn du dein Herz der Liebe gibst,
Ists gute Zeit und gute Dinge
Brauchen nicht Rat erst.

Dein Auge frag, wer mich erschlug,
Mein süßes Kind! dies kömmt nicht meinem
Schicksal zu Schulden.

Wie für den Neumond brauchts für Sie
Ein scharfes Auge, denn nicht jeder
Schauet den Mondkreis.[1]

Benütz' die Trunkenheit mit Klugheit,
Der Weg dazu ist, wie ein Schatz, nicht
Jeglichem offen.

Hafisens Träne rührt dich nicht,
Bestaunenswürdig ist dein Herz, es
Weicht nicht dem Marmor.

[1] Um den neuen Mond, der den Monat der Faste anfängt und beschließt, zu beobachten, werden auf erhabenen Orten besondere Beobachtungen angestellt. Aber es braucht gute Augen, um denselben, sobald er sichtbar ist, wahrzunehmen; so ist es auch nicht jedem gegönnt, deinen Neumond, das ist deine Schönheitsform im Neulichte, zu schauen.

LVII.

Ein Wörtlein hörte ich, das Jakob einst gesagt,
Der Schmerz der Trennung von dem Freund wird nicht gesagt,

Was uns der Prediger vom jüngsten Tag erzählt,
Hat er als Gleichnis nur vom Tag der Flucht gesagt.

Wer gibt mir Kunde von dem fortgereisten Freund,
Der Ost hat alles so verwirret angesagt.

Vertreibt den alten Gram mit Wein, mit altem Wein,
Dies macht das Herz vergnügt, so hat der schlaue Greis gesagt.[1]

O weh! Der Freunde Feind, der liebelose Mond,
Hat ohne Müh' den Freunden Lebewohl gesagt.

Ich will getrost, selbst Nebenbuhlern dankbar sein,
Mein Herz, gewohnt an Schmerz, hat Arznei'n entsagt.

Vertrau nicht auf den Wind, selbst wenn er günstig bläst.[2]
Dies Sprichwort hat zu Salomon der Ost gesagt.

Gibt dir das Schicksal Frist, verlasse nicht den Weg,
Wer sagt, dass eine Metze dem Betrug entsagt?[3]

Du frag nicht um *Warum* und *Wie*, ein treuer Knecht
Vollzieht ein jedes Werk, das ihm sein Sultan sagt.

Wer sagt, es sei Hafis von dir zurückgekehrt?
Ich nicht. Wer's sprach, hat aus Verleumdung es gesagt.

[1] Der Alte von Kanaan, d.i. Jakob wie Joseph, der Mond von Kanaan.

[2] Diese Weisheitslehre musste also schon Salomon von seinem Reitpferd, dem Ostwind, anhören.

[3] Das Schicksal, die Welt, das Glück wird von den persischen Dichtern immer als ein betrügerisches altes Weib personifiziert. Das Letzte (wie ein persischer Dichter so schön es malet), nicht blind, hat ein Auge, aber nicht auf der Stirne, sondern auf dem Scheitel des Kopfes. Es tappt mit den Händen herum, um Menschen zu greifen, statt deren es aber meistens nur Esel greift, die es hinaufhebt bis zum Scheitel, um zu sehen, was es gegriffen. Sobald es sieht, dass es Esel statt Menschen sind, wirft es dieselben ferne von sich und greift dafür andre Esel.

LX.

Noch niemand sah dein Angesicht,
Doch harren dein schon tausend Nebenbuhler;
Noch in der Knospe harren dein
Schon tausend Nachtigallen.

Wenn ich mich deiner Wohnung nah',
Was nimmt es dich, sprich, was nimmt es dich wunder?
Unendlich viel der Fremden gibts
Im Lande, die mir gleichen.

So weit bin ich von dir entfernt,
O möchte niemand sich von dir entfernen!
Doch des Genusses Hoffnung ist
Sehr nahe mir gelegen.

Die Kloster- und die Schenkenluft[1]
Sind wenig voneinander unterschieden,
Das Antlitz des Geliebten strahlt,
Wo immer es sich findet.

Wo frommer Zellen heilig Werk
Betrieben wird mit regem Geist und Eifer,
Dort tönt des Mönches *Glockenschall*,
Dort tönt des *Kreuzes* Name.

Ist ein Geliebter, welcher nicht
Den Liebenden des Anschauns würdig hielte?
Ich bin nicht krank, und wenn ichs bin,
So ist der Freund beihanden.

Hafisens Klagen um den Freund
Sind doch zuletzt nicht in den Wind gesprochen.
Sie sind ein altes Fabelbuch
Und eine Wundersage.

[1] Nicht nur die mystischen Kommentatoren *Schemi* und *Saruri*, sondern auch selbst *Sudi* meint, dass hier unter der *Klosterliebe* der Islam und unter der *Schenkenliebe* alle übrigen Religionen verstanden würden, und dass Hafis habe sagen wollen, es gelte gleich viel, Gott auf diese oder jene Art anzubeten. Dies wollen wir nun auch so verstanden wissen, obgleich die darauf folgenden Strophen zur Vermutung berechtigen, dass sowohl die Kloster- als auch die Schenkenliebe im eigentlichen Sinne genommen ist.

LXI.

In deinem Locken-Netz hat sich mein Herz verstricket,
Durchbohr's mit einem Blick, es hat es wohl verdienet.

Wenn meines Herzens Wunsch von deinen Händen kommet,
Sei schnell, es ist das Gute hier an seinem Orte.

An deiner Seite schwör' ich es, mein süßer Abgott,
Wie Kerzen will ich mich des Nachts für dich verbrennen.

Als du auf Liebe sannst, *Bülbül*, hab' ich gesprochen:
Tu's nicht, denn selbstisch sorgt die Rose ihretwegen.[1]

Der Moschus Sinas braucht nicht erst des Rosenduftes,[2]
Die Blase nimmt den Wohlgeruch vom eignen Kleide.

Geh nicht in den Palast empfindungsloser Herren,
Der Schatz des Heiles liegt zu deinen eignen Füßen.

Verbrannt ist zwar Hafis, allein im Bund der Liebe
Hält er stets fest, was Treue sich bedinget.

[1] Der durch das ganze Gasel laufende Reim ist *chuischten est*, d.i. selbst ist, durch dessen Beibehaltung das Deutsche hie und da vollends unverständlich geworden wäre, teils wegen der unnatürlichen Versetzung des Hilfszeitwortes, teils wegen der verschiedenen Bedeutung des persischen *Chuischten*, das nicht allein selbst, sondern auch sein Eigen bedeutet und hier bald in einem, bald in dem andern Sinne genommen wird.
[2] Moschus aus *Tschin* und *Thigil*, d.i. aus *Sina* und *Tutistan* bedarf des Rosenduftes nicht. Unter diesem Moschus wird aber hier nicht der eigentliche Moschus, sondern das moschusduftende Haar schöner Knaben aus Sina, und besonders aus der Stadt Thigil, die daher berühmt ist, verstanden. *Kaaba*, das hier mit Kleid übersetzt worden, ist ein persischer Kaftan, von vorne offen und unter dem linken Arme aufgebunden, oder vielmehr in dem Gürtel aufgeschlagen.

LXII.

Dir mein Herz zu eröffnen verlangt mich,
Und von deinem zu hören verlangt mich.

Zu verstecken das Mädchen der Liebe,
Nebenbuhlern und Neidern verlangt mich.

Eine heilige Nacht, wie die Nacht *Kadr*,[1]
Ganz mit dir zu verkosen, verlangt mich.

Wehe! ähnliche liebliche Perlen
In der Nacht zu durchbohren verlangt mich.[2]

Diesen Abend nur eile zu Hilfe,
Morgen wieder zu blühen verlangt mich.

Wie Hafis zum Verdrusse der Gegner,
Trunken Lieder zu singen, verlangt mich.

[1] *Kadr*, die heilige Nacht des Mondes Ramasan, in welcher das von Ewigkeit her geschriebene Wort Gottes, der Koran, vom Himmel zuerst zur Erde auf den Propheten niedersank.
[2] Im Persischen: *solche zärtliche Klagen zu durchbohren*, d.i. zärtliche Lieder zu dichten; die Verse sind Perlen, welche der Dichter durchbohrt, um sie an dem Faden des Gasels anzureihen. Dasselbe Bild brauchen persische Dichter auch vom höchsten Liebesgenusse; Verse und Mädchen sind Perlen, die gebohrt und gereiht werden zum Halsschmuck.

LXIII.

Morgenwind, o Hudhud! nach Saba will ich dich schicken;[1]
Siehe, *woher* und *wohin* wir dich schicken!

Schad' ists, dass ein Vogel wie du in Wüsten des Grams lebt,
Lass dich ins Netz der Beständigkeit schicken.

Nichts ist nah und nichts ist ferne dem Pfade der Liebe,
Öffentlich will ich Wünsche dir schicken.

Morgens und abends werd' ich Karawanen guter Gebete[2]
Kosend aus Osten und Westen dir schicken.

Du, so ferne dem Blick, und meinem Herzen so nahe,
Täglich will ich Gebete dir schicken.

Dass von dem Heere des Grams des Herzens Ruh' nicht zerstört werd',
Will ich die Seele als Herold dir schicken.

Dass von meiner Sehnsucht die Sänger Kunde dir geben,
Will ich die Lieder mit Tönen dir schicken.

Schenke, komm! es bracht' ein heimlicher Bote dir Kunde
Duld', ich will Arzneien dir schicken.

Unsre Gesellschaft, Hafis, ist mit deinem Lobe beschäftigt,
Pferd und Kleider will ich dir schicken.[3]

Schau in deinem Gesicht ein göttliches Wunder, ich werde
Einen Spiegel Gottes dir schicken.[4]

[1] *Hudhud*, der Wiedehopf, Salomons Briefträger an Balbis, die Königin von Saba. Hafis bedient sich statt desselben des Morgenwinds.
[2] *Ich sende dir Karawanen guter Wünsche* ist unter vielen andern eine der Wünschungsformeln, mit denen man freundschaftliche Schreiben beginnt.
[3] *Pferd und Ehrenkleid*, als die Insignien der Belehnung, oder auch bloß vorzügliche Ehrenzeichen, im ganzen Morgenland üblich.
[4] Unter dem Spiegel Gottes versteht der Dichter hier sein Herz. Ich will dir mein Herz schicken, damit du dich darin wie in einem Spiegel sehen könnest.

LXVII.

Immer bin ich betrunken
Vom Hauche deiner krausen Locken,
Immer bin ich verstöret
Vom Blicke deines Zauberauges.

Nach so vieler bestandner
Geduld, o Herr! kann ich nicht einstens
Auf der Brauen Altare
Verbrennen meines Auges Kerze!

Sorgsam halt' ich in Ehren
Den schwarzen Apfel meines Auges,
Weil er gleichsam ein Abdruck
Vom schwarzen Mal ist, für die Seele.

Wenn du wünschest, auf einmal
Das ew'ge Leben uns zu zeigen,
O so sage dem Ostwind:
Dass er den Wangenschleier lüfte.

Wenn du wünschest, auf einmal
Die Welt entkörpert ganz zu schauen,
Lös' die Locken, es hangen
An jedem Härchen tausend Seelen

Beide, ich und der Ostwind,
Sind ein Paar verwirrter Toren;
Ich vom Zauber des Auges,
Und *er* von dem Geruch des Haares.

Hoher Geist ward Hafisen!
Von dieser Welt, und von der andern
Springet nichts ihm ins Aug' als
Der Staub der Schwelle deiner Türe.[1]

[1] Bewunderst du nicht Hafisens hohen und großmütigen Sinn, der sich von den Gütern dieser und jener Welt nichts als den Staub deiner Türschwelle verlangt?

LXIX.

Aller Ertrag der Werkstatt des Seins ist nichts.
Bringe mir Wein, die Güter der Welt sind nichts.

Seele wie Leib begehren Genuss und Lust,
Täten sie's nicht, so wären sie beide nichts.

Glück ist nur das, was blutigen Schweiß nicht braucht,
Denn mit Bemüh'n sind himmlische Fluren nichts.

Forsche nicht nach dem *Tuba* des Schattens, halb
Schauest du recht, o Zeder! er sinkt ins Nichts.[1]

Wenn du verweilst fünf Tage, nur auf der Post,
Ruhe dich aus, denn dieser Termin ist nichts.

Schenke, ich harr' am Rand des Verderbens, komm,[2]
Nütze die Zeit, von Lippen zum Mund ist nichts.

Denk nicht an Schimpf und sei wie die Rose froh,
Kräfte der Welt, sie gehen vorbei, sind nichts.

Klausner! o fürcht' den heiligen Eifergeist,
Zwischen dem Weg der Schenk' und der Zell' ist nichts.

Dass ich verbrannt mit Klagen und Wehgeschrei,
Allen die Not bekenne, ist freilich nichts.

Löblichen Ruf zwar hat sich Hafis verdient,
Aber es nützet ihm bei Betrunk'nen nichts.

[1] *Tuba*, der Baum des Paradieses; wenn du, meine Zeder, mein Geliebter, demselben gerade ins Gesicht schauest, so versinket er aus Scham vor deinem Wuchse ins Nichts.
[2] So nahe, als es von den Lippen zum Munde ist, so nahe steh' ich am Rande des Verderbens.

LXX.

Was für eine seltne Gnade
War es, welche deiner Feder
Alle Dienste unsrer vor'gen
Freundschaft aufgezählet hat?

Mit der Spitze dieser Feder
Hast du einen Gruß geschrieben,
Nie soll das Gebäu der Erde
Bleiben ohne deine Schrift! –

Nimmer sag' ich: du hast Unrecht,
Meiner dich noch zu erinnern,
Denn es wird dir vom Verstande
Nie ein Fehler aufgemerkt.

Dankbar für des Himmels Leitung
Darfst du mich noch nicht verachten,
Weil das Schicksal dich vor allen
Angesehn und groß gemacht.

Komm, ich will mit deinen Locken
Auf beständig mich verbinden,
Wenn ich dann den Kopf verliere,
Hanget er an deinem Fuß.[1]

Einstens wird dein Herz von unsrem
Gram und Leiden unterrichtet,
Zu der Zeit, wenn Tulpen blühen,
Aus vermodertem Gebein.[2]

Von den Locken hat der Ostwind
Jeder Rose viel erzählet,
Wann ließ doch der Nebenbuhler
Diesen Schwätzer ins Harem?

Labe meine durst'ge Seele,
Nur mit einem Tropfen Hefen,
Weil man dich aus *Dschemschid's* Becher
Mit den Fluten *Chiser's* tränkt.[3]

Sieh! mein Herz steht vor der Türe,
Halt es doch in Preis und Ehren,
Schon deshalben, weil der Himmel
Keine Qualen dir geschickt.

Überall sind Hinterhalte,
Gehe du nicht zu verwegen,
Von der Straße des Verderbens
Flieget sonst der Staub dir an.

Ostwind; gleich dem Herren Jesus[4]
Fröhlich seien deine Zeiten!
Denn Hafisens wunde Seele
Ward durch deinen Hauch geheilt.

[1] Ein sehr zusammengedrängtes Bild, das auseinandergesetzt so heißen würde: Lass mich meinen Kopf an dein Haar anbinden, dann wird denselben nichts davon trennen, eh' würde er vom Körper als vom Haare loslassen; dein Haar ist lang und geht bis an die Fersen, mein Kopf wird stets an deine Fersen anschlagen.

[2] Die den Gräbern entsprossenen Blumen: Rosen aus dem Staube schöner Augen, Lilien aus schlanken Leibern, und aus Liebe verbrannten Herzen, Tulpen mit Brandmalen. Im Westen hat der Genius diese orientalische Idee nirgends so schön, so himmlisch erhaben dargestellt als in Rafaels Himmelfahrten, wo Blumen den leeren Särgen entsprossen.

[3] *Chisers* Fluten sind der Quell des Lebens, *Dschemschid's* Becher das Symbol der Herrlichkeit und Macht.

[4] Das Wehen des Ostwinds ist wundertätig, wie der Hauch des Herren Jesus. Die Kraft, Wunder zu wirken, die Mitteilung eines höheren Geistes geschieht, nach den Begriffen der Morgenländer, durch das Anhauchen. Daher der Hauch bei der Wasserweihe in der Karwoche; noch heute hauchen die Scheiche der Derwische ihre Schüler an, ihnen den Geist des Ordens mitzuteilen.

LXXIII.

Außer deiner Schwelle hab' ich
Keinen Zufluchtsort,
Außer deiner Türe leg' ich
Nirgends hin mein Haupt.

Wenn der Feind den Säbel ziehet,
Werf' ich weg den Schild,
Keinen andern Säbel kenn' ich
Als das Wehgeschrei.

Warum soll ich von der Schenke
Wenden mein Gesicht?
Auf der ganzen Erde gibt es
Keinen bessern Weg.

Wirft in meinen Lebensspeicher
Einen Brand das Los,
Sage zu der Flamme, brenne,
Ich verliere nichts.

Ich bin ein getreuer Sklave
Des Narzissenaugs,
Das im Rausch des Übermutes
Keinen angeschaut.

Überall seh' ich die Straße
Von Gefahr umstrickt,
Außer deinen Locken weiß ich
Keinen Zufluchtsort.

Herr der Schönheit! reite langsam
Mit gehaltnem Zaum,
Denn es ist am Wege keiner,
Der nicht Klagen hat.

Tue keinem was zu Leide,
Tu sonst, was du willst,
Außer dieser gibt es keine
Sünde im Gesetz.

Unrecht liegt mit offnen Flügeln
Auf der ganzen Stadt,
Wo ist dann des Wuchses Bogen
Wo der Pfeil des Augs?[1]

Gib den Herzensschatz Hafisens
Nicht dem Haar und Mal;
Denn nicht alle Schwarze wissen
Sorglich umzugehen.[2]

[1] Wo ist denn der Rächer des unterdrückten Rechtes! Die Ungerechtigkeit liegt wie ein ungeheurer Raubvogel mit ausgebreiteten Flügeln auf der Stadt. Wo ist Pfeil und Bogen, dieselbe zu verscheuchen? Wo der Pfeil der Wimpern meines Geliebten? Wo der Bogen seiner Brauen?

[2] Haar und Mal sind zwei Mohren; wie man weiß, sind an den Höfen des Morgenlandes die Schatzhüter gewöhnlich schwarze Eunuchen, welche das Kostbarste, nämlich die Kleinodien des Reichs und des Harems bewahren. Hafis warnet sich selbst, seinen Herzensschatz nicht aufs Geratewohl den beiden Schwarzen, dem *Haar* und *Mal*, anzuvertrauen, weil nicht alle Schwarzen damit sorglich umzugehen wissen.

LXXVII.

Lang ist's, dass der Sehnsucht Flamme
Tief in meinem Innern ist,
Dass vom brennenden Verlangen
Brust und Herz zerstöret ist.

Lebenswasser ist ein Ausfluss
Von dem Zuckermund des Freundes,
Während dass die Sonn' ein Abglanz
Seines Mondgesichtes ist.

Und von meinem Geiste blies ich
Adam einen Odem ein;[1]
Dieser Vers erklärt mir, wie
Ich und er nur eines ist.

Die Geheimnisse der Liebe
Siehet nicht ein jeder ein,
Wisset, dass zu solchen meine
Seele eingeweihet ist.

Du erklärest uns den Glauben,
Prediger, schweig einmal still,
Weil des Freundes Wort in beiden
Welten unser Glaube ist.

Weißt du wohl, warum der Apfel
Meines Auges blutig ist?
Weil die Liebe seiner Wangen
In dem blut'gen Herzen ist.

Bis am Tage des Gerichtes
Danke du Hafis dafür,
Dass vom Anfang her dein Abgott
Dir zum Freund gegeben ist.

[1] Vers des Korans, wo Gott der Herr den Engeln von der Erschaffung Adams spricht: mein Geliebter haucht mir seinen Geist ein, wie Gott den Engeln.

LXXIX.

Keinen Sorbet von ihren Lippen genoss ich,
Und Sie ist fortgegangen!
Niemals erblickt' ich die Wangen dem Vollmond gleich,
Und Sie ist fortgegangen!

Ist Sie vielleicht durch unsre Reden erzürnet,
Weil Sie den Fuß gehoben?
Ha! ich vermocht' zu ihrem Staub nicht zu kommen,
Und Sie ist fortgegangen!

Hab' ich nicht oft genug die frommen Gebetlein
Singend herabgelesen,
Fatiha bald, bald andre Suren gebetet,[1]
Und Sie ist fortgegangen!

Schmeichelnd versprach Sie, aus der inneren Kammer
Wolle Sie nie entfliehen,
Siehe zuletzt, wir glaubten ihrem Betruge,
Und Sie ist fortgegangen!

Meinen Genuss, wenn Ihr verlanget, so sprach Sie,
Trennet euch von euch selber;
Selber vergaß ich mich in dieser Begierde,
Und Sie ist fortgegangen.

Schaukelnd und schwank erschien die Schönheit auf Wiesen,
Aber im Rosenbeete
Musste ich doch entbehren Ihres Genusses,
Und Sie ist fortgegangen.

Nächte hindurch hab' ich geklagt und geweinet,
Armer Hafis, dir ähnlich,
Leider gelangt zu ihrem Abschied ich nimmer,
Denn Sie ist fortgegangen.

[1] *Fatiha*, die erste Sure des Korans, gleichsam das islamitische Vaterunser; denn so wie auf unsern Gräbern die verstorbenen Christen um ein Vaterunser für ihre Seele bitten, so bittet auf den orientalischen Grabsteinen der begrabene Moslim um ein *Fatiha* für seinen Geist. Das *Fatiha* hat sieben Verse, wie das Vaterunser sieben Bitten.

LXXX.

Ward bei deinen Moschushaaren
Fehler begangen, – ist er vergangen.
Wenn bei deinen schwarzen Locken
Unrecht vor sich ging, – ist es vergangen.

Wenn der Blitzstrahl deiner Liebe
Speicher verbrannte, – ist er verbrennet.
Wenn der Kaiser wie der Bettler
Frevel begangen, – hat er's begangen.

Wenn das Herz von deinen Wimpern
Lasten getragen, – hat es getragen.
Zwischen mir und der Geliebten,
Wenn etwas vorgieng, – ist's vorgegangen.

Freilich wissen Wörterklauber
Vieles zu schmälen über die Freunde,
Aber wenn im Kreis der Trauten
Unrecht auch vorging, – ist es begangen.

Auf dem Pfade der Verliebten
Ziemt es sich niemals, andre zu reizen,
Alle Leiden, die du schauest,
Sind schon vorüber, – sind schon vergangen.

Tragen müssen wir der Liebe
Bürden, o Herz! du bleibe beständig!
Wenn ein Unrecht oder eine
Unbild vor sich ging, – ist sie vergangen.

Sag nichts Böses von Hafisen,
Prediger! er verließ die Gemeinde.
Kannst du einen Freien fesseln?
Wenn er hinwegging, – ist er gegangen.

LXXXIII.

Keiner ist, der nicht in diese doppelte Locke gefallen,
Wo ist ein Weg, den nicht Netze des Unglücks umziehn?

Dein Gesicht ist vielleicht ein Spiegel des göttlichen Lichtes,
Wahrlich! wahrlich! so ist's, keine Verstellung ist dies.

Dein Gesicht zu bereun, hat mir der Klausner befohlen,
Schämt er sich nicht vor Gott, schämt er sich auch nicht vor dir!

Unseren bitteren Schmerz bewein', o Kerze des Moschus,
Denn die heimliche Glut zehret an mir wie an dir!

Zeuge sei mir Gott, und Gott genügt mir als Zeuge,
Diese Tränen sind köstliches Martyrerblut.

Sieh, die Narzisse verlangt nach deinem liebkosenden Auge,
Welch ein Aug'! Es hat weder Erfahrung noch Glanz.[1]

Ich beschwör' dich bei Gott, du sollst nicht kräuseln die Locken,
Denn ich schlag' mit dem Ost jegliche Nacht mich herum.[2]

Gestern ging sie weg, ich sprach, vollzieh das Versprechen,
Ach! du irrest, sprach Sie; Zeiten der Treu' sind vorbei.

Da dein Auge sogar frömmsten Klausnern das Herz raubt,
Ists dir nachzuzieh'n keine Beschimpfung für mich?

Komm zurück, denn ohne das Herzen erleuchtende Antlitz
Ist die Freude verbannt aus dem geselligen Kreis.

Da der alte Wirt zu unserem Jünger geworden,
Kommt auf jegliches Haupt Gottes Geheimnis herab.

Männer von Einsicht wissen es wohl, es zieme dem Blöden
Nicht zu der Sonne zu schrein: ich bin die Quelle des Lichts.

Sieh! für Fremde zu sorgen war sonst die löblichste Sitte,
Ist vielleicht das Gesetz fremde in euerer Stadt?

Treffen muss den Verliebten der Pfeil des Schimpfes und Tadels,
Wider des Schicksals Pfeil decket die Helden kein Schild.

In des Klausners Gemach und in der Zelle des *Sofi's*[3]
Gibt es keinen Altar als die Winkel der Brau'n.

Wenn du die Hand eintauchst in Hafisens geronnenes Herzblut,
Fürchte du dich vor Gott, dass er nicht räch' den Koran.[4]

[1] Welch ein Auge! das ist des Narzisses; mit deinem verglichen hat es weder die Erfahrungen in der Sprache der Liebe, noch den hellleuchtenden Glanz des deinen.

[2] Ich bitte dich, kräusle nicht die Locken, denn sonst zanke ich mich die ganze Nacht aus Eifersucht mit dem Ostwind, der sich mit deinen gekräuselten Locken zu viele Freiheiten herausnimmt. Lass also dein Haar ungekräuselt unter der Haube.

[3] *Sofi*, die betrachtenden Weisen des Orients, dem beschaulichen Leben ergeben, deren Name weder dem griechischen *sofos*, noch von dem Wollenkleide, weil auf Persisch die Wolle *suf* heißt, richtig abgeleitet sein dürfte. Eher wäre das griechische *sofos* von dem orientalischen, als dieses von jenem abzuleiten. Die persischen Sofis und indischen *Gymnosofisten* sind älter als die griechischen *Philosophen* und *Deivnosophisten*. Der wahre Sinn der Wurzel scheint sich am nächsten in dem orientalischen *Safi* erhalten zu haben, das *klar, rein,* und *geläutert* bedeutet, und mit dem das griechische *safes* wieder verwandt ist. Die *Sofis* läutern ihre Seele von irdischen Begierden, durch Erhebung zu dem Ewigen und zu dem Himmel, daher ist Himmelblau die Lieblingsfarbe ihrer Kleider, wie helles Rot die der Magier, jene eine Ausstrahlung des Äthers und diese des Feuers.

[4] Weil Hafis den Koran auswendig weiß. Schon sein Name sollte von Grausamkeiten abschrecken, denn Hafis, d.i. der *Bewahrende,* heißt jeder, der den Koran im Gedächtnis bewahrt.

LXXXVI.

Ein Fallstrick ist dein Haar,
Für Gläubige und Ungläub'ge,
Dies ist ein Probestück,
Von seiner selt'nen Eigenschaft.

Mit Wunderkraft begabt
Sind deine Lippen, wie einst Jesus,
Doch was vom Wimpernhaar
Die Sag' erzählt, ist Zauberei.

Es werde hoch das schwarze Aug',
Gepriesen und gebenedeit,
Weil es im Seelenmord
Ein solcher Zaubrer ist.

Ein wunderliches Ding
Ists um der Liebe Wissenschaft.
Der Himmeln *siebenter*,
Ist ihr der Erden *siebente.*[1]

O sage nicht, dass er
Mit bösem Ruf davon sich schlich,
Er ließ die Rechenschaft
Von seinen Taten uns zurück.

Von seinem Schelmenaug'
Wie kann die Seele ich befrein,
Indem ich weiß, er sei
Gewaffnet stets im Hinterhalt.

Hafis, o traue du,
Den Banden ihrer Locken nicht,
Den Glauben wollen sie
Dir rauben, nach geraubtem Herz.

O Herz! schlürf wie Hafis
Liebkosung in dein Innres ein,
Denn die Liebkosungen
Der Liebenden sind lieblich, süß.

[1] Die Liebe (die sinnliche) glaubt an kein ewiges Leben, sie sieht im siebenten Himmel, d.i. in dem höchsten Grade verheißener Seligkeit, nur den höchsten Grad der Wonne des Genusses.

LXXXIX.

Wer getraut vor dem Freund ein Wort von Zedern zu sprechen?
Denn die Zeder stahl Formen und Haltung von ihm.

Ich erlaube mir nicht an den Wuchs der Zypresse zu denken,
Freilich ist sie hoch, aber auch *selbstisch* dabei.[1]

Von dem Mal und dem Haar hat der Ostwind dem Moschus erzählet,
Daher kommt es, dass er liebliche Düfte verstreut.

Eine Linie ist auf seinem Monde zu schauen,
Keiner weiß, obs die Brau'n oder der Neumond es sei.

Tausend Seelen verdient der Liebende, der, wie den Ballen,
Hinwirft seinen Kopf unter die Locken des Freundes.

Suchst du den Wunsch des Herzens aus seinem Mund zu erfüllen,
Laufe nicht, wie Hafis, hinter dem taumelnden Kopf.

[1] Was die Dichter und Hafis selbst der Zypresse sonst zum Lobe ausspricht, nämlich ihr freies, hohes, von allem irdischen Staube weit erhabenes, zurückgezogenes Wesen, wird ihr hier zum Tadel angerechnet; dass sie so hoch aufschießt, eh' sie Äste treibt, dass diese Äste nicht zur Erde gesenkt sind wie die der übrigen Bäume, sondern gerade wie der Stamm zum Himmel emporstreben, ist zwar sehr schön, meint Hafis, aber doch auch ein Zeichen von Selbstgenügsamkeit, die, alle Verbindung und Berührung mit dem mütterlichen Boden verschmähend, gar wohl den Vorwurf der Selbstsucht

verdient. Hierin steht nun die Zypresse weit hinter dem Freunde, der des eben so hohen Wuchses wegen gelobt, aber nicht der Selbstsucht beschuldigt zu werden verdient. Hafis betrachtet hier nur die Kehrseite der Medaille, denn insgemein wird die Zypresse nur gepriesen als das Symbol der Freiheit und Unabhängigkeit, so wie die Palme als das Symbol der Großmut und Freigebigkeit. So sagt Saadi:
Sei wie Palmen, gütig, oder sei
Wie Zypressen, hoch und frei.

XC.

Du fassest, Freundin, nicht das Wort,
Hier liegt der Fehler.
Hörst du's von einem Mann von Herz,
Sag nicht, dies ist ein Fehler.

Es biegt mein Kopf sich diesem nicht,
Nicht andrem Leben,[1]
Gesegnet sei der Herr für Zwist,
Der mir im Kopfe lieget.

Ich weiß nicht, wer das kranke Herz
Wohl mag bewohnen,
Still bin ich, doch darinnen ist,
Beständig Zank und Lärmen.

Dem Schleier ist mein Herz entflohn,[2]
Wo bist du, Sänger?
O sing, es bringt noch dieser Ton,
Vielleicht mein Herz zurechte.

Von jeher hatt' ich nichts zu tun,
Mit Weltgeschäften,
Dein Angesicht hat mir die Welt
Geschmückt für meine Augen.

Wie oft hab' ich ob deinem Bild,
Kein Aug' geschlossen,
Durch hundert Nächte trink' ich Wein,
Wo aber ist die Schenke?

Es ist die Zelle zwar befleckt
Vom Blut des Herzens,
Wenn du mit Wein sie waschen willst,
Hast du das Recht in Händen.

Es brennt in meinem Herzen Glut,
Die nie verlöschet,
Deswegen werd' ich hoch geschätzt,
Im Kloster unsers Wirtes.

Wie, trillerte uns gestern wohl
In Schlaf der Sänger?
Dass mir der Lebenshauch entfloh,
Dass heut das Hirn noch voll ist.

Man gab dem Herzen gestern Ruf
Von deiner Liebe,
Aus Sehnsucht ist deshalb die Brust
Gefüllt mit Sang und Klange.

Seitdem, als zu Hafisen kam
Der Ton des Liebchens,
Ward aus Begier des Herzens Berg
Erfüllt vom Widerhalle.[3]

[1] Diese und die andere Welt mögen auf Hafisens Kopf stürzen, er wird denselben doch nicht beugen.
Er könnte sich zum Sinnbild eine stählerne Stange gewählt haben, mit der Inschrift: Frangor, non flector.

[2] Mein Herz hat längst den Schleier der Schamhaftigkeit weggeworfen.

[3] Mein Herz ist groß geworden wie ein Berg, aus Sehnsucht nach dem Liebchen, dieser Herzensberg gibt den Widerhall des Tones, in welchem das Liebchen ihn anspricht.

Aus: Der Buchstabe The

I.

Meine Schmerzen stillt kein Mittel; Hülfe!
Meine Trennung hat kein Ende; Hülfe!

Weg ist's Herz, nun suchen sie die Seele;
Wider die Gewalt der Schönen, Hülfe!

Für den Kuss begehren sie die Seele;
Wider diese Seelenräuber, Hülfe!

Unser Blut verzehren sie, die *Gauern.*[1]
O Moslime, wo sind Mittel, Hülfe!

Schäferstunde, schaffe Recht den Armen;
Wider der Tyrannen Trennung, Hülfe!

Jeden Augenblick drängt neues Leiden
Wider Herz und Seelenlose – Hülfe!

Tag und Nacht vergieß' ich Feuertränen,
Wie Hafis, verbrannt, ermordet; Hülfe!

[1] *Gauer*, ein Ungläubiger, auf Türkisch und Persisch, wie auf Arabisch, *Kafir*. Das eine und das andere kommt ursprünglich vom persischen *Gawr*, ein Feueranbeter, und ist vielleicht mit dem griechischen *gauros* verwandt.

Aus: Der Buchstabe Dschim

I.

Es ziemt, dass du von allen Schönen Steuer nimmst,
Indem du in der Schönen Laube König bist.

Durch deine Augen ist ganz Turkistan empört,
Und *Sin* und *Hind* bringt deinen krausen Locken Zoll.

Die Weiße des Gesichts ist heller als der Tag,
Die Schwärze deines Haars ist finstrer als die Nacht.

Wie soll ich denn von dieser Krankheit Heilung finden,
Wenn in mein Herz von dir kein Heilungsmittel kömmt.

Dein enger Mund verleiht dem Quelle *Chisers* Dauer.
Ägyptens Zuckerrohr versteckt sich vor den Lippen.

Warum zerschlägst du meine Seele, steinern Herz!
Aus Zartheit bricht mein schwaches Herz wie Glas.

Wie knüpfst die Mitte du, mit einem einz'gen Haar.
Wie lösest du so schön, den Leib aus Elfenbein!

Dein Flaum ist *Chiser* und dein Mund des Lebens Quell,
Der Wuchs ein Baum, die Mitt' ein Haar, der Busen Wachs.

Nach einem Schatz, wie du, sehnt sich Hafisens Herz,
O wär' er nur ein Sklav', des Staubes deiner Tür.

Da fast jeder Vers dieser so gedrängten Schilderung von Jünglingsschönheit einen besonderen Kommentar erforderte, so wollen wir lieber den Sinn der ganzen Ode in Prosa hersetzen:

Alle Herzen zollen dir Liebe, und dies mit Recht, denn du bist der König der Schönen; die ganze Jugend von *Chata* und *Choten*, berühmt durch die Schönheit der Augen, hast du durch die deinigen in Aufruhr gebracht; deine Haare sind schöner gekräuselt als die der *Sineser* und *Indier*, das Wasser deines Mundes ist der Quell des Lebens, der vom Propheten *Chiser* bewacht wird, und deine Lippen sind süßer als Zucker. Schone, steinern Herz! das meinige, das zart und zerbrechlich wie Glas ist. Die Mitte deines Wuchses ist fein wie ein Haar, und wenn du dich niederlässt, so scheinen sich alle deine Glieder wie Elfenbein auseinanderzulösen. Dein Mund ist des Lebens Quell, und der Hüter desselben ist (nicht die Lippen, wie oben) der junge grüne Bart, der denselben umgibt, usw. bis zum Schluss, wie bei Tibull:

Non ego – dubitem – dare sacratis oscula Liminibus.

Diese Gasel, der blühendsten und reichsten eine, hat Herr Graf von Harrach vor fünfzehn Jahren, als er sich mit dem Studium des Persischen beschäftigte, auf eine so glückliche Weise mit Treue des Sinns und des Reimes wiedergegeben, dass es Verlust für die Leser sein würde, ihnen diese Übersetzung vorenthalten zu wollen.

Dir, aller Schönen Krone,
Gebühret auch der Schönheitszoll:
Von deinen trunknen Augen
Flammt Turkistan empörungsvoll,
Und deinem krausen Haare,
Zollt *Sin* und *Hindus* Ware.

Des Tages Glanz verschwindet,
Vor deines Angesichtes Pracht;
Die Schwärze deiner Locken
Ist finsterer als Mitternacht;
Wer lindert wohl dem Herzen,
Wenn du nicht heilst – die Schmerzen!

Die Quelle Chiser's fließet
Aus deinem Rosenmund hervor,
Der Kandel deiner Lippen,
Beschämt Ägyptens Zuckerrohr.
Wie kannst du denn mich Armen,
Zerbrechen ohn' Erbarmen.

Ein Haar ist deine Mitte,
Erhaben die Gestalt und rein,
Dein Wuchs ist die Zypresse,
Die Glieder gleichen Elfenbein.
Dein Mund wird neues Leben
Dem Liebeskranken geben.

Wie junges Grün der Wiese,
Sprosst weiches Flaumenhaar am Kinn,
Jasminen sind der Busen,
Du bist der Schönen Königin!
Ach hätte dir zu dienen,
Hafis doch wert geschienen.

Aus: Der Buchstabe Ha

I.

Den Neumond schau des *Moharrems*[1]
Begehr' den Becher voll Weines.

Jetzt ist der Mond der stillen Ruh,
Jetzt sind die Tage des Friedens.

Der Bettler zankt nicht um die Welt,
Er achtet klein ihr Vermögen.

Dem Schahe sei das gute Glück,
Dem Schahe sei es gegeben!

Erkenn' die Welt und halte hoch
Die teure Zeit des Genusses.

Sie gleicht an Wert der *Wundernacht,*
Sie gleicht dem *Tage des Sieges.*[2]

Den Wein bring her, es muss der Tag
Mit Glück und Wohlsein gedeihen,

Wo in der Früh' ein Morgentrunk
Den Morgen selber zum Freund macht.

Welch ein Gehorsam kann sich denn
Für einen Trunkenen schicken,

Ich unterscheid' den Abendruf
Ja nicht vom Rufe des Morgens.[3]

Mein Herz, du bist so sorgenlos,
Ich fürchte, wahrlich, ich fürchte,

Ein andrer machet auf die Tür,
Weil du den Schlüssel verlierest.

Verlängre, wie Hafis, die Nacht
Zum Tag, im Wunsch des Genusses,

Dass durch den *Alleröffner* blüh'[4]
Die Rose deines Geschickes.

Jetzt ist die Zeit des Schahs *Schedschaa*[5]
Die Zeit des Rechts, der Weisheit,

Befleiße dich der Seelenruh,
Befleiß' dich morgens und abends.

[1] *Moharrem*, der Monat, der auf den *Ramadan* oder Fastenmond folgt. Die Erscheinung des Neumonds endigt die Faste und ist daher für alle Moslimen ein Freudenfest. In Konstantinopel wird dieselbe, wie bekannt, durch den Donner der Kanonen des Serails dem Volke verkündigt. Nun, da die Zeit der Fasten und Buße vorüber ist, kann sich der Dichter um so freier dem Genusse des Vergnügens hingeben.

[2] Die *Wundernacht Leiletal – kade*, in welcher das von Ewigkeit her bestehende Wort Gottes, der Koran, auf die Erde gesandt ward. *Rusi Istiftach* hat eine doppelte Bedeutung und heißt entweder der Tag der Eroberung, des Sieges, oder (und dieses insgemein) der Tag, wo die Faste aufhört und mit dem Essen der Anfang gemacht wird.

[3] Wie kann ich dem Gesetze gehorsam die vorgeschriebenen Gebete verrichten; ich höre ja weder morgens noch abends den Ausrufer, der die Zeit desselben von den Moscheen verkündiget.

[4] Der *Alleröffner*, einer von den neunundneunzig Namen Gottes: *Alleröffner, öffne uns dieses Tor mit Gutem* steht gewöhnlich über den Toren von Palästen, Sälen usw. geschrieben.

[5] Die Zeit des Schahs *Schedschaa*, der Herrscher aus der Familie *Mossaffer*, ein Freund des Wohllebens, den Hafis an einigesn Stellen als seinen Gönner nennt, wie Dschami den Sultan Hossein Baikar.

II.

Wenn du für Recht hältst zu vergießen
Das Blut des Liebenden,
So halt' auch ich's für recht und billig,
Gerade so, wie es dir deucht.

Wer deinen Locken Schwärze schenkte,
Hat eingesetzt die Nacht;[1]
Den Tag hat aufgekläret,
Wer deinem Antlitz Weiße gab.

Von meiner Augen Tränen fließt
Ein bittrer Quell zusammen,
Kein Schiffer steuert durch die Mitte
Von diesem Flutenmeer sein Schiff.

Des Lebens Quell sind deine Lippen.
Sie geben *Geisteskraft*,
Deswegen hat mein Körper
Den *geistigen* Geschmack des Weins.[2]

Noch niemand ist den krausen Locken
Von deinem Moschushaar,
Noch niemand dem Geschosse
Der Brauen und des Aug's entflohn.

Bescheidenheit und Scham und Reue
Verlange nicht von mir,
Wer heischet gute Werke,
Von Trunkenen und von Liebenden?

Kein Kuss von deinen Purpurlippen
Ward mir durch tausend List.
Es hat mit tausend Bitten
Mein Herz nicht seinem Wunsch erreicht,

Was ist das Glas, das sich auf deine
Gesundheit immer leeret?
Wir andern trinken immer
Und sind hierin den Gläsern gleich.[3]

Es wird der Wunsch für dich das stete
Gebet Hafisens sein,
Solang sich aneinander
Die Tage und die Nächte reih'n.

[1] *Er hat die Nacht eingesetzt*, ein Ausdruck des Korans von Gott dem Herrn.

[2] Der übertragene Begriff von Geist ist im Arabischen derselbe wie im Deutschen; die beiden Worte aber, mit denen hier im Originale gespielet wird, sind *Ruh*, der *Geist*, und *Rah*, der *Wein*, die dann noch mit dem Körper und dem Wasser des Lebens in Kontrast gesetzt sind.

[3] Ein arabischer Vers, entweder Hafisens eigene Erfindung, oder aus einem bekannten arabischen Gedichte entlehnt. *Sudi* bemerkt, dass sich derselbe nicht in dem persischen Diwane, wohl aber in den Kommentaren finde, und dass er denselben deshalb, ungeachtet seines geringen Wertes, aufgenommen habe.

Aus: Der Buchstabe Cha

I.

Mein Herz verlangt nach dem Gesicht *Farruch's*,[1]
Es ist verwirret wie das Haar *Farruch's*,

Ich nehme aus sein hindufarbnes Haar,
Sonst niemand naht sich dem Gesicht *Farruch's*,

O dreimal glücklich ist er, dieser Schwarze,[2]
Er, der Begleiter und Gefährt' *Farruch's*,

Wie Weiden zittert die Zypress' im Garten,
Sobald sie sieht den hohen Wuchs *Farruch's*[3]

Gib mir den safranfarbnen Wein, o Schenke,
Zum Angedenken der Narziss' *Farruch's*.[4]

Aus Gram hat sich mein Leib gekrümmt zum Bogen,
Zum Bogen wie die Augenbrau'n *Farruch's*,

Den Moschushauch vom Tartarland beschämet,
Der Hauch des Ambradufts vom Haar *Farruch's*.

Wenn jedes Herz sich neigt nach einer Seite,
So neiget meines sich ganz zu *Farruch*.

Ich diene gern dem hohen Geist von jenem,
Der wie Hafis sich nennt ein Sklav' *Farruch's*.[5]

[1] Der wahre oder erdichtete Name eines Lieblings des Dichters.
[2] Das schwarze Haar wird hier zum Eunuchen personifiziert, der allein des Glückes teilhaftig ist, sich dem Hareme des schönen Gesichtes zu nahen.
[3] Aus Eifersucht und Neid zittert die Zypresse über den schönen Wuchs, der ihre Form beschämet.
[4] Die Narzisse, das Auge; liebetrunkene Augen werden trunkenen Narzissen verglichen, und daher die Verbindung zwischen dem Auge des Geliebten und dem Wein, den der Dichter vom Schenken fordert.
[5] Sudi bemerkt zu Ende dieser Gasel: es fänden sich unter den Versen Hafisens wohl manche leichte und lose, und zu diesen gehörten die vier eben gelesenen.

Aus: Der Buchstabe Dal

I.

Hast du gesehen, mein Herz, was der Gram der Liebe getan hat,
Wie die Huldin entfloh, was Sie dem Treuen getan,

Schau das seltene Spiel, was die Zaubernarzisse gespielt hat,
Ach der Trunkene! schau, was er dem Weisen getan.

Liebe, gefärbt sind meine Tränen durch Härte des Freundes,
Schau, was unfreundlich das Los mir zum Verdrusse getan.

Morgens strahlte ein Blitz herüber von *Leila's* Wohnung,
Ach! im Hause *Medschnun's* hat er viel Unheil getan!

Schenke, gib mir den Becher mit Wein, denn keiner ergründet,
Was der Schöpfer der Welt Wunder in Zirkeln getan,

Keiner weiß, was Er, der Maler des sternichten Himmels,
Vom Geheimnis bedeckt, hinter dem Schleier getan.[1]

Liebesgedanken und Sinn hat das Herz Hafisens entflammet,[2]
Seht, was der alte Freund seinem Geliebten getan.

[1] Keiner kennt die Ratschlüsse des Schicksals, ob es ihm Glück oder Unglück, ein kurzes oder langes Leben bestimmt hat. In dem vorhergehenden Verse erscheint Gott als der große Baumeister der Welt. Niemand weiß, wie er den Zirkel gedreht, wie er den Riss entworfen zum Baue des menschlichen Schicksals; da es nun keiner weiß und viele Worte hierüber dennoch zu nichts führen, so ist es besser, die Grillen zu vertrinken.
[2] Das persische Wort *Sucht* kann hier sowohl für *brennen* als für *anzünden* genommen werden, die Übersetzung lässt es deshalb unentschieden, ob das Herz den Sinn oder der Sinn das Herz entflamme.

II.

Morgens hat die Nachtigall kundgetan,
Was ihr die Liebe zur Rose getan.

Wangenfarbe färbet mein Herz mit Blut,
Weil mir viel Leides die Dornen getan,

Ich bin jenes Zarten ergebener Knecht,
Welcher viel Gutes im Stillen getan.

Wehe, Ost, denjenigen, die zum Heil
Nächte Durchwachender manches getan.

Klagen kann ich über die Fremden nicht,
Denn die Befreundeten haben's getan.

Wer vom Schatz der Könige Gold verlangt,
Treue von Freunden, hat übel getan.

Rundum klagt die Nachtigall Liebespein,
Während der Ostwind sich gütlich getan.

Denn er hat so Schleier als Haar zerwühlt,[1]
Knospen das Hemde vom Leibe getan.

Geh, verkünd' den Trinkenden, dass Hafis
Über Enthaltsamkeit Buße getan.

Aus den Herren unseres Landes hat
Albuwefa mir das Beste getan.[2]

[1] Den Schleier nämlich der Rosen, und das Haar der Hyazinthen.
[2] *Albuwefa*, der Vater der Treue, der Name eines Gönners des Dichters, er hieß eigentlich *Vefai Kemaled-din* und überhäufte den Dichter mit Ehrenbezeugungen und Wohltaten.

III.

O komm, des Himmels Türke hat
Die Fastenzeit zum Raub gemacht,
Ein Zeichen hat der neue Mond
Zum Kreiselauf dem Glas gemacht.[1]

Nur jenem gilt das gute Werk
Der Wallfahrt und der Fastenzeit,
Der von dem Staub der Schenke her
Der Liebe hat Besuch gemacht.

Der Winkel in der Schenke ist
Das eigentliche Vaterland;
Mit Gütern sei belohnt von Gott
Der Mann, der diesen Bau gemacht.

Wie lieblich ist nicht das Gebet,
Wenn erst zuvor aus Herzensgram
Der Liebende mit Tränenflut,
Mit Blut die Reinigung gemacht.[2]

Sei dankbar deinem eignen Aug',
Weil das Gesicht des Freunds du schaust,
Das Auge hat, was es gemacht,
Stets mit Behutsamkeit gemacht.

Was ist der Preis für den Rubin
Des Weines anders als Vernunft?
Komm! Es gewann ein jeder noch,
Der diesen Warentausch gemacht.

Schad'! dass die blinzende Narziss
Vom Aug' des Scheihs unsrer Stadt,
Auf alle Hefetrunkne heut
Solch einen Seitenblick gemacht.

Vor dem Altare dieser Brau'n,
Kann nur derjenige mit Recht
Verrichten ein Gebet, der eh'
Mit Blut die Reinigung gemacht.

Wenn die Gemeinde heut vielleicht
Noch dem Imame klagen soll,
So geht ihr Nachricht, dass mit Wein
Er Flecken in sein Kleid gemacht.

Du höre von Hafis, und nicht
Vom Prediger, der Liebe Wort,
Wiewohl er seine Predigten
Sehr wohlberedt und künstlich macht.[3]

[1] Der Türke des Himmels, d.i. die räuberische Zeit, die alles auf der Heerstraße des Lebens mit sich nimmt, hat nun auch die Faste weggenommen; und der neue Mond, der als silberner Rand eines halb sichtbaren, halb von Wolken verdeckten Bechers erscheinet, ist gleichsam das Zeichen am Himmel, das die Trinker einladet, den Becher kreisen zu lassen.

[2] Anspielung auf die gesetzmäßige Reinigung vor dem Gebete.

[3] Auch der Prediger wird Dir von der Liebe (der göttlichen) sprechen, Du höre aber, was *ich* davon sage.

IV.

Eine Nachtigall hat sich mit Herzblut
Eine Rose eigen gemacht,
Doch der Wind des Neides hat ihr Herz mit
Hundert Dornen elend gemacht.

Sieh, ein Papagei war frohen Herzens
Aus Begier nach Zuckergenuss,
Jählings hat der Waldstrom des Verderbens
All sein Glück zu Wasser gemacht.

Meiner Augen Freude war des Herzens
Frucht, noch immer denk' ich daran,
Ach sie ist so leicht von mir entflohen,
Hat das Herz so schwer mir gemacht!

Karawanenführer, meine Ladung
Ist gefallen, hilf mir bei Gott!
Denn die Hoffnung nur auf deine Gnaden
Hat mich hieher reisen gemacht.

Du verachte nicht mein Angesicht voll
Staubes, mein befeuchtetes Aug'
Denn aus diesem Mörtel hat der Himmel
Seine Freudenwohnung gemacht.

Wehe! ob dem Neideraug', mit welchem
Auf mich sah vom Himmel der Mond,
Hat mein Mond mit seinen Bogenbrauen
Sich das Grab zur Stätte gemacht.

Ach Hafis, die Zeit hast du versäumet,
Nun ist alle Möglichkeit hin.
Aber was war sonst zu tun! das Spiel des
Himmels hat mich sorglos gemacht.[1]

[1] Trauerrede auf den Tod seines Sohnes, der gestorben, ohne ihm Enkel zu geben. Der Dichter ist hier die Nachtigall und sein Sohn die entflohene Rose. Er bedauert, dass er ihn nicht zeitig genug vermählte.

VII.

Der Frömmling hat gespannt sein Netz
Und seinen Becher aufgemacht,
Er hat mit dem Gebäu des Trugs
Dem Himmel Gaukelei gemacht,

Der Himmel aber schlägt sofort
Ihm Eier auf dem Kopf entzwei,[1]
Weil er aus seiner Gaukelei
Uns hat Geheimnisse gemacht.

Komm, Schenke, komm, und gib mir Wein,
Das schöne Kind des frommen Manns
Hat sich in seinem Glanz gezeigt
Und mir Liebkosungen gemacht.

Was für ein Spieler ist denn dies,
Der aus dem Ton *Irak* sein Lied
Begonnen hat, und dann zum Ton
Hedschas den Übergang gemacht.[2]

O komm, mein Herz, wir flüchten uns
Zum Zufluchtsort, zu unsrem Gott,
Vor jenem, der die Ärmel kurz,
Die Hände aber lang gemacht.

Verleg dich nicht auf Künstelei,
Denn jedem, der in seinem Tun
Nicht frei und offen handelt, wird
Die Tür der Liebe zugemacht.

Am Tage des Gerichts, an dem
Die Wahrheit aufgedecket liegt.
Wird jeder, der verborgene
Bedeutung glaubt, beschämt gemacht.

Wohin so lieblich schwankest du?
Du schönes Reh: wohin? bleib stehn!
Verlass dich nicht auf das Gebet,
Das der Scheinheilige gemacht.

O schmäh die Trunknen nicht,
Hafis! du bist von Ewigkeit
Durch Gott zu einem Menschen, der
Die Gleisnerei entbehrt, gemacht.

[1] Die Frömmlinge, Priester, Sofis, Scheihe sind nichts als Gaukler und Taschenspieler, die es dem großen Gaukler und Taschenspieler der Welt in dem Los gleich tun wollten. Dieses aber betrügt sie, wie Taschenspieler öfter einen dummen Menschen dem Gelächter ihrer Zuschauer preisgeben, indem sie ihm weismachen, sie würden ein paar Eier unter seinem Haar verstecken; sie legen ihm dieselben auf den Kopf und zerschlagen sie dann.
[2] *Irak* und *Hedschas*, zwei verschiedene Tonarten der persischen Musik.

VIII.

Jetzt da auf den Wiesen Rosen[1]
Aus dem Nichts ins Dasein treten,
Und die Veilchen sich vor ihnen
Zur Anbetung niederwerfen,

Trink ein Glas des Morgenweines,
Zu dem Ton der *Duff* und Leier![2]
Küss das Kinn des lieben Schenken,
Bei dem Ton der Flöt' und Laute.

In der Zeit der Rosen sitz nicht
Ohne Wein und ohne Schönen.
Denn sie gehen schnell vorüber,
In dem Zeitraum einer Woche.

Sieh, die Erd' ist wie der Himmel,
Durch gestirnte Würzeblumen,
Unter gutem Glücksgestirne
Klar und aufgehellet worden.

Weck den Feuerdienst *Sarduschten's*,[3]
In dem Garten auf zum Leben,
Jetzt, da dorten *Nimrods* Feuer
Tulpen angezündet haben.

Aus der Hand von zarten Schönen,
Deren Odem Wunderhauch ist,
Trinke Wein und frag mitnichten,
Um *Themud's* und *Aad's* Geschichten.[4]

Lilien und Rosen machen
Aus der Welt ein ew'ges Leben,
Doch was nützt es uns, die dennoch
Hier nicht ewig bleiben können.

Weil, wie *Salomon*, die Rose[5]
Auf des Ostens Rücken reitet,
Und die Nachtigall des Morgens,
Wie einst David, Psalmen singet.

Fordre vollgefüllte Becher,
Trinke sie auf die Gesundheit
Des *Mahmud Amadeddines*
Rat's von Salomon dem Zweiten.

Such Hafis in seinen Tagen
Deine Wünsche zu erreichen,
Denn der Schatten seiner Milde
Reichet bis zur Ewigkeit hin.

[1] Eine der schönsten Frühlingsoden Hafisens, dem Wesir Mahmud Amaddedin zugeeignet.

[2] *Duff*, der onomatopoetische Name der Halbtrommeln oder sogenannten Tambours de basque, eines der ältesten musikalischen Instrumente.

[3] Du bringe feurigen Wein her, jetzt da die Tulpen brennen. *Serduscht* oder *Zoroaster* setzte den Feuerdienst ein, *Nimrod* zündete den Feuerofen an, Abraham darin zu verbrennen.

[4] *Themud* und *Aad*, zwei im Grimm des göttlichen Zorns vernichtete alte arabische Stämme.

[5] Salomon ritt auf dem Ostwind, so Rosenblätter, welche in der Luft fliegen.

XI.

Einen Blick ins Glas *Dschemschid's*,[1]
Bist im Stand zu machen,
Wenn den Staub der Schenk' zur Schmink'
Bist im Stand zu machen.

Bleibe niemals ohne Wein,
Niemals ohne Sänger,
Allen Gram der Welt bist du,
Fern im Stand zu machen.

Deines Wuchses Rose wird
Dann den Schleier lüften,
Wenn du gleich dem Ost den Dienst
Bist im Stand zu machen.

Setze vor den Fuß zur Reis',
Auf dem Weg der Liebe,
Viel Gewinnes auf der Reis'
Bist im Stand zu machen.

Komm! Denn alle Ruhe, Lust,
Ordnung in Geschäften,
Bist durch einen Mann von Kopf,
Du im Stand zu machen.

Keinen Schleier hat der Freund,
Lass den Wegstaub niedersinken,
Dass du einen Blick auf ihn
Seist im Stand zu machen.

Das Gebäude deines Ichs
Willst du nie verlassen,
Bist zur Wahrheit einen Schritt,
Nie im Stand zu machen.

Bist du, o mein Herz, bekannt,
Mit dem Licht der Reinheit?
Dann bist auf den Kopf Verzicht
Du im Stand zu machen.

Forderst du des Glases Rand,
Und der Freundin Lippen,
Fordre nicht, dass du noch was
Seist im Stand zu machen.

Hörst du diesen Rat Hafis,
Wiss', dass du zum Wege
Der Enthaltsamkeit den Schritt
Bist im Stand zu machen.

[1] Der Becher *Dschems*, oder das Glas Dschemschids, von dem schon mehr als einmal die Rede war, hatte die Eigenschaft, dem, der hineinsah, alle Geheimnisse des Staates

zu enthüllen. In der mystischen Sprache der Scheihe und Sofis ist das Glas Dschems das Herz des Betrachtenden, dem sich die Geheimnisse der inneren Welt auftun, dem Dichter aber ist es nur das Weinglas. Wie aber Schatzgräber, um das unter der Erde verborgene Gold zu schauen, ihre Augen mit einer magischen Augensalbe bestreichen müssen, so muss, wer die Geheimnisse des Bechers klar sehen will, den Staub der Schenke zur Augenschminke machen. Das Glas Dschemschids hatte sieben Linien oder Abteilungen vom Boden bis zum Rande. Je höher der Blick hinaufstieg, desto größer die Erkenntnis, je voller das Glas, desto heller die Erleuchtung.

XIII.

Mein Herz hat sie davongeführt,
Und sich davon gemacht,
O Gott! O Gott! mit wem wird denn
Das harte Spiel gemacht?

Des Morgens wirkte Einsamkeit
Auf meine Seele ein,
Allein des Liebchens Phantasie
Hat mich ganz froh gemacht.

Warum soll ich nicht Tulpen gleich
Von blut'gem Herzen sein!
Es hat ja die Narzisse mir
Den Kopf so schwer gemacht.

Gib Ostwind her die Arzenei,
Gib her, jetzt ist die Zeit,
Denn bis zur Seele hat der Schmerz
Sich einen Weg gemacht.

Er hat mich einer Kerze gleich
So jammervoll verbrennt,
Dass laut die Flasche drüber weint,
Die Laute Seufzer macht.

Wem kann ich es wohl anvertraun.
Dass, statt die Schmerzensglut
Zu lindern, ärger mir der Arzt
Die Schmerzen hat gemacht.

Wem kann ich von dem trauten Freund
Erzählen Freudenkund',
Er hatte so und so gesagt,
Er hatte dies und das gemacht.

Die ärgsten Feinde hätten dir,
Hafis, nie angetan,
Was Bogen und was Augenpfeil
Des Freundes dir gemacht.

XVII.

Mein Gesicht lag auf dem Weg,
Keinen Schritt hat er vorbei getan.
Viel des Süßen harrte sein,
Keinen Blick hat er auf mich getan.

Herr! bewahr' in deiner Hut
Diesen Jüngling, der die Herzen raubt,
Welcher keine Gegenwehr
Wider Seufzerpfeile hat getan.

Meine Tränen konnten nicht
Schwemmen aus dem Herzen seinen Groll,
Regentropfen haben nie
Wirkung auf den Marmorstein getan.

Meine Seele, sage: wo
Ist das fühlungslose Herz aus Stein,
Das sich wider seinen Pfeil
Nicht als Schild hat gern hervorgetan.

Meiner Klagen Wehgetön
Ließ nicht ruhen Vögel, Fische nicht.
Aber sieh! das Schelmenaug'
Hat vom Schlaf kein Auge aufgetan.

Deine Lieder, o Hafis,
Sind so schön, dass, wer sie kennt, sie lernt.
Einmal dem Gedächtnis eingeprägt,
Werden sie durch nichts mehr ausgetan.

XVIII.

Die Priester, die mit Stuhl und Pult
In Kirchen gar so heilig tun,
Sie werden in der Einsamkeit
Das Gegenteil desselben tun.

Ich habe einen Zweifel, frag
Den Weisen der Gemeind' darum,
Warum die Buße-Prediger
Denn selbst so wenig Buße tun?

Nach allem Anschein glauben sie
Nicht an die Stunde des Gerichts,
Weil sie mit Trug und Gleisnerei
So viel des Ärgernisses tun.

Geleite diese Zunft, o Herr!
Zu ihrem Eselstall zurück.
Ihr Übermut rührt bloß daher,
Weil sie mit Striegeln nichts zu tun.

Ihr Engel an der Schenkentür,
Lobsinget euern Preisgesang,
Die Säuerung von Adams Stoff,[1]
Nichts anders ist der Trinker Tun.

Seht, ihre Schönheit mordet stets
Die Liebenden, ein Wunder ists,
Dass ungeachtet dessen stets
Noch Liebende hervor sich tun.

Ich bin ein treuer Knecht des Wirts,
Denn seine Jünger sind so reich,
Dass sie nur eine Handvoll Staub
Auf Reichtum und auf Schätze tun.

O Bettler, springe schnell herbei,
Ein Wasser teilet man jetzt aus,
Ein Wasser, das die Herzen stärkt,
Die dann Verzicht auf alles tun.

Mach rein dein Herz vom Götzendienst,
Es sei nur des Geliebten Dach,
Wiewohl die Allbegierigen
Auch mehrere zusammentun.

Des Morgens schallte ein Getön
Vom Himmel her: da sprach Vernunft:
Die Engel lernen dich Hafis,
Was könnten sie wohl Bessres tun?

[1] Trinken heißt nichts anders, als den Erdenteig säuern, aus dem Adam geknetet ward; ohne diese Säuerung bliebe der Mensch ein abgeschmackter ungegorner Klumpen.

XIX.

Begreifst du, was die Leier, was
Die Laute dir für Lehren machen?

Sie sagen: trinke heimlich Wein!
Verdruss wird man dir sonsten machen.

Sie breiten aus der Liebe Ruhm
Die Glorie der Verliebten.

Sie fahren fort, so Alt als Jung
Mit Schmähungen berühmt zu machen.

Sie sagen: sprecht und höret nichts
Von den Geheimnissen der Liebe.

Es ist ein allzu schweres Ding,
Wovon sie die Beschreibung machen.

Ich weilte vor der Freundin Tür,
Mit tausendlei Betrug gelocket,

Ich möchte wissen, was sie wohl
Darin für einen Ratschlag machen.

Es geben diese Bettler nur
Dem Wirte Sorg' und Plage,

Sie rauben seine Zeit, o sieh!
Was sie dann mit dem Alten machen.

Trink Wein, denn scheinet dir der Scheih,
Der Vogt, und selbst Hafis, der Dichter

Auf gutem Weg, so wisse, dass
Sie alles mit Verstellung machen.

XXVIII.

Verliere keine Zeit mit Gram,
Im Ganzen ist die Welt nichts wert,
Verkauf das Ordenskleid um Wein,
Es ist ja sonsten zu nichts wert.

Des Freundes Land sei mir geehrt,
Weil es die Männer schützt und schirmt,
Wenn nicht, was nützt mir *Farsistan*,[1]
Es ist so vieler Müh' nicht wert.

Man gibt nicht einen Becher Wein
Für meinen Teppich in der Schenke,
Was für ein Teppich! seht, er ist
Nicht einen Becher Weines wert.

Du wasche deine Ängstlichkeit
Vom Ordenskleide reinlich aus,
Denn alle Kuttenflecken sind
Kein Glas von rotem Weine wert.

Wie leicht scheint anfangs nicht die Flut
Des Meeres, aus Hoffnung des Gewinnes!
Doch weit gefehlt! denn diese Flut
Ist nicht zehntausend Perlen wert.

Die Königskron', die von der Höh'
Des Scheitels Seelen Furcht einflößt,
Ist zwar ein schöner Kopfschmuck, doch
Nicht den Verlust des Hauptes wert.

Weit besser ist es, wenn du dein
Gesicht den Liebenden verbirgst,
Denn die Erobrung einer Welt
Ist nicht der Müh' des Krieges wert.

Sei, wie Hafis, genügsam, tu
Wie er auf diese Welt Verzicht,
Ein Gran von Niederträchtigkeit
Ist nicht zweihundert Tonnen wert.

[1] *Farsistan*, das eigentliche Persien.

XXXIII.

Derjenige ist noch nicht schön,
Der seinen Wuchs, der Haarschmuck hat.
Du sei ein Sklav' desjenigen,
Der dies und jenes hat.

Die Schmeicheleien der *Huris*
Und der *Peris* sind liebevoll,
Doch wahre Anmut hat nur der,
Der das Gewisse hat.

O Rose, lache du dem Groll
Von meinem Auge freundlich zu,
Indem dasselbe aus Begier
Nach dir viel Wassers hat.

Der Bogen deiner Augenbrau'n
Hat übertroffen in der Kunst
Zu schießen jeden Bogenschütz,
Der einen Bogen hat.

Mein Wort dringt in die Herzen ein,
Seitdem du's angenommen hast;
Ja! Ja! gewiss, das Liebeswort
Auch seine Wirkung hat.

Es ward noch keiner auf dem Pfad
Der Liebe wahren Sinns gewiss,
Wiewohl nach seiner Fassungskraft,
Ein jeder etwas hat.

Verschwend' mit Ausgelass'nen nicht,
Die Worte der Freigebigkeit,
Weil jedes Wort und jeder Spruch
Auch seine Zeit und Stelle hat.

Ein schlauer Vogel singet nicht
Die Liebeslieder auf der Flur
Im Frühling, welcher einen Herbst
Noch hinter sich her hat.

Wer unterstände sich, den Ball
Der Schönheit zu entwenden dir,
Die Sonne selber ist kein Held,
Der festen Zügel hat.

Den andern Dichtern sei Hafis:
O prahlet nicht mit eurer Kunst,
Vergesst nicht, dass Hafisens Lied
Die Kunst der Rede hat.

XXXV.

Berühr' ich mit meinen Händen das Haar,
So wird sie in Hitze aufgehn.
Verlang' ich hingegen Freundschaft von Ihr,
So wird gleich das Schmälen angehn.

Dem Neumond vergleichbar leuchtet sie zwar
Den Armen, die aufschau'n zu Ihr,
Doch wird sie sogleich verziehen die Brau'n,
In Wolken sich bergen und gehn.

Die Nächte verschwärm' ich, trink' und wach',
Und dieses auf ihren Befehl,
Und will ich des Tags erzählen von mir,
So möcht' sie vor Schlafe vergehn.

Die Straße der Liebe ist voll von Gefahr,
Voll Unruh' und Truges, mein Herz!
Du poltere her, so schnell als du kannst,
Denn schnell ist die Straße zu gehn.

Wenn meinem Geliebten etwa beliebt,
Ein wenig hochmütig zu sein,
So wird ihm der Stolz durch Lust nach dem Wein,
Ich hoff' es, schon wieder vergehn.

Du bist nun zum Greis geworden, mein Herz,
Drum prahl nicht mit Anmut und Reiz,
Denn solcherlei Prahlen, das lasset man nur
Den Jünglingen ungestraft gehn.

Ist einmal das Schwarz des dunkelen Haars
Verbleichet durch Alter und Zeit,
So gehen die weißen Haare nicht ab,
So trefflich es möge sonst gehen.

Des sträflichen Bruches unseres Bunds
Beschuldigst du mich, ha! fürwahr!
Ich fürchte, dass einst am Tag des Gerichts,
An dich man deshalben wird gehn.

Hafis, du verhüllst der Liebenden Pfad,
Auf! trolle dich fort aus dem Weg,
Ach! glücklich ein jeder, welcher vermag,
Hier ohne den Schleier zu gehn.

XXXVI.

Ihr Moslimen, es war
Ein Herz mein Eigen einst,
Dem ich immer geklagt,
Was Schwieriges mir war.

Ein mitleidiges Herz
Und ein erfahrner Freund,
Welcher Schützer und Schirm
Von allen Herzen war,

Der in jeglichem Fall
Für mich verwirrten Mann,
Ein geschickter Gefährt,
Ein weiser Helfer war.

Wenn in Wirbel ich fiel
Durch meines Auges Flut,
Wusst' ich, dass mir durch ihn
Noch Rettungshoffnung war.

Diesen Retter verlor
Ich in der Liebe Land.
Welch ein räuberisches Land,
O Herr! dasselbe war!

Meinen Augen entfloss
Darum ein Zährenstrom,
Wenngleich zu dem Genuss
Die Möglichkeit nicht war.

Mangel folget zwar oft
Der Tugend im Geleit,
Aber seht mich und sagt,
Ob einst ein Ärmrer war.

Meiner Lieder erwähnt
Man nun in jedem Kreise,
Seit die Liebe für mich
Des Wortes Quelle war.

O erbarmet, erbarmt
Euch dieses Trunknen hier,
Der ein stattlicher Mann
In seinen Tagen war.

Sage fürder mir nicht,
Hafis ist tiefgelehrt,
Denn ich hab' ihn gesehn,
Unwissend, wie er war.

XXXVII.

Wenn mein Freund den Becher ergreift,
Mindrer Wert die Schönen ergreift.[1]

In dem Meere bleib' ich als Fisch,
Bis des Haares Angel mich greift,[2]

Wer sein Aug' sieht, rufet dem Vogt,[3]
Welcher sonst die Trunknen ergreift.

Weinend fall' ich ihm zu dem Fuß,
Bis er mit der Hand mich ergreift.

Wie Hafis sei fröhlichen Sinns,
Wer den Wein, den ewigen, greift.[4]

[1] Er verschreit die Reize andrer Schönen durch die seinigen.
[2] Die Ringeln des Haares sind Angelhaken.
[3] Sein Auge ist trunken; wer es sieht, will es dem Vogt sagen, dass er es einsperre als einen Betrunkenen.
[4] *El est*, der von Ewigkeit her bestimmt ward.

XL.

Freudige Kunde, mein Herz, weil wieder der Ostwind zurückkommt,[1]
Weil nun aus *Saba Hudhud* mit froher Nachricht zurückkommt,

Sänger des Morgens, beginn nun wieder Davidens Gesänge,
Weil die Ros' als Salomon aus den Lüften zurückkommt.

Süßen Geruch des Weins hat der Kelch der Tulpe vernommen,
Siehe, wie sie, den Brand des Innern zu heilen, zurückkommt;

Saget, welcher Weise versteht die Lilienzunge,
Dass er sie frag', warum sie ging, warum sie zurückkommt?

Strömet ihr Tränen nur zu, der Karawane des Freunds nach,
Bis zu meinem Ohr der Schall der Glocke zurückkommt.

Mein mir von Gott gegebenes Los hat sich gnädig erwiesen,
Weil dies steinerne Herz um Gottes willen zurückkommt,

Siehe die Huld! denn hat gleich Hafis die Treue gebrochen,
Ist er so gütig, dass er zu meiner Türe zurückkommt.

[1] Hafis freuet sich zugleich über die Rückkunft des Frühlings und über die seiner Geliebten. Die ersten vier Strophen drücken seine Freude über die Rückkunft des Lenzes, die drei letzten seine Sehnsucht nach der Geliebten aus. Jede der vier ersten enthält eine besondere Anspielung: die *erste* auf die Liebe Salomons und auf seinen Kabinettskurier, den Wiedehopf *Hudhud*, welcher ihm Kunde von *Saba's* Königin brachte. Die *zweite* auf den Ostwind, der Salomons Reitpferd war. Die Rose, als Königin der Blumen, reitet, wie Salomo, auf dem Ostwind, d.i. Rosenblätter fliegen in der Luft. Die dritte Strophe spielt auf die schwarzen Staubfäden und die vierte auf die zungenförmigen Blätter der Lilien an.

XLI.

Rosen sind ohne Rosenwangen nicht lieblich,
Ohne den Wein sind Frühlingstage nicht lieblich.

Reize der Flur und laue Lüftchen des Hains sind
Ohne der Tulpenflur der Wangen nicht lieblich.

Mädchen mit Rosenwuchs und zuckrigem Mund sind
Ohne Umarmung, ohne Küsse nicht lieblich.

Siehe der Tanz der Zeder, die Ruhe der Ros' ist
Ohne den Laut der Nachtigallen nicht lieblich.

Mag der Verstand Gemälde betrachten,
Ist's nicht das Bild des Liebchens, nimmer ist's lieblich.

Lieblich sind Flur und Wein und Rosen; doch wisse,
Ohne Gespräch der Freundin sind sie nicht lieblich.

Seelen, Hafis, so kleine winzige Münze
Vor den Geliebten auszustreu'n ist nicht lieblich.

XLIII.

Fürst! des Himmels Kugel soll
Unter deinem Schlägel sein![1]
Und das Feld der Zeit, des Raums
Soll für dich der Rennplatz sein!

Alle Länder hat erfüllt,
Und in alle Winde ging
Deines Edelsinnes Ruf,
Soll die Wach' und Obhut sein.

Sieh das Haar der Braut des Siegs
Ist im Rossschweif ganz verstrickt,
Der Erobrung Auge soll
Stets verliebt in selben sein.

Deinen Ruhm und deine Macht
Singt im Himmel nur *Merkur*;[2]
Der Verstand der Rose soll
Deines Siegels Diener sein.

Über deinen Zederwuchs
Zürnt des Paradieses Baum;
Deines Vorhofs weitem Raum
Soll der Himmel neidisch sein.

Nicht nur Tür und Baum und Stein,
Sondern was nur in der Welt
Sonsten noch bestehen mag,
Soll dir untertänig sein.

Sieh, der Eifer deines Lobs
Warf Hafisen auf das Bett,
Deine große Güte soll
Deines Lobers Heilkraft sein.

[1] Eine hochfliegende Lobrede zu Ehren des Schahs Schedscha, wie Sudi bemerkt, von Hafis geschrieben, nicht wie andere improvisiert.
[2] *Merkur* allein kann dein Lob würdig besingen oder beschreiben, und nur der Geist der Rose verdient dein Siegelbewahrer zu sein, weil Merkur, der Dichter des Himmels, ein aufgeschlagenes Buch auf den Knien, und die Rose die schöne runde Form eines Siegels hat.

XLIV.

Ich sinn' darauf, dass mir etwas gelinge,
Woraus dann meinem Gram sein Ende komme;

Das Herz ist nicht für Gegner, denn es scheint,
Dass, wenn ein Teufel geht, ein Engel komme.

Die Dränger halten Rat in Finsternissen,
Du bitt', dass Licht der Sonne, dass es komme.

Du kannst am Tor der harten Menschen sitzen
Und warten, dass zuletzt der Hausherr komme.

Du bettle zu, kannst einen Schatz noch finden,
Vielleicht dass dir ein Blick vom Weg herkomme.

Der Treue und der Lügner bieten Waren,
Ich möchte wissen, wem der Kauf zukomme.

O Nachtigall, du liebst, begehre Leben,
Wohl möglich, dass ein grünes Zweiglein komme,

Hafis ist faul, es ist natürlich,
Dass man aus Schenken trunken komme.

LII.

Die Freundin, deren Haarnarziss
Der *Schwärze* Neid erreget hat,[1]
Sie, die mit den Verliebten noch
Beständig was zu zanken hat.

Mit Schnelle geht sie über das,
Was sie zunächst betrifft, hinaus.
Was ist hiebei zu tun, sie lebt,
Ihr wisst, das Leben Eile hat.

Wenn, was von ihren Lippen quillt,
Das wahre Lebenswasser ist,
So ist ein Dunst nur jener Quell,
Den *Choser* im Besitze hat.

Ihr strahlenvolles Mondgesicht
Vom Schleier ihres Haars versteckt,
Ist bloß ein Sonnenangesicht,
Das Wolken vorgezogen hat.

Mein Auge hat in jeder Eck'
Vergossen einen Tränenstrom,
Damit der hohen Zedern Wuchs
Beständig frisches Wasser hat.

Die Schelmenwimpern haben zwar
Aus Irrtum ausgeschöpft mein Blut,
Es mangle nie Gelegenheit hiezu,
Weil man die beste Absicht hat.

Dein trunknes Aug' verlanget sehr,
Dass ihm mein Herz sei dargebracht,
Natürlich! denn es ist ein Türk,
Der nach dem Raub Verlangen hat.[2]

Ach meine kranke Seele darf
Sich nicht erkundigen um dich,
Beglückt der Kranke, welcher stets
Von seinem Freunde Kunde hat.

Wenn würdigt sich dein trunkenes Aug',
Herabzuschauen auf Hafis,
Dein trunknes Aug', das überall
Verzweiflung angerichtet hat.

[1] *Ghalie* heißt die Moschussalbe, womit das Haar geschwärzt wird; das Schönheitswasser, womit sich die Frauen so Haar als Gesicht waschen (wie die Engländerinnen mit honeywater), heißt auf Arabisch Caramel.

[2] Wörtlich: Es ist ein betrunkener Türke, vielleicht dass ihn nach einem Braten, d.i. nach einem liebekranken Herz gelüstet.

LIV.

Der Ostwind hat gestern mir Kunde gebracht,
Es seien die Tage des Lebens vollbracht.
O komme, Geliebte, die vom Paradies
Der Hüter für mich auf die Erde gebracht.

Wir geh'n nach *Schiras* mit der Hülfe des Freunds;
Ein guter Gefährt', den das Glück mir gebracht!
Wie viele der Seufzer versandt' ich zum Mond,
Seit ich meinen Mond in Erinnrung gebracht.

O halte in Ehren das weiche Gemüt,
Es hat oft die Krone des Königs gebracht.
Hafis hob zum Himmel die Fahne des Siegs,
Als er die Gedichte dem Schahe gebracht.[1]

[1] Hafis sang dieses Gasel als Gelegenheitsgedicht zur Thronbesteigung Sultan Mansur's aus der Dynastie Mosaffer; er gehörte unter die Lieblinge des Fürsten und ruft ihm daher dieses *O sol / Pulcher! o laudande!* in voller Begeisterung zu. In dem letzten Verse ist eine Anspielung auf den Namen Mansur, das sowohl siegreich bedeutet, als auch der Name des Fürsten war. Als sein Lobredner und Preissänger durfte er sagen, dass er die Fahne des Siegs oder des Schahs Mansur zum Himmel erhoben.

LV.

Wer deinen Wangen den Schmelz
Der Tulp' und Rose gegeben,
Ist auch im Stande Geduld
Und Ruh' mir Armem zu geben.

Wer deinem finstern Haar
Die Grausamkeit hat gelehret,
Ist auch im Stande, das Recht
Mir wider selbes zu geben.

Ich gab die Hoffnung *Ferhards*
Für immer auf von dem Tage,
Da ich vernahm, dass sein Herz
Er an *Schirin* abgegeben.

Zwar ward kein Schatz mir zuteil,
Doch bin ich reichlich zufrieden,
Der Herr hat jenes dem *Schah*,
Dieses dem *Bettler* gegeben.

Die Braut der Welt ist, fürwahr!
Von außen herrlich gestaltet,
Wer sie genießet, der muss
Den Geist zur Mitgift ihr geben.

Am Fuß der Zeder, am Bach
Erheb' ich freier die Hände,
Da nun das Wehen des Osts
Vom Mai die Kunde gegeben,

Hafisens Herz ist in Blut
Vom Arm des Schicksals verwandelt,
Hassan, die *Stütze des Glaubens*,
Sie ward ihm nicht mehr gegeben.[1]

[1] Hafis beklagt in der letzten Strophe seine Trennung vom Großwesire *Hassan*, dessen Beiname *Kawameddin* der *Aufrechthalter des Glaubens* heißt.

LVII.

Vernimm, dass ohne Lieb' die Welt
Für Seelen keinen Zauber hat,
Und dass, wer nicht so denkt und fühlt,
Fürwahr gar keine Seele hat.

Noch gegen keinen hab' ich Gunst
Von diesem Herzensdieb gesehn,
Es sei nun, dass ich es nicht weiß,
Es sei, dass keine Gunst er hat.

Vom Posten der Zufriedenheit
Kann ich unmöglich weiter gehen,
O Karawanenführer, bleib',
Weil dieser Weg kein Ende hat.

Es liegt in jedem Tropfen Tau
Auf diesem Weg ein Feuermeer,
O schade, zehnmal schade ist's,
Dies Rätsel keine Lösung hat.

Wohl wenig Reiz und Freude hat
Das Leben ohne einen Freund,
Woher kommt es, dass ohne Freund
Das Leben wenig Reize hat?

Des Rausches Sitte lernest du,
O Herz, am besten von dem Vogt,
Denn sieh, er ist berauscht, wiewohl
Kein Mensch hievon den Argwohn hat.

Scheint dir der Nebenbuhler gleich
Ein Licht, versteck dein Herz,
Weil dieser Schelm und Schwätzermund
Kein Band auf seiner Zunge hat.

Betrachtest du beim Licht den Mann,
Dem du den Namen Meister gibst,
So siehest du, dass er zwar Kunst,
Doch keinen Vers, der fließet, hat.

Die krummgebogne Laute ruft
Zur Freude, zum Vergnügen auf,
O hör sie, weil der Alten Rat
Kein Unheil noch verursacht hat.

Was dem *Karun*, mit seinem Schatz,[1]
In alter Zeit einst widerfuhr,
Dies sagt die Rose, die ihr Gold
Vor allen Leuten offen hat.

Kein Mensch hat in der ganzen Welt
Solch einen Diener, wie Hafis,
Weil niemand in der ganzen Welt,
Wie er, solch einen Herren hat.

[1] Die goldenen Staubfäden, welche die Rose offen zur Schau trägt, vergehen schnell; ebenso schnell verschwand *Karuns* tief verborgenes Gold.

LVIII.

Vor deinem Angesicht
Der Mond nicht Schimmer hat,
Die Rose keinen Glanz
Vor deinen Wangen hat.

Des Herzens Posten sind
Der Augen hohe Brau'n;
Solch einen schönen Ort
Kein Fürst und König hat.

Was tut des Herzens Rauch
Den Wangen denn zu Leid?
Du weißt, ein Spiegel nichts
Vom Hauch zu fürchten hat.

Ich bin es nicht allein,
Den dieses Haar verfolgt,
Wer ist's, der in der Brust
Kein Brandmal hat?

Ich sehe, dass das schwarze Aug',
Das dir im Kopfe rollt,
Auf keinen alten Freund
Die kleinste Rücksicht hat.

Herold der Schenke, gib
Mir nur ein Rotel Weins,[1]
Aufs Wohlsein unseres Scheihs
Der keine Pfründe hat.

Du trinke Blut und schweig,
Indem das zarte Herz
Für solche Klagen nicht
Geduld und Muße hat.

Wie frech ist die Narziss',
Dass sie vor dir noch blüht,
Dass mit zerrissnem Aug'
Sie wenig Sitte hat.

Geh hin und wasch mit Blut
Den Ärmel jedermanns,
Der nicht zur Schwell' der Tür
Den Weg gefunden hat.

Hafisen schmäle nicht,
Er liegt anbetend da,
Ein Freigeist in der Lieb'
Auch keine Sünde hat.[2]

[1] Rotel, ein Gewicht von 200 Unzen in Ägypten, in anderen Ländern bald von größerem, bald von kleinerem Gehalte.

[2] Kafiri ischk. Wer an die Liebe nicht glaubt. Sudi erklärt, das heiße so viel als: Wer die Liebe fremden Augen zu verbergen wisse, habe keine Sünde. Übrigens sei dieser Ausdruck sehr häufig in den persischen Dichtern und heiße so viel als: einer, der Liebe kaufe und verkaufe, das ist: in der Liebe lebe und schwebe.

LX.

In unserm Kreis ist gestern
Von deinem Haar gesprochen worden,
Bis alle freie Herzen
In Nacht verstricket worden.

Sie, die durch deine Wimpern
In Blut gestürzet worden,
Sie sind aus Lust der Brauen
Zu Toren abermal geworden.

Vom Ach und Weh der Liebe
Hat der Gelehrte keine Nachricht,
Daher von Wimpern Zwietracht
Auf dieser Welt gestiftet worden.

Ich zählte mich Verwirrten,
Einst selber zu den Auserwählten,
Da ist am Weg ein Fallstrick
Aus deinem Haar gespannet worden.

Lös' auf des Kleides Gürtel,
Dass sich mein Herz auch wieder löse,
Die Freude, die ich hatte,
Ist mir allein durch dich geworden.

Wenn du die Treue liebest,
So komm einst zu dem Grab Hafisens,
Er ist ja nur aus Sehnsucht
Nach dir als Staub entseelt worden.

LXII.

Freudenkunde kam zu mir:
Tage des Grames werden nicht bleiben,
Keine sind geblieben, ha!
Keine derselben bleiben.

Zwar bin ich im Angesicht
Meines Geliebten wenig geehret,
Doch mein Nebenbuhler wird
Höher geehrt nicht bleiben.

Da der Hüter mit dem Schwert[1]
Alle Besuche treibet von hinnen,
Werden selbst die Tulpen nicht
In dem Hareme bleiben.

Nimm als Beute an, o Licht!
Jeden Genuss der Schmetterlingsliebe,
Denn es wird am Morgen nichts
Von dem Gekose bleiben.

Des Verborgenen Bote hat
Freudige Kunde heut mir gegeben:
Wiss', es soll in dieser Welt
Ewiger Gram nicht bleiben.

Dieses, sagt man, war das Wort
Von dem Gesellschaftskreise Hafisens:
Bringet Wein, der Becher wird
Nimmer hienieden bleiben.

Reicher! nimm das arme Herz
Deines Derwisches einmal zuhanden,
Denn ihm wird fürwahr kein Schatz
Goldes und Silbers bleiben.

Sieh, auf dem smaragdnen Dom
Stehet mit goldnen Zügen geschrieben:
Außer guten Taten wird
Ewig hierorts nichts bleiben.[2]

In der Frühe gab der Ost,
Ihren Genuss verheißend, mir Kunde:
Dass in Kummer niemand soll
Ewig hienieden bleiben.

Auf der Freundin Liebe hoff'
Immer Hafis mit gläubigem Herzen,
Denn es wird das Unrecht nicht
Ewig hienieden bleiben.

[1] Der Vorhanghalter, der Kämmerer.
[2] Auf dem Himmelsgewölbe, oder auch auf dem Thronhimmel, der oft mit solchen gestickten Inschriften geschmückt zu sein pflegt.

LXIV.

Einstens ist in dir mehr Sinn
Für die Liebenden gewesen,
Deine Liebe gegen uns
Ist gar weit berühmt gewesen.

Eingedenk bin ich der Nacht,
Wo mit Schönen süßer Lippen
Süße Liebeszauberei'n
In dem Zauberkreis gewesen.

Raubte ihre Schönheit gleich
Mit dem Herzen mir den Glauben,
Bin ich denn doch mehr verliebt
In der Sitte Reiz gewesen.

Wenn des Liebchens Schatten fällt
Auf den Liebenden, was ist es?
Er ist dessen dürftig, Sie
Sehnsuchtsvoll darnach gewesen.

Vor des Himmels grünem Dom,
Vor dem blauen Luftgewölbe
Sind schon ihre Augenbrau'n
Meines Blickes Gewölb' gewesen.

Von dem ersten Morgen an
Bis zur letzten Nacht der Nächte
Ist die Liebe immer gleich
Und die Treue gleich gewesen.

Tat ich in der heil'gen Nacht[1]
Einen Trunk, so sage nichts,
Denn in meines Freundes Hand
Ist ein volles Glas gewesen.

Brach des Rosenkranzes Schnur
Mir entzwei, halt mich entschuldigt,
Meine Hand ist bei dem Arm
Silberschenklichter gewesen.

An des Freundes Türe hat
Mir ein Bettler angesagt:
Wo ich immer saß am Tisch,
Ist mein Nährer Gott gewesen.

Deine Lieder, o Hafis,
Sind einst in dem Paradiese,
Auf den Blättern des Jasmins
Und des Rosenstrauchs gewesen.[2]

[1] Die Nacht *Kadr*, eine der heiligsten Nächte des Ramadans oder Fastenmonds, in welcher der Koran auf die Erde gesandt worden sein soll.

[2] Dieses Selbstlob grenzt an Koranlästerung. *Auch* meine Lieder, sagt Hafis, sind von Ewigkeit her auf den Blättern der Jasminen und Rosen geschrieben gewesen; und dann erst durch mich auf Erden verbreitet worden. Eine leichtfertige Anspielung auf das islamitische Dogma vom Koran, der von Ewigkeit her im Buche des Schicksals aufgezeichnet und in der oben erwähnten heiligen Nacht *Kadr* durch Gabriel dem Propheten zugesendet worden ist. Hafis wagt es also gleichsam, seine Wohlredenheit der unübertroffenen und für unerreichbar gehaltenen göttlichen des Korans an die Seite zu setzen.

LXV.

Ist der Wangen Widerschein
In des Glases Flut gefallen,
So sind Weise alsogleich
Lächelnd durch den Wein gefallen.

Wegen einer Schmeichelei,
Die du deinem Spiegel machtest,
Sind in meines Herzens Glas
Solche Bilder eingefallen.

Wie der Zirkel in dem Kreis
Muss sich in die Runde drehen,
Wer in dieser Zeiten Kreis
In den Wirbel ist gefallen.

Nimmer Meister wirst du mich
Künftighin in Schenken sehen,
Denn ich bin nun auf das Glas,
Auf des Freundes Aug' gefallen.

Unter ihrem Schmerzenschwert
Muss man immer tanzen gehn,
Nie für die Erschlagenen
Ist das End' gut ausgefallen.

Liebeseifer hat die Zung'
Der Vertrauten abgeschnitten,
Wie ist also dieses Wort
Ihres Grams ins Volk gefallen.

Immer neue Huld von ihr,
Für mich armen Herzverbrannten,
Sieh! wie ist der Bettler doch
In des Fürsten Huld gefallen.

Aus des Kinnes Grübchen griff
Ich nach Ihres Haares Stricken,
Ach! ich kam wohl aus dem Brunn',
Aber bin ins Netz gefallen.

Alle Frommen trinken Wein,[1]
Alle sehn die Schönen gerne,
Deinem Herzen, o Hafis,
Spott und Schand ist zugefallen.

[1] Alle *Sofis*, Weise, die in das Anschaun göttlicher Allmacht und Weisheit versenkt sind, sind mehr oder weniger *Taugenichtse*. *Harif* bedeutet eigentlich einen solchen, hier werden aber bezugsweise die *Weintrinker*, so wie unter den *nasar bas* oder *Augenspielern* die Liebhaber der Schönen verstanden werden.

LXVI.

Der Frommen Münze ist nicht rein,
Die Kutten sind des Feuers Wert;

Der Fromme, der am Morgen trank,
Wird abends erst betrunken sein.

An einem Probstein würde schwarz,
Wer nur den kleinsten Flecken hat.

Ein Weichling leitet nicht den Weg
Zum Freund, den der Bedrängte geht.

Was kümmerst du dich viel? trink Wein,
Weh! Weisen, die verwirret sind!

Zeigt sich der Widerschein vom Flaum,
So steigt in viele Wangen Blut.

Den Teppich des Gebets verkauft
Hafis für ein Glas Wein.

LXXII.

Als in der Ewigkeit deiner *Schönheit*
Schimmer entglänzte, ward die *Liebe*,
Die mit Flammen die Welten ergriffen.

Strahlen entflossen den Wangen; *Engel*
Sah'n es und blieben unempfindlich;
Zürnend wandte sie sich zu den *Menschen*.

Siehe! da bat der *Verstand* um einen
Funken, die Leuchte anzuzünden,
Eifersucht war der blitzende Funken.

Unsere Geheimnisse zu erfahren,
Wünschte der Nebenbuhler, eine
Höhere Hand hält die Brust ihm verwirret.

Anderen brachte das Los, das ihnen
Einstens beschert ward, Liebe: meinem
Gramen Herzen nur brachte es Kummer.

Selbst der belebende Geist der Welten
Fiel in das Grübchen deines Kinnes,
Fasste, um sich zu retten, die Locken.

Selbigen Tages, Hafis, verließest
Du das Vergnügen in der Liebe,
Triebst die Freude aus deinem Gemüt aus.

Die drei ersten Strophen enthalten eine der sinnreichsten metaphysischen Allegorien, die sich bei orientalischen Dichtern finden. *Was ist Liebe?* Nichts als der Abglanz der Schönheit der Geliebten, so wie sie von Ewigkeit her unter den ewigen Ideen sich befand. Engel, welche in der Betrachtung des Urbilds selbst schweigen, kümmern sich um den Abglanz nicht. Da sank *sie*, die himmlische Erscheinung herab zu den Menschen. Der kalte Verstand, der in der Liebe nichts versteht, sondern nur im Finstern herumtappt, bat um einen Funken, seine Leuchte anzuzünden, die Liebe gab ihm einen, und das war die Eifersucht, die wohl auch ohne Liebe bestehen kann. Um wie viel schöner ist diese Gasele als Cavalcanti's berühmte Canzone, welche die Philosophie der Lir scholastisch behandelt.

LXXIV.

Die Einsamkeit ist schön,
Sobald die Freundin meine Freundin ist,
Sobald ich nicht mehr brenn'!
Und sie das Licht von meinem Kreise ist.

Ich nehme diesen Ring
Von *Salomon* um nichts in aller Welt,
Weil manches Mal die Hand
Von *Arihman* darauf gewesen ist.[1]

O Herr! gestatt' es nicht,
Der Nebenbuhler schweiget in dem Saal
Des Hochgenusses fort,
Indes Entbehrung mir geworden ist.

Zu dem *Humai* sag:[2]
O wirf nicht deinen Schatten auf das Land,
Das mehr der Raben Ort
Als edler Papageien Wohnung ist.

Aus meinem Kopfe geht
Die Sehnsucht deines Aufenthaltes nicht,
Weil dort das irre Herz
Des armen Fremdlings wie zu Hause ist.

Was brauchet es noch mehr
Vom Herzensbrande einen Kommentar,
Er wird ja leicht erkannt
Am Feuer, das in meinen Worten ist.

Und hätte auch Hafis
Zehn Zungen, wie die Lilien, er schwieg'
Den Rosenknospen gleich,
Weil durch die Lieb' sein Mund versiegelt ist.

[1] Salomon verlor einst seinen Ring, der in die Hände der *Diwe* kam. Diese missbrauchte denselben zu einem Zwischenreiche auf Erden in Salomons Abwesenheit, wo kraft des Rings tausend Unfug ausgeübt ward.

[2] *Humai*, der Vogel des Paradieses.

LXXVI.

Ich fürchte, dass durch meine Tränen
Der Schleier zerrissen wird,
Dass mein versiegeltes Geheimnis
Den Leuten entdecket wird.

Man sagt, dass durch Geduld der Kiesel
Zuletzt zum Rubin wird,
Wohl wahr! dass durch das Blut des Herzens
Er rötlich gefärbet wird.

Der Stolz des Nebenbuhlers bringt mich
In Staunen und Ängstlichkeiten,
O Herr! verhindre, dass ein Bettler
In Ehren gehalten wird.

Du hohe Zeder, bist so störrisch,
Du pochest auf deinen Wuchs,
Zu dem von meinen kurzen Händen
Nie eine gelangen wird.

Von allen Seiten flogen Pfeile
Von meinem Gebete ab,
Vielleicht dass einer von denselben
Doch etwas erzielen wird.

Die Schwelle des Palasts der Herrschaft,
Die du, o mein Mond! bewohnst,
Sie ist die Werkstatt, wo aus Köpfen
Der Mörtel zubereitet wird.

Es ward durch deinen Stein der Weisen
Mein Antlitz in Gold verkehrt,
Indem durch deine Huld selbst Erde
In Goldstaub verwandelt wird.

Ich will mit Weinen und Flehen
Nun einmal zur Schenke gehn,
Vielleicht dass von der Hand des Grams
Die Seele befreiet wird.

O Seel', erzähle unsre Sage
Von neuem dem süßen Freund,
Doch sag ihm so, dass nichts davon
Vom Ostwind gehöret wird.

Wenn alles nicht nach Wunsche gehet,
So kümmere du dich nicht,
Ich danke Gott, dass statt des Bösen
Nichts Böseres auf dich kömmt.

Mein Herz, geduldig trage alles,
Betrübe dich nicht, weil doch
Zuletzt aus diesem Abend Morgen,
Und Licht aus dem Schatten wird.

Ist seiner Locken Moschusschleier[1]
In deinem Besitz, Hafis,
So schweige still, weil sonst vom Ostwind
Die Nachricht vernommen wird.

[1] Der Moschus wird in Blasen erzeugt und aufbehalten. Die geringelten Locken gleichen den mit Moschus vollgestopften Blasen, in denen derselbe zum Kaufe geboten wird. In dieser Beziehung hat das Bild nichts Unedles im Persischen.

LXXVII.

Aus ist die Flucht, die Nacht der Trennung!
Ich loste, und die Sterne sprachen:
Nun ist's zu Ende.

Wie sehr der Herbstwind kost und schmeichelt,
Sobald des Frühlings Odem wehet,
Ist es zu Ende.

Sag zu der lang versteckten Hoffnung,
Des Morgens komm heraus, die Schatten
Sind nun zu Ende.

Gedankt sei Gott! durch's Blatt der Rose
Ist Dornenstolz und Windehochmut
Endlich zu Ende.

Der Nächte und des Herzens Leiden
Sind in dem Schatten deiner Locken
Endlich zu Ende.

Wiewohl die Locken mich verwirrten,
So ist die Lösung durch die Wangen
Doch nun zu Ende.

Mit Trommeln geh' ich nun zur Schenke,
Der kurze Gram des Tors der Freundin
Ist nun zu Ende.

Der Lauf der Zeiten macht mich zweifeln,
Ob wohl die Trennung von dem Freunde
Schon sei zu Ende.

O holder Schenke, füll den Becher,
Mein Rausch ist nun durch deine Sorge
Gänzlich zu Ende.

Wiewohl kein Mensch Hafisen achtet,
Dankt er doch Gott, sein Schmerz und Leiden
Ist nun zu Ende.

LXXVIII.

Wahr ist's, wiewohl das Wort
Dem Prediger nicht behagen wird,
Dass mit der Gleisnerei,
Er nie rechtgläubig werden wird.

Betrinke dich und sei
Freigebig, sittsam, weil ein Tier,
Das keinen Wein berührt,
Doch nie zum Menschen werden wird.

Der Name Gottes wirkt
Schon von sich selber, o mein Herz!
Indem aus Gleisnern nie
Ein Salomon erstehen wird.

Des Menschen Herz sei rein,
Dass es der Gnaden würdig sei,
Indem nicht jeder Stein
Zu Perlen und Korallen wird.

Die Liebe sing' ich nun,
Und hoff', dass diese Wissenschaft
Nicht, wie die übrigen,
Mir Not und Mangel bringen wird.

Noch gestern sagte sie:
Tu morgen, was du willst;
Verspreche mir, o Herr!
Dass sie ihr Wort nicht reuen wird.

Ich fleh' zu Gott für dich
Um eine mildere Natur,
Weil sonst mein armes Herz
Ein andermal zerstöret wird.

So lang dem Sonnenstaub
An Mut es mangelt, o Hafis!
Wiss', dass er nie sich auf
Zum Aug' der Sonne schwingen wird.

LXXIX.

Ich sprach: ich leide deinethalb,
Sie sprach: Dies soll zu Ende kommen,
Ich sprach: O werde du mein Mond!
Sie sprach: Vielleicht mag es so kommen.

Ich sprach: Von Liebenden sollst du
Der wahren Treue Pflichten lernen;
Sie sprach: Von Mondgesichtern wird
Hierin nicht viel zum Vorschein kommen.

Ich sprach: Ich sperre deinem Bild
Den Weg zum Herzen vor dem Aug';
Sie sprach: Mein Bild ist ränkevoll,
Es wird auf andern Wegen kommen.

Ich sprach: Der Duft der Locken hat
Mich in der Welt ganz irr'geführet;
Sie sprach: Ei, wär' es dir bekannt,
Er wird als Führer zu dir kommen.

Ich sprach: Ich fiel vom Mörderstreich
Der Lust nach deines Monds Rubinen;
Sie sprach: Du leiste treuen Dienst,
Dann wird dafür die Nahrung kommen.

Ich sprach: Wann wird dein böses Herz
Sich endlich zu den Freunden neigen?
Sie sprach: Du rede nicht hievon,
Eh' dass des Friedens Zeit gekommen.

Ich sprach: Hast du geseh'n, wie schnell
Die Zeit der Wonne ist vergangen?
Sie sprach: O schweige still, Hafis,
Auch dieses wird noch anders kommen.

LXXXII.

Warum, o schwankende Zeder,
Neigest *du* dich zur Wiese nicht!
Warum vertraust du der Rose,
Und gedenkst der Narzisse nicht!

Seitdem ich kleinlichen Herzens
Locken-Bisam zusammentrag',
Verlangt das Herz von entfernten
Orten nicht nach der Heimat hin.

Entbrannt von Gier nach deinem Genusse
Traut der Seele das Herze nicht.
Die Seele, *dich* nur verlangend,
Dient dem Leben des Körpers nicht.

Vor ihrem Bogen und Pfeilen
Hab' ich Bitten und Flehen gewagt,
Sie zog die Sehne des Bogens,
Und verlieh ihr Gehör mir nicht.

Ich klagte über die Locken
Und den Zauber derselben laut,
Sie sprach: Es folgt mir im Guten
Dieser schwarze Verräter nicht.

Nun sind die Locken des Veilchens
Aufgerissen vom Hauch des Osts.
Warum erinnert mein Herz sich
Dieses Bündniszerreißers nicht.

Mein *silberschenkliger* Schenke,[1]
Schenket uns nur die Hefen ein!
Wir wünschen ähnlich dem Glas ganz
Mund zu werden; wer wünscht es nicht?

Der Ostwind hauchet im Duften,
Spezerein und Gewürze aus.
Warum verwandelt der innre Sinn
Veilchenerde in Moschus nicht?

O zieh zurücke die Hände,
Meinen Wangen tu nichts zu Leide!
Der Tropfen Taues wird ohne
Meine Tränen zur Perle nicht.

Hafis befolgte dein Wort nicht,
Deine Wimpern erstachen ihn
Mit Recht! denn jeder verdienet
Tod, der freundlichem Rat nicht folgt.

[1] Dieser Gleichlaut findet sich auch im Arabischen zwischen *Sak,* der Schenkel, und *Saki,* der Schenke.

LXXV.

Wer von Ewigkeit her die Huld des Glückes verdient hat,
Wird in Ewigkeit hin trinken den Becher nach Wunsch.

Als ich den Wein begehrte, da überfiel mich die Reue,
Nach gekosteter Frucht, sagte ich, werd' ich's bereun.

Nun gesetzt, ich nähm' auf die Schultern den Teppich wie Lilien,[1]
Wäre mein Ordenskleid doch rosengefärbet vom Wein,

Ohne das Licht des Weins vermag ich nicht einsam zu sitzen,
Des Vernünftigen Zell' ist ja beständig erhellt.

Jetzt im Frühling, im freundlichen Kreis, bei trauten Gesprächen
Nicht zu nehmen das Glas von dem Geliebten ist dumpf.

Fröhlichen Muts! wenn auch das Glas nicht mit Steinen besetzt ist,
Wackeren Trinkern gilt Nektar der Reb' als Rubin.

Siehst du gute Männer, mein Herz, so fliehe die Bösen,
Böser erlernter Brauch ist von der Torheit ein Mal.

Scheinet mein Tun gleich ohne Besinnung, so ist es doch ernsthaft,
Denn das Betteln gilt hier mir für die Würde des Schahs.

Sehet, Hafis trinkt Wein im Verborgenen, so sagte ein Frommer;
Frommer! was heimlich geschieht, ist noch nicht Sünde deshalb.

[1] Wenn ich mich auch vor dem Volke rein zu waschen und unschuldig zu erscheinen suchte, wie Lilien, so würde mich doch mein mit Wein gefärbtes Kleid verraten.

LXXXVI.

Wenn der Wein nicht den Gram aus unserm Sinne davonträgt,
Ist es gewiss, dass der Gram zuletzt die Ruhe davonträgt.

Wirft der Verstand nicht mitten im Rausche den Anker, so weiß ich
Wahrlich nicht, wie er's Schiff aus diesem Wirbel davonträgt.

Weh! mit jedermann spielt der Himmel heimliche Spiele,
Aber keiner ist, der Gewinn aus dem Spiele davonträgt,

Meine kränkliche Seele verlangt sich hin nach der Wiese,
Weil das liebliche Wehn des Osts die Krankheit davonträgt,

Durch die Finsternis führet der Weg, wo weilet denn *Chiser*,[1]
Dass nicht die Glut des Mangels die Fluten des Mangels davonträgt?

Ich bin der Arzt der Liebe, du sollst einnehmen den Weinsaft,
Ruh' bringt die Arznei, indem sie die Sorgen davonträgt.

Abgebrannt ist Hafis, und niemand sagt es dem Freunde
Als der Ost, der um Gottes willen die Kunde davonträgt.

[1] Chiser, der Hüter des Lebensquells im Lande der Finsternis.

LXXXIX.

Freunde, seid des Nachtfreunds eingedenk,
Seiner treuen Dienste eingedenk!
Seid beim Ton der Laute in dem Rausch
Der Verliebten Seufzer eingedenk.

Seid, wenn ihr des Wunsches Saum ergreift,
Unserer Gespräche eingedenk!
Wenn der Wein von Schenkwangen scheint,
Seid der Liebenden froh eingedenk!

Nie erfuhret ihr von Treuen Gram,
Seid der Zeiten Falschheit eingedenk!
Wenn das Pferd des Glückes frei sich fühlt,
Treibet zu, seid unsrer eingedenk!

XC.

Schön sind die Rosen fürwahr!
Nichts schöner ist.
Schön! wenn dir bei der Hand
Der Becher ist.

Auf und trinke den Wein
Im Rosenbeet,
Weil die Dauer der Ros'
So flüchtig ist.

Jetzt sind die Tage der Lust,
Genieß, genieß!
Weil in Muscheln nicht stets
Die Perle ist.

Welch ein seltener Pfad!
Der Liebe Pfad,
Wo der Führende selbst
Verirret ist.

Willst du leben mit uns,
Wasch aus dein Buch,
Weil, was Liebe dich lehrt,
Im Buch nicht ist.

Hör mich, bringe dein Herz
Der Schönen dar,
Welche ohne Geschmeid'
Die Schönste ist.

Komm, o Scheih, und trink
Im Weinhaus hier
Einen Wein, der im Quell
Kewßer nicht ist.[1]

Du, der's goldene Glas
Füllst mit Rubin,
Gib's dem Manne, dem fremd
Das Gold sonst ist.

Einen leichteren Wein
Gib mir, o Herr!
Dessen Ende kein Weh
Des Kopfes ist.

Sieh, mein silberner Götz
Ist schöner als
Jeder Götze, der in
Den Tempeln ist.

Ganzer Seele bin ich
Ownisens Knecht,[2]
Der zwar meiner sich nicht
Erinnernd ist.

Bei der Krone des Schahs
Schwör' ich den Schwur,
Dass die Sonne so hell,
So schön nicht ist.

Nur derjenige schmäht
Hafisens Vers
Welcher selbst von Natur
Nicht edel ist.

[1] *Kewßer*, der Quell des Paradieses, der wahre Nektar der Morgenländer.
[2] Sultan *Ownis*, sonst Gajasseddin aus der Dynastie der *Ilchamier*, ein Gönner und Bewunderer Hafisens, viel gelobt in den Gedichten des persischen Dichters *Salman Essandschi*.

XCI.

Frohe Kunde, mein Herz,
Ein Wunderodem kommt,[1]
Dessen lieblicher Hauch
Zum Geist als Wohlduft kommt.

Klag' und jammere nicht
Ob Trennung, Schmerz und Gram,
Gestern warf ich ein Los,
Dass bald ein Retter kommt.

Mich verlanget allein nicht
Nach Glut des Ruhetals,[2]
Moses selbst dahin
Um einen Funken kommt.

Jeder hat was zu tun
In deinem Lustrevier,
Jeder also dahin
Mit gutem Grunde kommt.

Niemand weiß es genau,
Wo die Geliebte wohnt,
Doch ich weiß, dass von ihr
Der Glockenton herkommt.

Reiche Hefen mir her,
Weil in des Schenken Haus,
Jeder rechtliche Mann
Mit einer Bitte kommt.

Wenn der Freund sich vielleicht
Erkundigt um des Kranken Schmerz,
Sag ihm: Leidlich ergehts,
Weil noch sein Odem kommt.

Fraget, wie es denn geh',
Die Nachtigall der Flur,
Denn ich höre ein Ach!
Das aus dem Käfig kommt.

[1] *Mesiha nefsi*. Ein mit dem Hauche des Messias Begabter.
[2] *Wadii Eimem*. Das Sicherheitstal, der Name des Tals, wo der Herr dem Moses im brennenden Dornenbusch erschien.

XCII.

Freudige Kunde ist da,
Der Frühling kommt, das Grün entsprießt,
Kommt die Belohnung nur ein,
Sie geh' auf Wein und Rosen auf!

Stimmen der Vögel sind da!
Wo ist die Lagerstatt des Weins?
Klagen versendet Bülbül,
Wer riss der Rosen Schleier weg?

Rosengefärbet sei nun
Die blaue Kutte mit dem Wein,
Weil der weinschenkende Greis
Dafür nicht einmal Hefen gab.

Sammle das Rosengeschlecht
Vom Mondgesicht des Schenken ein,
Weil in dem Umfang der Flur
Der Veilchen Flaum so lieblich sprießt.

Gehe den Weg nicht allein,
Zum fernen Bau der Liebe hin,
Sicher verloren ist, wer
Dahin sich ohne Führer wagt.

Welchen Geschmack von der Frucht
Des Paradieses hat der Mann,
Der in den Apfel des Kinns
Des Liebchens nie gebissen hat.

Durch die Gespräche des Freunds
Ward ihm mein Herz so zugetan,
Dass ich die anderen nun
Nicht hören und nicht sprechen mag.

O mein Gefährte! der Weg
Der Liebe hat der Wunder viele,
Denn es verschrecket der Löw'
Auf dieser Heid' der Hirschen viel.

Klage nicht über den Schmerz,
Denn auf dem Weg der Liebe hat
Keiner gefunden die Ruh,
Der nicht zuvor gelitten hat,

Führer des innersten Wegs,
Um Gottes willen komm zu Hülf!
Denn ich sehe kein End',
In meiner Liebe Wüstenei'n,

Trinke den Wein, und verschenk
Den goldnen Becher an Hafis,
Weil ein König aus Huld
Den Schuldigen verzeihen muss.

Von des Geliebten Gesträuch
Erhielt Hafis kein einz'ges Blatt,
Ihm hat auf diesem Gefild
Der Gnade Ostwind nicht geweht.

XCIII.

Wenn der Wirt, was not ist, Trunknen macht,
Ist's gewiss, dass Gott ihn selig macht.

Singe! Keiner starb noch ohne Los,
Wer nicht singt, hat es nicht recht gemacht.

Gib den Wein uns mit gerechtem Maß,
Weil der Armen Klagen Unheil macht,

Weiser, geht's dir schlecht und andern gut,
Schmäle nicht, denn dies hat Gott gemacht.

Hier, wo Tugend und Verstand nicht gilt,
Nützt kein Großtun, das ein Schwacher macht.

Sicher werd' von Leiden ich befreit,
Nach Versprechen, die man mir gemacht.

Ich, erkrankt aus Liebe und aus Rausch,
Werde durch Rubin gesund gemacht.

Ohne Geist verbrennet ist Hafis,
Wo ist *Jesus*, der lebendig macht.[1]

[1] Der wundertätige Hauch des Messias, mit dem er Tote ins Leben zurückrief.

XCVIII.

Der Morgenwind will nun
Den Hauch des Moschusdufts verstreun,
Die alte Erde will
Ein andermal verjünget sein.

Die Tulpe will ihr Glas
Aus Onyx geben dem Jasmin,
Und der Narzisse Aug'
Mit Anemonen sich erfreun.

Der harte Trennungsschmerz
Der auf die Nachtigallen fällt,
Wird in den Rosenhain
In kurzem vorgedrungen sein.

Wenn ich aus der Moschee
Zur Schenke gehe, hadre nicht,
Die Predigt ist so lang.
Die Zeit wird bald vorüber sein.

Mein Herz, wenn du die Lust
Von heut auf morgen stets verschiebst,
Für das geborgte Gut
Wer wird Gewährsmann sein?

Gib in dem Mond *Schaban*[1]
Den Becher nimmer aus der Hand,
Denn so was wird im Mond
Des strengen Ramadans nicht sein.

Sprich mit der Ros', ergreif',
Ergreife die Gelegenheit,
Hier kam sie auf, die Flur,
Bald wird sie weggegangen sein.

O Sänger, nun beginn dein Lied,
Versammelt ist der Freunde Kreis,
Das Lied: *So war es einst,*
Und so wird es auch ferner sein.

Hafis kam deinethalb
In dieses Daseins Land allein,
Geh doch des Abschieds halb
Zu ihm, bald wird er ferne sein.

[1] *Schaban*, der Monat vor dem Ramadan oder Fastenmonde.

C.

Wer deinen Hauch im Wehn
Des Ostwinds hört,
Hat vom vertrauten Freund
Ein Wort gehört.

Fürs dankerfüllte Herz
Geziemt sich's nicht,
Dass es von seinem Freund
Was Hartes hört.

Schau auf den Bettler her,
O Schönheits-Schah!
Ich hab' der Sagen viel[1]
Hievon gehört.

Wir trinken nicht erst heut
Zum Lautenton,
Die Welt hat lange schon
Dies angehört.

Wir trinken nicht erst heut
Im Ordenskleid,
Der Wirt hat hundertmal
Hievon gehört.

Sieh die Geheimnisse
Des Frommen, ei!
Wie hat denselben denn
Der Wirt gehört!

Kehr ich beraubt zurück,
Was ist es denn!
Wer hat im Rosenbeet
Von Treu' gehört!

O Herr! wo ist ein Freund,
Dass ihm mein Herz
Vertrau', was es geseh'n,
Was es gehört.

Ich würze meinen Geist
Mit Moschuswein,
Vom Ordenskleid hab' ich
Nie Trug gehört.

Des Weisen Rat ist gut,
Und reines Gold;
Wohl dem, der folgsam ihn
Und wirklich hört.

Mein Herz spricht mit dem West
Des Abends stets;
Des Morgens hört der Ost
Mein Herzgespräch.

Zu flehn ist eine Pflicht,
Hafis sorg nicht
Darum, ob sie's gehört,
Ob nicht gehört.

[1] Eine Anspielung auf den im Persischen wohlbekannten Roman *Schah u Reda, der Schah und der Bettler*, den mehrere Dichter behandelt haben.

CII.

Der Vogel des Glücks ist in unser Netz gefallen,
Sobald es bei uns dir vorbeizugehn gefallen.

Ich schleudre aus Freuden zum Himmel auf die Kappe,[1]
Sobald mein Glas des Gesichtes Glanz gefallen.

Geht einstens der Mond des Verlangens auf am Himmel,
So wird auf die Hütte ein Strahl des Lichtes fallen.

Geopfert ist deinem Gesichte meine Seele,
Vielleicht wird ein Tropfen der Lippen auf mich fallen.

Verzweifelnd verlasse die Tür nicht. Lose einmal!
Vielleicht wird auf uns noch das Los des Glückes fallen.

Wer immer, Hafis! den Bezirk der Freundin lobet,
Dem wird von den Rosen des Geists ein Duft auffallen.

[1] *Kulah*, die Tiare, s. oben Ode XCV. Wenn sie mit Gold gestickt ist, heißt sie *Serkulah*, Goldkappe.

CIII.

Gestern morgens ward mir von Leiden Rettung gegeben
In der Finsternis ward mir Quelle des Lichtes gegeben.

Von dem funkelnden Glanz der Wangen ward ich entseelet,
Wein aus dem strahlenden Glas der Schönheit ward mir gegeben.

O der glücklichen Zeit, und o des glücklichen Morgens.
In der heiligen Nacht ward ein neues *Berat* ihm gegeben.[1]

Als ich geduldig die Qual, die Leiden des Freundes ertragen,
Hat ein verborgener Bot' die Kunde des Glücks mir gegeben.

Künftig bleibt mein Gesicht der Spiegel der Schönheit der Freundin.
Von Liebkosungen wird der Spiegel Kunde mir geben.

Bin ich freudigen Herzens und froh, was ist es zu wundern,
Ich verdiente, was mir von milder Hand ward gegeben.

Aller Zucker und Honig, der meinen Worten enttraufet,
Ward als ein lohnender Zweig für meine Geduld mir gegeben.

Damals wusst' ich zuerst, ich würde die Feinde besiegen,
Als man wider den Feind Geduld und Kraft mir gegeben.

Mit Hafisens Mut hat der Hauch der Früheaufsteher
Mir zuerst von den Banden des Grams Befreiung gegeben.

[1] Die heilige Nacht, in welcher der Koran auf Erden gesendet ward, *Berat*, Befreiung oder auch Freiheitsbrief, der Titel der neunten Sure des Korans, und der Diplome des Sultans, wodurch Privilegien und Freiheiten zugestanden werden.

CIV.

Die Perle des Schatzes der Liebe ist
Noch immer, was sie war,
Der Becher der Lieb' ist versiegelt noch,
Wie er versiegelt war.

Die Schar der Verliebten bewahret stets
Das angetraute Pfand,
Deswegen ist perlender Augenschmuck
Noch stets so, wie er war.

Erkundige dich, ob die ganze Nacht
Bis zu der Morgenzeit,
Der Duft von dem Haare verbrannt nicht ist,
Wie er verbrannt einst war.

Rubinen und Perlen begehret nun
Seit langer Zeit kein Mensch,
Wiewohl noch die Sonne die Kraft besitzt,[1]
Die ihr längst eigen war.

Die blutige Träne der heißen Brust
Von mir mit Fleiß versteckt,
Erscheint auf den Lippen mir abermal,
Wie sie erschienen war.

O komm und besuch' die Toten all',
Die Gemordeten von deinen Brauen,
Der Arme ist voll von Erwartungen,
Wie es das Herz längst war.

Ich sagte, die Locke wird
Ausgehn auf Räuberei,
Der Jahre verflossen zwar viele schon,
Sie ist, wie sie eh' war.

[1] Nach der Meinung der morgenländischen Naturforscher, welche glauben, dass die Edelsteine nur durch die bis in die Tiefen der Erde dringenden Sonnenstrahlen gezeitigt werden und Licht und Glanz erhalten.

CV.

Wieder hat mich der Wein des Gebrauchs der Sinne beraubet,
Anfangs tat er mir schön, später berauscht' er mich dann.

Tausendmal sei es gedankt dem edeln rötlichen Weine,
Dass ich durch ihn das Gelb meines Gesichtes verlor,[1]

Gerne liebkost' ich die Hand, die zuerst die Trauben gepflückt hat,
Glücklich wandle der Fuß, welcher die Trauben zertrat.

Eingeprägt ist der Stirne das Los von den Händen des Schicksals,
Was das Schicksal schrieb, scheret kein Messer hinweg.

Prahle mit Philosophie nicht viel! In der Stunde des Todes
Steht verwirrt und bestürzt selbst Aristoteles da.

Du betrage dich so in deinem Leben auf Erden,
Dass man beim Tode nicht sag': *Ewig hin ist er nun tot.*

Von dem Glase voll Weins wird jeder berauscht mit der Einheit,
Der den lauteren Wein immerfort trinkt wie Hafis.

[1] Gelbe Wangen, ein Zeichen von tiefem Gram und unglücklicher, sich abhärmender Liebe, wogegen der Wein das sicherste Mittel.

CVI.

Pflanze den Baum der Freundschaft,
Der Frucht des Wunsches bringt,
Tilge den Zweig der Feindschaft,
Der Schmerz und Qualen bringt.

Bist du ein Gast der Schenke,
Begegne Trunknen gut,
Weil dein Betragen dir sonst
Verdruss und Kopfweh bringt.

Nütze die Nachtgespräche,
Indem in unsrer Zeit,
Weltengeschick der Tage
Und Nächte viele bringt.

Sende dem Herzen *Leila's*,
Worin der Mond sich wiegt,
Einen Gedanken, der sie
Medschnun näher bringt,

Wünsche des Lebens Frühling!
Weil diese Flur nicht stets
Vögel und Blumen bringt,
Narzisses und *Bülbül*.

Wahrlich, der Winde Busen
Vertrauet auf dein Haar,
Deinem Rubin befehle,
Dass er's zur Ordnung bringt.

Niedergefallen bist du
Mit tausend Pfunden Herz!
Siehe nun! dass ein Becher
Mit Wein zur Ruh' dich bringt.

Siehe! Hafis erflehet,
Dass ihn sein Los zum Rand
Eines Gewässers, zum Busen
Von eurer Zeder bringt.

CVII.

Nirgends kann ich Freunde schauen,
Was ist aus ihnen geworden?
Wo ist Freundschaft? wo die Freunde?
Was ist aus ihnen geworden?

Trübe ist des Lebensquelle,
Wo ist der reinliche *Chiser*?
Umgekehrt sind Wind und Rosen,
Was ist aus ihnen geworden?

Keiner redet von den Freunden,
Die Wort und Treue bewahren,
Dankbarkeit, wohin entfloh sie?
Was ist aus Freunden geworden?

Gottesleitung, Himmelsgnade
Ward uns als Spende geworfen,
Keiner tummelt auf dem Platz sich,
Was ist aus Reitern geworden?

Sohre singet nicht mehr lieblich,[1]
Hat *sie* die Leier verbrennet?
Niemand freut sich mehr des Rausches,
Was ist aus Trinkern geworden?

Diese Stadt war sonst der Wohnort
Der Fürsten und der Verliebten,
Was befiel denn die Verliebten?
Was ist aus Fürsten geworden?

Aus der Mine ihrer Gnaden
Entsteigen nicht mehr Rubinen,
Windepfleg' und Sonnenwärme
Was ist aus ihnen geworden?

Schweige still, Hafis, denn niemand
Erspäht Geheimnisse Gottes,
Welchen fragst du von dem Zeitlauf,
Was ist aus selbem geworden?

[1] *Sohre* auf Arabisch, *Nahid* auf Persisch, *Anais* oder *Kalliste* auf Griechisch, der weibliche Genius des Morgen- und Abendsterns. Der orientalischen Sage, welcher zufolge *Sohre* als himmlische Lautenspielerin den Reigen der Sterne anführt, ist in diesen Noten schon mehr als einmal und am ausführlichsten bei der Ode des Buchstaben Ta, wo sich jeder Vers wechselweise mit dem Worte *Harut* oder *Marut* schließt, erwähnt worden.

CVIII.

Als du heimliche Blicke mir nachsandtest,
Deine Liebe auf meinen Wangen strahlte,
Erinnere dich!

Als mit Zürnen dein Auge mich entseelte,
Zuckerlippen des Heilands Kraft entströmte,
Erinnere dich!

Als des Morgens beim Wein im trauten Kreise
Nur die Freundin, und ich, und Gott mit uns war,
Erinnere dich!

Als, mein Mond, du die Haub' im Schlaf aufbandest,
Und der Mond zu den Füßen stand als Diener,[1]
Erinnere dich!

Als wir trunken in Schenken saßen, und was
Wir in keiner Moschee erflehn, besaßen,
Erinnere dich.

Als Rubinen im Becher lachten, während
Ich mit deinen Rubinen koste,
Erinnere dich.

Als die Wangen den Glanz des Lichts entflammten,
Und ein Schmetterling mein verbranntes Herz war,
Erinnere dich.

Als in dieser Versammlung guter Sitten
Nur der Becher des Morgens trunken lachte,
Erinnere dich.

Als der Verse Hafisens undurchbohrte Perlen
Schöner glänzten, durch deine Pfleg' verbessert,
Erinnere dich.

[1] Als ich nachts an deinem Bette stand, dir die Haube vom Kopfe fiel und der Mond zu den Füßen hereinschien.

Mit Vergnügen setzen wir hier die Übersetzung derselben Ode von Herrn Gr. Carl von Harrach her, deren glücklicher Endfall auch in der unsrigen beibehalten worden ist.

Dass nur die Hälfte deines Blicks mich traf,
Auf meiner Stirn der Liebe Zug erschien:
Erinnere dich!

Dass mir, indes dein Aug' mich zürnend schalt,
Von deinen Zuckerlippen Heilkraft floss.
Erinnere dich!

Als bei dem Morgentrunk in trautem Kreis
Nur Gott und du mir gegenwärtig schien,
Erinnere dich!

Als du, mein Mond, in meine Arme sankst,
Der Mond zu deinen Füßen weilend stand,
Erinnere dich!

Dass mir im schwelgenden Gelage ward,
Was in Moscheen keine Bitt' erfleht,
Erinnere dich!

Als lächelnd der Rubin im Glas erklang,
Und kosend dein Rubin mir näher kam,
Erinnere dich!

Dass mein verbranntes Herz ein Schmetterling
Um die von Lieb' entflammte Wange flog,
Erinnere dich!

Als in dem sittigen Versammlungssaal
Nur Rebensaft sich schallend hören ließ,
Erinnere dich!

Dass stets durch deine Pfleg' veredelt ward,
Hafisens undurchbohrter Perlen Reih',
Erinnere dich.

CIX.

Gestern sah ich, dass Engel
In der Schenke saßen,
Adamslehmen zerrührten,
Und in Becher gossen.[1]

Die Besitzer der höchsten
Reinigkeit und Herrschaft
Haben mit mir Betrunknem
Becher angestoßen.

Nicht zu tragen vermochten
Himmeln Last der Liebe
Deshalb wurde dies Los mir
Närrischem gegeben.

Gott sei Dank, dass nun Friede
Zwischen mir und ihr ist!
Tanzend haben *Huris*
Wein des Dankes getrunken.

Soll ich mich nicht verirren,
Hunderttausend Male!
Durch ein einziges Körnlein
Ward einst Adam irre.[2]

Du verzeihe dem Streite,
Zweiundsiebzig Sekten,[3]
Weil sie Wahrheit nicht kannten,
Fielen in den Irrtum.

Was von Kerzen uns lachet,
Ist nicht wahres Feuer,
Wahres Feuer ist jenes,
Das verzehrt die Mücke.

Liebe machet die Herzen,
Winkelsitzern blutig,
Wie das Mal, das die Wangen
Der Geliebten zieret.

Keiner hat noch Gedanken
Wie Hafis entschleiert,
Seit die Locken der Wortbraut[4]
Sind gekräuselt worden.

[1] Nach orientalischer Sage rührten bei der Schöpfung Engel den rohen Stoff ab und gossen denselben dann in Formen.
[2] Nach derselben Sage war die Frucht, wodurch Adam das Paradies verlor, ein schwarzes Korn; ein einziges Korn machte den Vater des Menschen irre, wie sollte ich's nicht werden vom schwarzen Korn des Wangenmales.
[3] Die zweiundsiebzig Ketzereien in der Kirche des Islams.
[4] Die Braut des Worts, die Schönheit der Rede; Schmuck desselben ist ihr, was Schönen die Toilette.
Von Wort zu Wort: *Niemand hat noch, wie Hafis, den Schleier von den Wangen der Gedanken weggezogen, seitdem man die Spitzen der Locken der Bräute des Wortes gekämmt hat.* Die Haarkräuslerin spielt in der asiatischen Bildersprache eine große Rolle; ihres Amtes ist es, die junge Braut zu kämmen, zu baden, zu kleiden, zu salben und so mit erhöhten Reizen den Umarmungen des Bräutigams zuzuführen.

CXII.

Kann ein trübes Gemüt sich freun an fröhlichen Liedern,
Lasst uns sagen ein Wort, sei es nun, was es auch sei.

Fänd' ich nur einen Ring, verfertigt aus deinen Rubinen,
Wäre mir hundertmal untertan Salomons Reich.

Du betrübe dich nicht, mein Herz, wenn die Neider dein spotten,
Denn es liegt vielleicht manches des Guten darin.

Wer den Sinn nicht versteht von meinem beseelenden Pinsel,
Macht kein gutes Gemäld', wär' er ein Maler aus *Sin*.

Herzensblut und Wein, ein jedes ward Einem gegeben,
Solchergestalt wird im Kreis unseres Schicksals geteilt.

Sehr ist verschieden das Los des Rosenwassers der Rose,
Jenes sitzet zu Markt, diese im Winkel versteckt.

Ha! es wird nicht geschehn, dass Hafis vom Rausch sich ernüchtre,
Denn von ewig her ward dieser zum Los ihm bestimmt.

CXVI.

Beim Gebet sind mir
Deine Brau'n in Gedanken gekommen.
Vom Altare her
Ist mir Klagen und Wehe gekommen.

Du verlang von mir
Herzensruh', und vernünftige Art nicht.
Alles, was du sahst,
Haben Winde zum Spiele bekommen.

Rein ist nun der Wein,
Und die Vögel der Flur sind betrunken.
Liebesodem weht
Und die Lieb' ist in Vorschein gekommen.

Ich vernehme nun
Guten Duft von dem Laufe der Zeiten,
Rosen bringen Lust,
Und der Ostwind ist fröhlich gekommen.

Du beklage nicht
Neuvermählte der Tugend! Dein Schicksal,
Schmück' dein Kämmerlein,
Denn der Bräutigam ist nun gekommen.

Jene Mädchenschar,
Die zum Reiche der Pflanzen gehöret,
Ist in sich verhüllt,
Meine Schöne ist offen gekommen.

Alle Bäume sind
Mit der Bürde der Zweige belastet,
Schön ist die Zypress',
Die mit Freiheit davon ist gekommen.

Sänger, sing ein Lied
Von den lieblichen Liedern Hafisens,
Dass ich sagen kann:
Lust sei mir in Erinnerung gekommen.

CXIX.

Pflück' ich aus deinem Garten eine Frucht,
Beschau ich meinen Fuß mit deinem Licht, was ist's?

O Herr, wenn ich nur einen Augenblick
Verweil' im Schatten dieses hohen Baums, was ist's?

O du, mein teurer Siegelring *Dschemschids*,[1]
Fällt einst dein Schein auf meines Rings Rubin, was ist's?

Fort ist Verstand, und wenn der Wein dies tut,
So weiß ich, wie es um den Glauben steht, was ist's?

In Fürsten sind die Frommen hier verliebt,
Erwähl' ich einer holden Schönen Gunst, was ist's?

Mein Leben ging in Wein und Liebe auf,
Ei wunderlich! was nutzt mir dies und das, was ist's?

Mein Herr weiß, dass ich lieb' und saget nichts,
Ist's so, so weiß Hafis, was draus entsteht, was ist's?

[1] Der Ring *Dschemdschids* ist derselbe, der später auf Salomon vererbt ward. Das Urbild aller talismanischen Siegelringe.

CXX.

Brenne mein Herz, es wird der Brand
Dir vieles Unheil sparen,
Bitten von einer halben Nacht,
Entfernen hundert Übel.

Wenn du die Schönen tadeln willst,
So tu's mit süßen Worten,
Augengekos' derselben kann
Wohl hundertmal dich strafen.

Wer sich dem Dienst des Glases weiht,
Worin die Welt sich spiegelt,
Hebet den Schleier sicher auf,
Der die Welten trennet.[1]

Siehe, der Arzt der Liebe ist
Ein Heiland süßen Odems,
Wenn er dich aber krank nicht sieht,
Wen soll er dann wohl heilen.

Traue dem Herrn in deinem Tun,
Und sei dann frohen Herzens,
Wenn sich auch keiner dein erbarmt,
So wird sich Gott erbarmen.

Über das umgestürzte Glück
Bin ich mit Rechten traurig,
Aber vielleicht gedenkt man mein,
In dem Morgensegen.

Wehe! Hafis ist verbrannt, es kam
Kein Duft aus Freundes Locken,
Aber vielleicht verweist der Ost
Mich zu diesem Glücke.

[1] *Aalem mulk* und *Aalem melkut*, die Welt der Körper und Geister, des Sinnenrausches und der reinen Betrachtung. Das Glas, worin sich die Welt spiegelt, ist hier nicht das Weinglas, sondern das Herz des Geliebten. Wer sich seinem Dienste weiht, dem wird sich die Welt der Geister enthüllen.

CXXII.

Der Mai ist gekommen, der Frühlingswind weht,
Ich wünsche mir Wein und den Sänger dazu.

Die Schönen liebkosen, der Beutel ist leer,
O Himmel, wie lange noch bleib' ich beschämt.

Verkauf nicht die Ehre in teuerer Zeit,
Ums Ordenskleid kaufe dir Rosen und Wein.

Es werden die Wünsche vielleicht noch gewährt,
Ich betete gestern, der Morgen entglomm;

Die Rosen erscheinen mit lächelndem Mund,
Vielleicht durch den Duft des Gerechten gelockt,

Was ist's, wenn der Saum dir im Busche zerriss,
Zerreiße dir selber des Rufes Gewand.

Wer lobte, wie ich, die Rubinen des Munds,
Wer ward von den Locken misshandelt wie ich?

Wer schoss in den Busen Hafisens den Pfeil,
Von seinen Gesängen entträufelt das Blut,

Erkundigt sich nicht nach Verliebten der Fürst,
So tue der Fromme auf Ruhe Verzicht.

CXXVI.

Wenn dieser Paradiesesvogel
Zu meiner Tür zurückkommt,
So weiß ich, dass vergangenes Leben
Im Alter noch zurückkommt.

Ich hoffe von der Flut der Tränen,
Die aus den Augen regnet,
Dass meines Glückes Wetterleuchten
Ein andermal zurückkommt.

Denjenigen, der meine Scheitel
Wie Staub zertritt mit Füßen,
Will ich zum Kaiser machen,
Wenn er zu mir zurückkommt.

Göss' ich nicht aus der Seele Perlen
Zu meines Freundes Füßen,
So wüsst' ich nicht, was für ein Nutzen
Davon mir wohl zurückkommt.

Ich möchte hinter ihr her gehen,
Indem auf diese Weise
Zu meinen Freunden doch die Kunde,
Wenn nicht der Mann zurückkommt.

Der Morgenschlaf, der Ton der Laute,
Dies hindert meine Freundin,
Die, wenn sie meine Seufzer höret,
Gewiss zu mir zurückkommt.

Ich will den Lärm der Freude schlagen,
Vom Dache meines Glückes,
Sobald ich sehe, dass die Freundin,
Die fortgereist, zurückkommt.

Es sehnt Hafis sich gleich dem Monde
Nach seines Schahes Wangen,
Bemühet euch, dass er mit Wohlfahrt
Zu meiner Tür zurückkommt.

CXXVIII.

Es ist ein Stern vom Himmel gefallen,
Und ist zum Mond des Kreises geworden,
Er ist zum Freund, und zum Vertrauten
Von meinem scheuen Herzen geworden.

Mein Liebchen hat nie Schulen besuchet,
Mein Liebchen hat nie schreiben gelernet,
Und doch ist es durchs Winken der Augen
Ein grundgelehrter Meister geworden.

Erfreuet euch! der Freude Paläste,
Sie werden nun von neuem erbaut,
Seitdem die Bogenbrauen des Freunds[1]
Zu Meistern sind im Bauen geworden.

Du reichtest mit Liebkosung Verliebten
So einen Wundernektar zu trinken,
Dass alle Kenntnis verloren gegangen,
Dass der Verstand ist sinnlos geworden.

O reinige von Tropfen des Weins
Um Gottes willen Lippen und Hände,
Von tausend Sünden, tausend Gebrechen
Ist mein Gemüt verwirrt geworden.

O seht, wohin die Freundin mich setzet,
Sie setzt mich auf die Stelle der Ehren,
Und so ist nun der Bettler der Straßen
Zum Fürsten unsres Kreises geworden.

Durch den Geruch des Herzens erkrankten
Dem Morgenwinde gleich die Verliebten,
Sie sind den Hyazinthen ein Opfer,
Ein Opfer den Narzissen geworden.

Freunde, Freude lenkt den Zügel
Vom Weg ab, der zu Schenken euch führet,
Hafis, der diese Straße gegangen,
Ist bankerott auf selber geworden.

Er bildete sich viel von dem Quelle
Des Lebens ein, vom Becher *Keichorews*,
Er ist begierig nach dem Getränke
Des Schahs, des Herrn der Reiter geworden.[2]

Ja freilich werden alle Gesänge
Hafisens gleich dem Golde geschätzet.
Denn durch die Gunst des Herren des Glückes
Sind sie zum Stein der Weisen geworden.

[1] Die Brauen sind Bogen, entweder als Geschoss der Wimpernpfeile oder auch als Bogen von Brücken gewölbt; in Beziehung auf das erste Bild sind die Schönen geschickte Schützen, in Beziehung auf das zweite kunstvolle Architekten. Noch heut suchen alle Morgenländerinnen durch Anstrich die Gestalt ihrer Brauen bogenförmig zu wölben, was ihnen schon die Römer nachtaten.

[2] *Abulfewaris*, der Herr der Reiter, der Beiname *Schah Schedschaa's*.

CXXXV.

Ich zieh' die Hand nicht ab vom Wunsche,
Als er nicht in Erfüllung kommt,
Bis zu dem Freund der Leib, wenn nicht
Die Seele aus dem Leibe kommt,

Es finden nicht die Treulosen
Zu allen Zeiten einen Freund,
Ich aber bin ihr Staub, bis einstens
Die Seele aus dem Leibe kommt.

Aus Sehnsucht nach dem schönen Munde
Wird meine Seele eingeengt,
Wo ist die Zeit, wo nicht Enghänd'ger
Verlangen aus dem Munde kommt?[1]

Bin ich dereinst gestorben, schließe
Das Tor des Grabmals auf, und schau',
Wie aus der Glut des innern Feuers
Der Rauch vom Leichenschleier kommt.

O stehe auf, dass auf den Fluren,
Um deinen Gang und Wuchs zu lernen,
Zypressen selber Früchte tragen
Und Duft aus wilden Bäumen kommt.[2]

Der Hoffnung, dass Er auf den Fluren,
Wie deine Wangen, Rosen finde,
Bemühet sich der Ost, dass er
Im Kreis durch alle Fluren kommt.

Zeig dein Gesicht, damit die Völker
Erstaunet und verwirret werden,
Mach auf den Mund, dass von den Männern
Und Weibern Weheklagen kommt.

Es stecken mehr als fünfzig Angeln
In jeder Locke deiner Haare,
Wie ist es möglich, dass den Peinen
Ein Herz dem meinen gleich entkommt.

Die Liebesspieler sagen nur
Des Guten viel, und viel des Schönen,
In jedem Kreis Hafisens Name
In das Gespräch der Freunde kommt.

[1] Im Persischen *enghändig, Tengdest,* dem Schalle und der Etymologie nach das deutsche *engtatzig,* im Gegensatz zu *Dirasdest, langhändig.* Jenes heißt schwach, klein, arm, wie dieses mächtig, groß und reich. *Teng, eng,* ist vermutlich dasselbe mit Ding, das in seinem ursprünglichen Sinne etwas Begrenztes bedeutet.

[2] Diese Strophe ist ein Kommentar der französischen Redensart *faire l'impossibile.* Gerne würden Bäume selbst das Unmögliche möglich machen, die Zypresse würde wider ihre Natur Früchte geben, und der *Narven,* so wie es scheint, eine Art wilden Kirschbaum, würde gerne Wohlduft aushauchen, wenn er nur deinen Wuchs und deine Haltung erlernen könnte.

CXL.

Ei Wunder! was der Liebe Sänger
Für Melodien hat,
Indem ein jedes der Gesänge
Verschiedne Weisen hat.

Es sei der Weise wohl erfahren
Im Liebesjammerton,
Indem derselbe eigne Reize
Und eignen Zauber hat.

Es tut zwar nichts der Weinverkäufer
Mit Gold und mit Gewalt,
Doch gut ist's, dass er einen Herren
Voll Huld und Milde hat.

O halte du mein Herz in Ehren,
Weil diese Zuckerameis',
Seit dass sie dein verlanget, Flügel
Von Edens Vogel hat.

Es ist wahrhaftig nicht zuwider
Dem Recht, der Billigkeit,
Wenn seines Nachbars, sei's ein Bettler,
Ein Kaiser Sorge hat.

Ich habe meine blut'gen Tränen
Den Ärzten vorgezeigt,
Sie sagten: dies ist Liebesfieber,
Das Brandkur nötig hat.

O lerne nicht von Augenwimpern
Die Ungerechtigkeit,
Denn jedes Ding wird in der Liebe
Belohnet und bestraft.

Mein Christenabgott aus der Schenke
Sprach dieses Wort zu mir,
Trink die Gesundheit jenes Mannes,
Der frohe Mienen hat.

O Fürst, Hafis sitzt in der Erde
Und betet *Fatiha,*[1]
Er weiß, dass er von deiner Zunge
Den Lohn zu hoffen hat.

[1] *Fatiha*, die erste Sure des Korans.

CXLII.

Die Zeit des Festes hat
Sich mit dem Neumond geschmücket,
Nun ziemt es sich, den Mond
In ihren Brauen zu sehen.

In Bogenform gekrümmt,
Dem neuen Monde vergleichbar,
Weil sich der Freund die Brau'n
Mit meiner Schminke geschminkt hat.

Verdeck' nicht dein Gesicht,
Entferne dich nicht von Freunden,
Denn deines Bartes Flaum
Zeigt uns die Verse des Korans.[1]

Es kam vielleicht der Ost
Mit deinem Duft in den Garten,
Da ward der Rosen Kleid
Wie Morgenröte zerrissen.

Es gab noch keinen Wein,
Noch keine Rosen auf Erden,
Da ward mein Lehm mit Wein
Und Rosenwasser geknetet.[2]

Komm, dass ich dir den Gram
Von meinem Herzen erzähle,
Denn sonst vermag ich nichts
Zu hören und zu erzählen.

Und wäre auch mein Geist
Der Preis von deinem Genusse,
So kauf' ich ihn; es kauft
Ein guter Käufer aufs Anschau'n.

O mach nicht, dass mein Aug'
Der Tränen viele vergieße.
Es lief dir lange nach,
Vermischte sich mit dem Staube.

Als in der Nacht des Haars
Ich deine Wangen erblickte,
Da wurde meine Nacht
Erhellet ähnlich dem Tage.

Auf meinen Lippen liegt
Mein Geist, mein Wunsch ist vereitelt,
Die Hoffnung ist schon aus,
Doch nichts hab' ich noch erlanget.

Aus Sehnsucht hat Hafis
So manche Zeilen geschrieben,
O lies sein Herzgedicht,
Häng an die Ohren die Perlen.[3]

[1] Die Haare des jungen Bartes gleichen den Zeilen einer Schrift; der Koran ist die Schrift vorzugsweise wie bei uns die Bibel.

[2] Der Ton, aus dem ich geformt bin, ward von der Schöpfung Anbeginn mit Wein und Rosenwasser geknetet, ich muss also wohl Wein trinken.

[3] Meine Verse sind Perlen, wenn du dieselben lesen hörst, machst du Ohrgehänge daraus, d.i. du schmückst dich damit und folgest ihren Lehren, denn Ohrgehänge sind dem Morgenländer nicht nur Schmuck und Zierde, sondern auch ein Zeichen der Unterwürfigkeit und Knechtschaft. Deshalben tragen dieselben im Morgenlande nur Weiber und Sklaven.

CXLIII.

Gestern begab sich Hafis in die Schenke,
Ohne Besinnung verlangt er das Glas.
Träumend erblickt er die *Göttin der Jugend.*[1]
Siehe, da ward er als Greis noch verliebt.

Schnell ging ein diebisches Knäblein vorüber,
Dieses verlangte Hafis ganz allein;
Gluten der Rosen verbrennen *Bülbüle*,
Funken des Lichts sind des Schmetterlings Tod.

Jegliche Träne verkehrt sich in Perlen;
Dank sei's! mein Klagen war doch nicht umsonst.
Gestern hat endlich der Rasende, welcher
Becher zerschlagen, sich nüchtern getränkt.

Zauberisch scheint die Narzisse des Schenken,
Zauberei schleicht sich in unseren Kreis.
Fürsten besuchen Hafisens Gemächer,
Während die Seele beim Liebling verweilt.

[1] Eigentlich die Schönheit, das schöne Gesicht der Jugend, er träumte, er sei wieder jung geworden.

CXVIV.

Aus der Tafel meines Herzens wird
Dein Gemälde nie ausgehen,
Diese schwanke Zeder wird
Nie aus der Erinnrung gehen.

Deiner Wangen Fantasie
Wird nach allem Himmelsleiden,
Wird nach aller Pein der Welt
Nicht aus meinem Geiste gehen.

Ewig her schon ward mein Herz
Deinen Locken angebunden,
Und in Ewigkeit wird's nie
Aus dem Bund der Treue gehen.

Alles, was in meiner Brust
Außer deinen Leiden liegt,
Alles, alles geht hinaus,
Dieses Eine will nicht gehen.

Deine Liebe hat sich fest
In mein Innres eingenistet,
Und verlier' ich auch den Kopf,
Wird die Liebe nicht ausgehen.

Geht mein Herz den Schönen nach,
So ist es ihm zu verzeihen,
Es ist krank, wie soll es denn
Nicht nach Arzeneien gehen?

Wer da wünscht, nicht wie Hafis,
Schwindlig in dem Kopf zu werden,
Schenke Schönen nicht sein Herz,
Soll auf ihrem Pfad nicht gehen?

CXLV.

Deine Liebe ist's, die mir so wunderbar vorkommt,
Dein Genuss, er ist's, der mir so wunderbar vorkommt;

Mancher sinkt im Meer, was ihm dann wunderbar vorkommt,
Freuden fliehen, wenn's der Seele wunderbar vorkommt.

Horch, wie überall der Schall so wunderbar vorkommt.
Zeig einmal ein Herz, dem gar nichts wunderbar vorkommt.

Unter Ehren stirbt, wem Größe wunderbar vorkommt.
Bist ein Zweig Hafis, dem Liebe wunderbar vorkommt.

CLI.

Wem ein Glas voll roten Weins
Morgens ward gegeben,
Ward ein Platz im Heiligtum
Bei dem Herrn gegeben.

Sei kein Frömmling, schaue nicht
Viel umher auf Trunk'ne,
Ihnen ward am Losetag
Liebeshang gegeben,

Schenke, bring den Rosenwein,
Der nach Moschus duftet,
Weil die Überweisen mir
So viel Ärger geben.

Wahrlich! Nichts verkostet hat
Vom Genuss des Lebens,
Welchem die Verheißung auf
Morgen ward gegeben.

Gerne tut Hafis Verzicht
Auf die Paradiese,
Wird ihm deines Heiligtums
Hochgenuss gegeben.

CLII.

Ach! dass durch den Lauf der Welt
Nichts von mir zu Stande kommt,
Dass mein Herz in Blut zerfließt,
Ohne dass mir Rettung kommt,

Weil ich in der Treue Gau
Füßestaub gewesen bin.
Denken sie, ich bin ein Hund,
Ohne dass ein Brot mir kommt.

Keinen Bissen kann ich mir
Brechen von dem kleinsten Bein,
Ohne dass nicht mein Gebiss
Wunden ohne Zahl bekommt.

Freilich wandle ich herum
Um der Freunde treues Herz,
Aber was ist wohl zu tun,
Wenn mir Gottes Wort nicht kommt?

Ob der Sehnsucht Jusufs war
Jakobs Auge ganz verglast,[1]
Ohne dass jedoch ein Laut
Von Ägypten zu ihm kommt.

Meines Herzens Los ist schwer,
Von Verlangen und Begier,
Wehe! Wehe! dass Begier
Mir so schwer zu stehen kommt.

Bis aus Erdenstaube nicht
Tausend Dornen auferstehn,
Ist's nicht möglich, dass vom Strauch
Eine einz'ge Rose kommt.

Von dem Unrecht, das die Welt
Auf die Tugendhafte häuft,
Ist das Größte, dass ihr Geist
Nie in ihre Hände kommt.

Dumme sind aus Übermut
Aufgestiegen zum Saturn,[2]
Schade, dass der Frommen Ach
Nie bis zum Saturnus kommt.

Sei geduldig, o Hafis!
Wisse, dass am Liebespfad,
Wer die Seele nicht hingibt,
Nicht zu dem Geliebten kommt.

[1] Jakobs Auge war ganz weiß geworden vom Weinen um den geliebten Jusuf. Hafis stellt hier den Vater Jakob und der Liebling seinen geliebten Jusuf vor.
[2] Saturn steht nach den Begriffen der orientalischen Astronomie im *siebenten*, das ist im höchsten Himmel. Unwürdige hebt das Glück bis auf die höchsten Stufen, welche Leute von Verdienst nie erreichen.

CLV.

Gestern hat das Veilchen zur Rose gesprochen
Und ihr diese Kunde gegeben;
Wisse, die schöne Locke, die jeder bewundert,
Ward von jenem Haar mir gegeben.[1]

Wohl ein seltner Schatz ist mein Herz voll Geheimnis,
Aber leider! Siehe, das Schicksal
Hat davon die Riegel und Schlösser versperret,
Und den Schlüssel Schönen gegeben.

Als ein armer Kranker und Leidender kam ich
Auf den Wink der Ärzte zur Türe,
Denn sie haben mir von der Feinheit des Wuchses
Einen Wink und Kunde gegeben.

Bei mir armem Leidenden ging sie vorüber,
Zu den Nebenbuhlern sie sagte:
»Wehe! weh' des armen Verliebten, der seine
Seele meineTalben gegeben.«

Eines frischen Körpers und fröhlichen Herzens
Möge jener immer sich freuen,
Der dem Freund im Elend Hülfe geboten
Und die Hand zur Rettung gegeben.

Gehe, geh und heile dich selber zuerstens,
Der du Arzneien anordnest,
Wem hat süßer Wein und die süßeren Schönen
Jemals einen Schaden gegeben.

Aus dem Schatze seiner gewählten Steine,
Hat das Herz Hafisens die Perlen,
Hat es eine Summe, die Welten erkauft,
Deiner Liebe wegen gegeben.

[1] Nicht nur die dunkle Farbe, sondern auch die schöne Locke ist das Tertium Comparationis zwischen Locken und Veilchen, bei den Morgenländern wie bei den Griechen.

CLVI.

Deine Liebe ist kein Schwindel,
Welcher aus dem Kopfe gehet;
Deine Freundschaft ist kein Zufall,
Der sich nach den Orten richtet.

Deine Liebe wohnt im Innern,
Deine Freundschaft in dem Herzen,
Mit der Milch ward sie gesogen,
Mit dem Geist wird sie entfliehen.

Deine Liebe ist ein Übel,
Das bei allen Arzeneien,
Derenthalb du dich bemühest,
Täglich immer sich verschlimmert.

Wollt' ich meiner Augen Tränen
In den *Sinderus* ausgießen,[1]
Irak würd' im Augenblicke
Durch und durch gewässert werden.

Gestern sah ich in den Locken
Meines liebsten Bildes Wangen,
Sie umgaben's wie die Wolken,
Die den vollen Mond umfangen.

Ich will küssen, küssen, sprach ich,
Sie entgegnete: o lass es,
Bis der Vollmond aus dem Zeichen[2]
Dieses Skorpions gegangen.

Trinkest du auf die Rubinen
Ihrer Lippen die Gesundheit,
Schau Hafis, dass Nebenbuhler
Zu der Nachricht nicht gelangen.

[1] *Sinderus*, der Namen eines Flüsschens bei Schiras.
[2] Bis ich von meinem Gesichte die Locken finster wie Skorpione zurückgeschlagen habe.

CLVII.

Wollte wegen jeder Sünde
Gott der Herr den Sünder greifen.
O da würde Weh und Klagen
Eine ganze Welt ergreifen.

Ihm sind Stroh und Berge eines;[1]
Manches Mal wird er den Bergen
Ihre Sündenlast verzeihen,
Manches Mal das Stroh ergreifen,

Immer sündigst du auf Erden,
Weißt du nicht, dass in dem Himmel
Sie den Mond, wenn er gesündigt,
Ob der Missetat ergreifen;[2]

Freilich scheinst du rein am Saume,[3]
Aber deine Missetaten
Werden morgen sich erst zeigen,
Wenn zur Strafe sie dich greifen.

Über meine Sünden will ich
Eine Nacht so bitter weinen,
Dass den Freund der Strom der Tränen
Aller Orten soll ergreifen.

O Hafis, sobald der König
Einen will zum Tod hinrichten,
Sage, wer alsdann im Stand ist,
Seine Fassung zu ergreifen

1 Vor dem Herren sind Große und Kleine, Berge und Strohhalmen gleich.
2 Wenn der Mond etwas verbrochen, wird er ergriffen und gezüchtigt. Daher die Sonnen- und Mondfinsternisse. Eine mehreren Völkern in der ersten Kindheit gemeinsame Vorstellung.
3 Der Saum deines Kleides ist zwar nicht mit Staub befleckt. Du bist rein von Lastern.

CLVIII.

Das Geheimnis deiner Liebe
Dreht sich mir im Kopfe,
Siehe, was im irren Kopfe
Es für Wirbel dreht.

Wer dem Schlägel deiner Locken[1]
Angeknüpft das Herz,
Oberst unten, unten oberst
Herz und Sinne dreht.

Hat mir gleich mein Vielgeliebter
Schaden angetan,
Sich mein Herz doch seinetwegen
Um die Treue dreht.

Von des Himmels schweren Leiden
Und dem Gram der Zeit,
Ward das Hemde der Geduld mir
Hundertmal gedreht.

Teils aus Schwäche, teils durch Weinen
Ist mein armer Leib
Wie der neue Mond gekrümmet,
Der dort Finger dreht.[2]

Lange Zeit schon ist's, dass meines
Innern Nachtigall,
Fern vom Rosenbeet der Wangen
Ohne Zweig sich dreht.

Oft genug hab' ich gesaget,
Geh der Lust nicht nach,
Eine Lust ist's, welche dich im
Sündenwirbel dreht.

Manchen gibt es, der mir ähnlich,
Ihres Wuchses halb
Und der Rosenwangen wegen
Sich im Wirbel dreht.

Wie der Ostwind steht Hafisens
Herz vor deinem Gau,
Denn ein Kranker ist es, der sich
Um Arzneien dreht.

[1] Der Schlägel der Locken, welcher das Herz forttreibt, eine vom Maille-Spiel, das in Persien einheimisch ist, hergenommene Anspielung.
[2] Den Finger dreht, weil der Neumond, wenn er das erste Mal sichtbar wird, einem gekrümmten Finger ähnlich sieht.

CLIX.

Immer wein' ich ob der Hand der Trennung,
Wehe! wenn der Ost nicht bringt die Seufzer,
Kann ich anders, als stets weinen, klagen!
Deine Feinde sollen solches leiden!

Tag und Nacht verzehrt mich tiefer Kummer,
Bin ich fern von dir, kann ich mich freuen?
Seit du ferne bist dem Herzverbrannten,
Quoll viel Blut aus meines Auges Quellen,

Aus den Wimpern strömen hundert Tropfen,
Wenn mein Herz der Trennung Hand beklaget,
Deiner denkt Hafis bei Nacht und Tage,
Du verschmähest die verlornen Herzen.

CLXI.

Verlangen nach dem Frühlingswind
Hat mich auf die Fluren getragen,
Er hat mir deinen Duft gebracht,
Hinweg die Geduld mir getragen.

Wo immer sich ein Herz befand,
Das führte dein Auge von hinnen,
Mein einz'ges armes wundes Herz
Ward nicht aus dem Wege getragen.

Der Strom der Tränen trug den Stein
Des Herzens herein in die Straße,
Die größten Steine kann ein Strom
Zum Meeresgestade hintragen.

Wie Silber kamen mir ins Aug'
Die Tränen und wuschen den Glanz weg,
Doch dieses Gold gab mir dafür,
Wer seidene Stoffe getragen.[1]

Es nahm mir gestern alle Lust,
Die Sehnsucht nach deinem Genusse,
Doch endlich hat Vernunft hinweg
Das Heer des Schmerzens getragen.

Es flogen aus auf unserem Weg
Die Pfeile der Wimpern des Freundes,
Und durch die Hyazinten ward
Die Ruhe von hinnen getragen.

Das Weinglas prahlte gestern viel
Von Lebensverspendung der Lippen,
Doch deine Lippen haben fort
Den Unmut des Weins getragen.

O spreche zu Hafisen nichts
Vom süßen Gesange *Bülbülens*,
Wer wird wohl zu dem Papagei
Den Namen des Zeisiges tragen.[2]

[1] *Kumasch*, eine Art von reichem schönfarbigen Stoffe. Hier wird der Glanz des Auges verstanden. Die Geliebte raubte mir meinen *Kumasch*, den Glanz meines Auges, und hinterließ mir dafür Gold, das ist eine gelbe abgehärmte Gesichtsfarbe.
[2] Nachtigallen sind nur Zeisige in Vergleich mit einem Dichter wie ich, der durch Kunde des Worts ein seltener Papagei ist.

CLXII.

Morgens, als die Fahne der Sonne
Aufgesteckt war auf den Bergen,
Sieh, da kam der Liebling des Herzens
Aus Erbarmung an die Türe.

Weil der Morgen deutlich erblickte,
Was da sei des Glückes Liebe,
Fing er an im Ernste zu lachen
Über jene, die drauf stolz sind.

Gestern, als mein Schöner zum Tanze
Aufgestanden war im Kreise,
Löst' er auf die Bande der Locken,
Warf dieselben auf die Freunde,

Als sein Wein ergründendes Auge,
Die Vernünftigen zu rufen,
Wusch ich über Frieden und Ruhe
In dem Herzensblut die Hände.

Saget, welches eiserne Herz hat
Diese List ihn wohl gelehret,
Dass er so vor allem beginnt
Nachtdurchwacher auszurauben?

Einen Reiter sah ich im Traume,
Armes Herz! du warst verloren,
Herr, bewahr's vor allen Gefahren,
Mitten unter Reiter fiel es.

Für den Glanz von seinem Gesichte
Wurden Blut und Geist geopfert,
Doch erfüllt er einmal die Wünsche,
Danken es ihm die Entseelten.

Ha! wie soll ich denn mit der Kutte
Eine Locke Haars erobern,
Deren einz'le Härchen auf Straßen
Tapfre Männer ganz ausrauben.

Meines Mutes Los ist gebunden
An des Schahes Glück und Segen,
Sei vergnügt, Hafis, denn die Losung
Ist aufs Beste ausgefallen.

Seit der Stunde, da er das Weinglas
Nahm zuerst in seine Hände,
Gab die Zeit den Becher der Freude
Allen Trinkern in die Hände.

Von dem Gold verspendenden Schwerte,
Strahlte Sieg an jenem Tage,
Als Er, wie die Sonne der Sterne,
Tausende allein geschlagen.

Seines Lebens, seiner Regierung
Dauer fleh', o Herz! vom Herren,
Denn die Münze ward von dem Lose
Nach dem Laufe der Zeit geschlagen.

CLXII.

Wenn der Morgen ergraut, der Ost die Gerüche verhauchet,
Und die liebliche Flur Edens Gefilde verlacht,

Wenn der Rosengeruch die Fluren wie Schleier umwallet,
Und das Morgenrot rosengefärbet erscheint,

Wenn der Lautenruf zum Trunke des Morgens ertönet,
Und der Zelle Greis selbst zu dem Wirt sich verfügt.

Wenn der Erobrer der Welt den goldenen Schild vors Gesicht nimmt,
Mit dem Morgenschwert schlagend den Kreis des Gesichts.[1]

Wenn zum Trotze des Rabens die Nacht, der goldene Falke
Seinen Platz einnimmt in dem lasurenen Nest;

Dann hinaus auf die Flur! Sie ist gar lieblich zu schauen,
Tulpen halten den Kelch golden verbrämt in der Hand.

Was für ein Zustand ist dies, dass Rosen die Wangen erblassen,
Was für ein Feuer ergriff, Sänger des Morgens, dein Lied?

Was für ein Glanz ist der Glanz, der die Lampe des Morgens erleuchtet?[2]
Was für ein Funken entflammt Sonn' und Monden mit Luft?

Wenn es Hafisens Wille nicht war, ein Kaiser zu werden,[3]
Hätt' er wohl sein Schwert über die Erde gestreckt?

Sieh den Ost, er spielt gleich einem trunkenen Verliebten
Bald mit den Lippen der Ros' und bald mit dem Haar der Viol'.

Durch den Einklang des Stoffs und die mannigfaltigen Formen
Bietet jede Blüh' tausend Betrachtungen Stoff.

Immer denk' ich bei mir, was ist der liebliche Odem,
Der in grauender Früh' hebet den finsteren Staub?

Weshalb haltet wohl der zirkelförmige Himmel
Mich mit Leiden und Gram immer zum Mittelpunkt hin?

Niemand erfährt das Geheimnis des Herzens, und so ist es besser,
Denn die neidische Welt greift es von ungefähr auf.

Wer wie die Kerze pflegt, vertrautes Geheimnis zu schwätzen,
Wird an der Zunge zuletzt wie die Kerze verbrennt.[4]

Wo ist mein mondenwangiger Schenke, der einzig aus Liebe
Mir Betrunkenem noch schwerere Gläser zubringt.

Kunde bring' er vom Freund, und reiche den Becher voll Weines,
Dass ich selben aufs Wohl leere des lieblichen Freunds.

Will der Sänger für unseren Kreis einrichten die Weise,
Sing' er aus *Isfahan* bald, bald aus der Weise *Irak*,[5]

Wer dem *Harem* von meinem Alexander sich nahet,
Schöpfet aus dem Staub Quellen des Lebens wie *Chiser*.[6]

Alexandern seh' ich im Scheih *Abuishaka*,[7]
Unter dessen Fuß Reiche als Gärten entblühn.

Wenn's ihm einst gefällt hinauf in den Himmel zu steigen,
Tritt sein Fuß zuerst durch die Plejaden hinauf.

Licht und Glut ist das Auge *Mahmuds*, sein blitzender Säbel[8]
Schneidet den Feind schon bloß, da er ihn schrecket, entzwei.

Zieht er das Schwert, so woget das Blut zum Gipfel des Mondes,
Spannt er den Bogen, so fällt wütend vom Himmel Merkur.

Weil sich die Sonne schämt vor seinen hellen Gedanken,
Flieht sie beschämt, flieht sie dem Untergang zu.

Glücklich, wem es gegönnt ist, dir zu Gebote zu stehen,
Stolz steigt man alsdann bis zu den Zwillingen auf.

Von dem Himmel Merkurs tönt freudig zur Erde der Glückwunsch,
Wenn sich im Forschen dein Geist über die Schöpfung erhebt.

Dass er deine Feinde und Neider beständig verfolge,
Hält *Arkturus* stets morgens und abends den Speer.[9]

Deinem Pferde spannt der Himmel den Gürtel der Milchstraß',
Wenn er schaut dein Pferd schaukelnden Sprunges im Lauf.

Alles, was du ertragst, wird dir mit Segen vergolten,
Jupiters Glücksgestirn führet dies immer mit sich.

Prüft dich das Los, so hat es keinen anderen Zweck nicht,
Als dass einst dein Herz rein durch Enthaltsamkeit sei.

Selbst das heilige Buch wird deshalb höher geschätzet,
Weil es in der Welt manche der Proben erfuhr.

Jener verdient mit Recht ein Held des Verstandes zu heißen,
Der, bevor er beginnt, immer das Ende erwägt.

Seelengeschmack ist frei von Bitterkeiten der Schmerzen,
Wenn man süßen Dank immer im Munde behält.

Jener wird die Frucht von seinem Leben genießen,
Der da erstens wählt, dann erst die Straße betritt,

Der in fröhlicher Zeit den Becher willig zur Hand nimmt,
Aber in Zeiten des Kriegs gerne den Säbel ergreift.

Geht es hart, so wende dich nicht von Gottes Geheimnis,
Denn das weichste Mark sitzet im härtesten Bein.

Nur durch Enthaltsamkeit gelangte zur Süße der Zucker,
Deshalb saß er zuerst tief in den Ritzen des Rohrs;

Dorten strömen herein von allen Seiten die Übel,
So dass nirgends mehr Rettung erübrigt für mich.

Was bekümmert sich wohl der fest gewurzelte Fels drum,
Schlägt im wogenden Meer über und über die Flut.

Wandelt dein Freund mit Freiheit herum, so freue dich dessen,
Denn die Freiheit selbst kürzet ihm endlich den Zaum.

Hat dein Feind von deiner Familie Übels gesprochen,
So empfindet er's einst spät in dem Kindeskind noch.

Fest und beständig sei die Zeit des herrlichen Lebens,
Denn du bist ein Geschenk Menschen und Geistern zugleich.

Sehet Hafis! er steht an der Spitze der Herrscher des Wortes,
Deshalb hauet er mit schneidigem Schwerte herein.

[1] Wenn der Morgen als Eroberer mit seinem Schwerte den ganzen Horizont sich unterwürfig gemacht, seine Herrschaft über die ganze Erde ausgedehnt hat.

[2] Eigentlich *in der lasurenen Nische*. Nischen oder Blenden mit brennenden Lampen darinnen scheinen ganz besonders auf die Einbildungskraft der Orientalen gewirkt zu haben. Schon Mohammed bedient sich dieses Bildes mehr als einmal im Koran, und zwar an den erhabensten Stellen.

[3] Kaiser im Lande der Dichter. Wenn sich Hafis nicht die Krone der Dichtung hätte erringen wollen, hätte er nie den Mund geöffnet, Lieder zu singen.

[4] Die Kerze ist schwätzhaft, weil sie durch ihr Licht die Geheimnisse der Liebenden verrät und gleichsam ausplaudert. Zur Strafe wird ihr die Zunge (der Docht) verbrannt.

[5] *Irak* und *Isfahan*, zwei der beliebstesten persischen Tonweisen.

[6] Chiser, der Hüter des Quells des Lebens, den Alexander im Lande der Finsternis suchte; er hätte sich diese Mühe ersparen können, indem er im Türstaub des von Hafisen gepriesenen Fürsten den Quell des Lebens gefunden hätte.

[7] Der Fürst *Ebu Ishak Mahmud*, zu dessen Preis Hafis dieses vom Anfang bis ans Ende an poetischen Schönheiten so reiche Gedicht verfertigt hatte, war Scheih eines Ordens, so wie der Vater Schah *Ismail's*, des Stifters der letzten durch *Nadirschah* gestürzten persischen Dynastie, ein Sofi war.

[8] *Mahmud* der *Gelobte*, ein Beiname des Fürsten *Ebu Ishak*, aus der Familie Indschu, man vermische nicht, wie die meisten europäischen Geschichtsschreiber, *Mahmud* und *Mohammed*. Beide sind zwar von derselben Wurzel abgeleitet, doch das Erste heißt der *Gelobte* oder *Gepriesene*, und das zweite der *Lobens-* oder *Preiswürdige*. Durch die Verwirrung dieser beiden Namen haben die europäischen Geschichtsschreiber des türkischen Reichs einen *Mohammed* den Fünften erschaffen, der bei den Osmannen *Mah-*

mud der Erste heißt. Der heut regierende Sultan ist also Mahmud der Zweite, und nicht der Erste seines Namens.

[9] *Al-rameh, der Lanzenschwinger*, d.i. *Arkturus*, der auch unter dem arabischen Namen sich auf unseren astronomischen Karten erhalten hat; er heißt auch der *Hüter des Himmels*, weil er selbst dann, wenn ihm die Sonne am nächsten kommt, am Abend- oder Morgenhimmel sichtbar ist. Auf diese Eigenschaft, die er mit mehreren Sternen gemein hat, spielt der Vers Hafisens an. *Al-rameh, der Lanzenschwingende* oder *Bewaffnete*, heißt *Arkturus*, eigentlich im Gegensatz der *Ähre*, welche *Al-asal*, das ist: die *Unbewaffnete* heißt. Siehe mehreres hierüber in den vortrefflichen Untersuchungen über den Ursprung und Bedeutung der Sternnamen von Herrn Ludwig Ideler, Seite 47, 56, 298.

Aus: Der Buchstabe Ra

I.

Ha! o Papagei, der von der Liebe Geheimnissen schwätzet,
Nie fehl's deinem Schnabel an Zucker![1]

Immer grüne dein Haupt, und immer sei fröhlichen Herzens,
Bist mir ein Bild von den Flaumen des Freundes.

Ein verborgenes Wort hast du zu den Freunden gesprochen,
Gott! heb auf vom Rätsel den Schleier!

Günstiges Glück! bespreng mich mit Rosenwasser vom Becher,
Denn mein Auge ist beflecket vom Schlafe.

Welchen Ton hat der Sänger zu seiner Weise gewählet,
Dass die Trunknen und Nüchternen tanzen!

Siehe die Wirkung des Moschus, den der Schenk' in den Wein hat geworfen,
Kopf und *Dulbend* geh'n beide verloren.[2]

Alexandern ward nicht verlieh'n das Wasser des Lebens,[3]
Gold und Gewalt erzwingen nicht solches.

Nüchtern sag und erzähle du nie das Geheimnis des Rausches,
Seelenkunde frag nicht von den Gemälden.[4]

Immer sei der Verstand die bare Münze des Lebens,
Gilt er doch nichts beim Golde der Liebe.

Komm und höre mir an der Betrübten traurige Lage,
Worte sind wenig, und viel ist der Inhalt.

Sina's Götzenbilder, sie sind die Feinde des Glaubens,[5]
Herr! bewahre mein Herz und den Glauben.

In den Reichen der Dichtkunst weht Hafis als die Fahne
Durch des Schahes schützende Gnade.

Seinen Dienern hat er statt Diensten Herrschaft verliehen,
Herr! bewahr' ihn vor Schaden und Unglück!

[1] Der Dichter redet seine eigene Feder oder Seele an, die er mit dem Papagei und dann gleich hierauf die grünen Federn desselben mit den zarten Bartflaumen seines Freundes vergleicht.

[2] *Dulbend,* der Muslin, den die Moslimen um ihre Kopfbedeckung winden, woher das deutsche *Turban*. Das Wort Muslin selbst kommt nicht von den Moslimen, sondern von der Stadt Mossul her.

[3] Alexander wanderte nach der morgenländischen Sage ins Land der Finsternis, um vom Quelle des Lebens zu trinken, von dem ihm der Hüter, *Chisr*, zurückwies; ebenso wenig als Alexander das Wasser des Lebens mit Gold und Gewalt erzwingen konnte, ebenso wenig lässt sich die Liebe mit Gold und Gewalt erzwingen.

[4] Suche in schönen Gemälden keine Seele, denn sie haben keine.

[5] Sina's Knaben, berühmt durch ihre Schönheit, sind die Idole der Liebenden.

III.

Der verlorene Jusuf
Kommt nach Kanaan, gräme dich nicht.
Aus der Zelle des Grams
Wird ein Rosenbeet, gräme dich nicht.

Dieses traurige Herz
Wird beruhiget, werde nicht bös'.
Diesem störrischen Kopf
Wird Vernunft zu Teil, gräme dich nicht.

Kehrt der Frühling des Lebens
Zu des Wiesengrüns Brautbeet zurück,
Wird die Nachtigall auch
Rosenzelte bau'n, gräme dich nicht.

Wenn der greisende Himmel
Ein paar Tage nach Lust dir nicht tut,
Denke, greisender Lauf
Fordert Ungleichheit, gräme dich nicht.

Du verzweifle nicht, wenn du
Das Geheimnis des Himmels nicht weißt.
Denn es hüllet ein Schleier
Viel Geheimnisse des Himmels, gräme dich nicht.

Wenn der Strom des Verderbens
Der Erwartung Gebäude zerstört,
Bleibt im Wirbel der Flut
Ruh' dein Steuermann, gräme dich nicht.

Zwar der Weg ist gefährlich
Und von ferne das Ziel nicht zu spähn,
Doch bestehet kein Weg,
Der nicht endiget, gräme dich nicht.

Willst du Wüsten durchwandern,
Voll Begierde die Kaaba zu sehn,
Wenn die Distel dich sticht,
Oder Dornenbusch, gräme dich nicht.

Meine Lage, die Trennung
Vom Geliebten, des Neiders Bemühn.
Alles, alles durchschaut
Gott, der Welten lenkt, sorge dich nicht.

Und so lange bei finstrer
Nacht im Wirbel der Armut Hafis
Die Gebote vollzieht,
Und den Koran liest, gräme dich nicht.

V.

Einen Geruch, o Wind, vom Weg der Freundin bring her.
Meinen Gram trag fort, frohe Nachricht bring her!

Sag mir ein Wort von ihr, das Geist und Seele neu macht,
Einen Brief von ihr, stille Kunde bring her.

Bringe mir einen Staub, der Nebenbuhler sei blind!
Einen Staub zum Trost blut'ger Augen bring her!

Wonnegenuss ist nicht im Herzen roher Sinnart,
Bring mir deshalb stets die Kund' vom Schelmenaug' her.

Dass ich mit deinem Hauch erfrisch' den Sinn des Wohldufts,
Bringe Düfte mir der Geliebten, mir her!

Bringe bei deiner Treu' vom fernen Weg des Freunds Staub,
So doch, dass solches nicht Fremde merken, mir her!

Lange schon hat mein Herz gesehn des Wunsches Ziel nicht.
Schenk'! o bringe reine Becher mir her!

Dankbar fürs Wohlsein, für die Freiheit, Sänger der Flur,
Bring zum Käfig mir Kund' vom Rosenbeet her.[1]

Ferne von ihr war ich, und bitter mir Geduld ward,
Bringe einen Kuss von den Lippen mir her.

Färbe Hafisens Kleid mit purpurfarbnem Weine,
Bringet ihn dann selbst trunken von dem Markt her.

[1] Aus Dankbarkeit für die Freiheit, deren du genießest, o Vogel der Flur, komm zum Käfig, um mich Armen, der ich meiner Freiheit beraubt bin, zu trösten.

VI.

Morgenwind, bringe vom Haus der Freundin Düfte,
Ich leid' an Krankheit, Seelenruhe bring mir!

Meinem betrognen Sinn, den Stein der Weisen,
Das ist vom Staub der Tür ein Zeichen bring mir!

Heiß ist der Kampf, den das Herz beginnt mit Blicken,
Ihr Augenpaar statt Pfeil' und Bogen bring mir.

Trennung und Schmerz, und die Fremd' macht mich zum Greisen,
Ein Glas voll Wein aus Jünglingshänden bring mir!

Schenke! die Wonne von heut lass nicht auf Morgen,
Ein sicheres Geleit vom Schicksal bring mir!

Weg war das Herz, als zu dem Ost Hafis gesprochen:
O Wind vom Haus der Freundin, Düfte bring mir![1]

[1] Von Wort zu Wort: Hafisens Herz war aus dem Vorhang entflohen, das ist, war ganz weg, weil wer über den Vorhang (welcher die Türe bedeckt) hinaus ist, auch ganz aus dem Zimmer weg ist. Statt der Freundin steht im ersten und letzten Verse *Fulan*, was unserem N.N. entspricht. Ostwind, bring mir Nachrichten von N.N., meiner Geliebten, die ich nicht nennen darf. Es ist das spanische Fulano.

VII.

Du, deren Wangenglanz
Erfrischt das Tulpenbeet des Lebens,
Komm! ohne dein Gesicht
Verwelkt der Frühlingsglanz des Lebens.

Den grauen Schlund des Nichts
Wird jeder Glückliche verhöhnen,
Der deines Mundes Punkt
Erkor zum Mittelpunkt des Lebens.

Recht ist's, wenn Tränen mir
Wie Regen von den Augen fließen,
Denn wie der Blitz verschwand
Im Gram um dich die Zeit des Lebens.

Selbst lebenslos bin ich
Lebendig, dies soll dich nicht wundern,
Wer zählt den Trennungstag
Wohl zu den Tagen seines Lebens.

Von allen Seiten droht
Im Hinterhalt ein Heer Gefahren,
Verhängten Zaumes sprengt
Davon der Reiter unsers Lebens.

Wie lang noch Morgenwein!
Wie lang noch süßer Schlaf am Morgen!
Erwach! erwach! vorbei
Ist längstens schon die freie Wahl des Lebens.

Sie ging bei mir vorbei,
Doch ohne auf mich her zu sehen,
O! armes Herz, das nichts
Genoss im Übergang des Lebens.

In diesem Augenblick
Wo du des Glückes Antlitz schauest,
Bereite dir dein Los,
Verborgen ist das Los des Lebens.

Hafis, o sprich ein Wort,
Denn auf der Erde weiter Fläche
Bleibt deiner Feder Bild,
Ein Denkmal deines Lebens.

IX.

Beim Verliebten, o Ostwind, gehe vorbei,
Kunde bringe dem Liebenden,
Verweigre mir's nicht!

Lieblich blühst du, o Rose, dankbar dafür,
Einen Duft für die Nachtigall
Verweigre mir nicht.

Wie der Kandel sind deine Lippen mir süß,
Zucker spende dem Papagei
Verweigre mir's nicht!

Dein Verehrer war ich, o wachsender Mond,
Einen Blick, nun du älter bist,
Verweigre mir nicht.

Erdengüter sind leicht, und niederen Werts
Diese Kleinigkeit, Würdigen
Verweigre sie nicht.

Deine Tugenden führt zum *Kafe* das Lied,[1]
Reisezehrung dem Liedermund,
Verweigere du nicht.

Wer verherrlicht sein will, höre dies Wort:
Gold und Silber ist Liederpreis,[2]
Verweigert es nicht.

Gram und Schmerzen vergehn, und besser wird's einst,
Deine Tränen auf jenem Pfad,
Verweig're sie nicht.

[1] Der Berg *Kaf*, der die bewohnte Erde wie ein Ring umschließt.

[2] Der Dichter spricht aus dem Vollgefühle seiner Kraft und Unsterblichkeit und erklärt geradeheraus, dass nur Gold und Silber den Preis des Liedes aufwägen können.

X.

Sag mir zeigend die Wang':
Greife aus dem Gemüte das Herz,[1]
Zu dem Schmetterling sag:
Wirf dich statt in die Glut ins Gemüt.

Meinem trockenen Mund
Sei ein Tropfen von Wasser gegönnt,
Zum erschlagenen Mann
Komm und heb ihn auf von dem Staub.

Flieh den Bettelnden nicht,
Weil er Silber und Gold nicht besitzt;
Silber weinet sein Aug',
Seine Wangen sind gelb wie das Gold.

Schlag' die Laute und sing;
Zag' nicht, wenn es an Aloe fehlt,
Lieb' ist Glut, und das Herz
Das Gewürz und das Rauchfass der Leib.

Singe, wirf das Gewand
Weg und lärme mit Jubel und Tanz,
Oder flieh in ein Eck',
Mit der Kutte den Kopf eingehüllt.

Zieh das Ordenskleid aus,
Deinen Rebensaft zieh dafür ein,
All dein Silber verspiel,
Silberbusen erkauf' für das Gold.

Günstig sei dir der Freund,
Beiden Welten verfeinde dich dann,
Günstig sei dir das Glück,
Heere mögen dann wider dich ziehn.

Fliehe nicht so geschwind,
Einen Augenblick weile mit mir,
An dem Ufer des Bachs
Nimm den Becher mit mir in die Hand.

Wärst du wirklich entflohn.
O dann wäre von flammender Glut
Meines Herzens und Aug's
Nass die Brust, und vertrocknet der Mund.

Bring Gesellschaft, Hafis!
Mutig sage zum Prediger dann:
Die Versammlung schau an
Hurtig steig von der Kanzel herab.

[1] Sobald du mir dein Antlitz zeigest, ist es ebenso viel, als wenn du mir den Befehl erteiltest auf meine Seele Verzicht zu tun. Dein Gesicht ist das Licht und mein Gemüt

der Schmetterling. Was bedarfst du schönes Licht wohl eines andern Schmetterlings als meinen. Sage den andern, die dich umflattern, dass sie sich in meine Liebesglut stürzen sollen, die sie verzehren wird, wie ich mich an der deinigen verzehre.

XI.

Horchet, die Nachtigall singt nun wieder vom Zweig der Zypresse.
Böses Auge sei fern, fern von der Rose Gesicht!

Rose, aus Dank dafür, dass du bist der Schönheit Sultanin,
Zeig in der Liebe dich nicht gegen die Nachtigall stolz.

Klagen will ich fürwahr! nicht über deine Entfernung,
Wer die Entfernung nicht kennt, kennt nicht der Gegenwart Glück.

Hoffen die Frommen auf Köschk' und Mädchen im himmlischen Garten,
Hab' ich hienieden schon Mädchen und Köschk in der Schenk'!

Trinke Wein bei der Laute Getön und wenn sie dir sagen
Es ist verboten, so sag: Gott ist es, welcher verzeiht!

Andern ist Freude und Lust der Quell des fröhlichen Sinnes,
Mir ist der Liebe Gram Quelle von Freuden und Lust.

Sage, Hafis, was klagst du über die Trennung?
Dann aus Finsternis kömmt Licht und aus Trennung Genuss.

XIV.

O du hochgebaute Schöne,
Mit dem Wuchse der Zypresse,
Mit dem Wangenschmelz der Rose,
Mein erstorb'nes Herz hast du zwar
Mir durch eine List entwendet.
Aber nun, bei Gott! behalt es.

Seit ich sah dein Zauberauge
Ist Geduld von mir entflohen,
Wenn du deines Lockenhaares
Hyazinthen umherstreuest,
Hat der Moschus keinen Wert mehr.

Schäme dich die Untreu selber
Laut in ein System zu bringen.
Sei getreu mein Schelmengötze.

Nur zuweilen, nur ein wenig
Schmeichle mir mit einem Kusse,
Dass gesegnet sei dein Leben.

Sieh, Hafis erstaunt und flehet,
Immer bleibet er dein Diener
Ohne Gold und ohne Silber.

XVI.

Die heil'ge *Nacht* ist da und weg die *Flucht*[1]
Heil dir, Heil dir! bis an das Morgenrot

Mein Herz sei froh, in treuem Liebesdienst
O bleibt nichts unbelohnt auf diesem Pfad.

Niemals will ich die Trunkenheit bereu'n
Und harrte mein die *Flucht*, der *Fluch*;[2]

Mein Herz ist weg, ich sah nicht sein Gesicht.
Ach welche Pein und welche Grausamkeit!

O komm herauf, bei Gott! du junger Tag
In dem die Nacht der Flucht so finster war.

Verlangst du Treu', Hafis, erdulde Leid
Im Kaufe ist Gewinn und ist Verlust.

[1] Die heilige Nacht *Kadr* war dem Dichter zur *Schäfernacht* geworden, deren Andenken er durch dieses Gasel feiert.

[2] *Hidsche* und *Hadsche,* eine Dissonanz: Flucht und Stein; wofür im Deutschen mit so größerem Fuge *Fluch* gesetzt wird, weil im Arabischen der *Gesteinigte* ebenso viel als der *Verfluchte* heißt, *wie Eseh-scheitan er redschim* der gesteinigte oder verfluchte Satan.

Aus: Der Buchstabe Sa

I.

Ich bins, ders Auge aufgetan
Den Freund zu sehn,
Wie dank' ich dir, o Gott,
Vermitteler!

Wisch nicht von deinem Angesicht
Der Bitte Staub,
Denn er ist für den Wünschenden
Der Weisen Stein.

Zwei Tränen, welche du, o Aug'!
Geweinet hast,
Versichern die Liebkosungen
Von deinem Glück.

Wenn sich der Liebende mit Blut
Nicht reiniget,
Gilt sein Gebet vor dem Mufti
Der Liebe wohl?[1]

O Herz! Lenk nicht ob schlechtem Weg
Den Zügel ab,
Es denken Reisende nicht auf
Berg auf, Berg ab.

Was nützet mir der Schwätzermund
Des Frühlingswinds
Wenn die Zypresse selber nicht
Geheimnis birgt.

In diesem Fabelort ergreif
Nichts als das Glas,
In diesem Spielerhause spiel
Nun Minnespiel.

Bedarf gleich deiner Schönheit Reiz
Der Liebe nicht,
So kehr' doch ich nicht mehr zurück
Vom Liebesspiel.

Wie soll ich dir beschreiben wohl
Des Innern Brand,
Frag meine Tränen, denn ich bin
Kein Schwätzermund.

Das Glück *Mahmuds* bedarf des Haars
Ajasens nicht[2]
Liebkosung ist der einz'ge Zweck
Von ihrem ein Bund.

Das Lied des Morgensternes tönt[3]
Verstimmten Tons,
Sobald Hafis die Stimme zum
Gesang erhebt.

[1] Anspielung auf die gesetzliche Reinigung vor dem Gebete, ohne welches dasselbe nicht gültig ist.

[2] *Ajas,* der schon oben einmal genannte Liebling Schah Mahmuds *Seboktegin,* des mächtigsten Fürsten der Familie *Gesnewi*. Das Glück *Mahmuds* bedurfte nicht der Liebe *Ajasens*, Liebe war der einzige Zweck ihres Freundschaftsbundes.

[3] Das hohe Lied, welches *Sohre* oder *Venus* als Lautenschlägerin des Himmels beim Reigen der Sterne anstimmt. Sohre, ein schönes tugendhaftes Weib, umsonst versucht von den zwei Engeln *Harut* und *Marut*, welche die Erde durchreisten, um Menschenkinder zum Falle zu bringen. *Harut* und *Marut* wurden in dem Brunnen von Babel bei den Füßen aufgehängt bis zum jüngsten Tage, *Sohre* unter die Sterne versetzt, wo sie als *Nahid* die Laute spielt beim Sphärentanz.

II.

Viel tausend Dank, dass ich dich sah
Nach meinem Wunsche,
Dass mit Aufrichtigkeit
Du mein Vertrauter bist.

Ins Unglück gehn die Waller auf
Dem Weg des Heiles.
Ein Reisender er denkt nicht an
Berg auf, Berg ab.

Den Gram des Liebchens forsche nicht
der Neider aus,
Wer Groll im Busen führt, bewahrt
Geheimnis schlecht.

Aus Dank, weil dich die Gegenwart
Des Freunds erhellt,
Verbrenn der Kerze gleich im Weh
Und sei vergnügt.[1]

Mit einem halben Kuss erkauf
Ein Herzgebet,
Dass du an Seel und Leibe frei
Von Banden seist.

Die Schwermut, die auf mein Gesicht
Dein Gram ausgoss,
Könnt' ich erläutern, mein *Assaf!*[2]
Ein ganzes Jahr.

Vom Sang Hafisens aus *Schiras*
Erschallt umher
So in *Irak* als in *Hedschas*[3]
Der Liebe Ton.

[1] Lern von der Kerze zugleich lachen und weinen, denn die Kerze lacht heitern Glanzes durch die Flamme, wenn sie zugleich in heißen Tränen zerschmilzt.
[2] *Assaf,* Salomons Wesir und der Ausleger seiner Gedichte. Hafis könnte ein ganzes Jahr über seinen Gram Kommentarien lesen, gelehrt wie die Auslegung Assafs.
[3] *Irak,* das alte Hyrkanien, *Hedschas,* das steinige Arabien.

IV.

Verliebte klagen auf dem Weg zur Schenke
Wie Pilger in der Wüste von *Hedschos,*[1]

Ich schlug mein Aug' ob deiner Trennung nieder
Nur Sehnsucht nach Genuss beseelte mich.

Vom Freund geh' ich zu keiner andern Türe
Ich fand die *Kaaba,* floh den Götzendienst.[2]

Des Morgens wünsch' ich eine Nacht vom Schicksal
In der ich mein Los erzählen kann,

Hafis, wenn du der Kerze gleich verbrennst,
Aus Sehnsucht jenes Monds, so stehe fest.

[1] *Hedschos,* das sandige Arabien, wodurch der Weg nach Mekka geht.
[2] *Kaaba,* der heilige Tempel von Mekka. Zuerst von Abraham an die Stelle des himmlischen Gezelts erbaut, das bei der Sintflut von den Engeln in den höchsten Himmel zurückgetragen ward.

VI.

Die Braut der Rose kehrt zum Fest
Des Rosenbeetes zurücke,
Wo ist die Nachtigall, dass sie
Erhebe die Gesänge!

Klag' über Trennung nicht, mein Herz
Es wechselt auf der Erde
Bald Gram, bald Lust, bald Ros', bald Dorn
Hinauf und jetzt hinunter.

Gebeugt, gekrümmet bin ich ganz
Aus Gram gleich einem Bogen,
Und doch entsage ich noch nicht
Den Pfeilen ihrer Brauen.

Aus dem gewühlten Haar ists klar,
Ich sei verstöret,
Wenn nun der Moschus dieses schwätzt[1]
Wer wird darob sich wundern!

Nicht jetzt erst hab' ich mein Gesicht
Vor deine Tür geleget,
Von Ewigkeit war es bestimmt
Ich musste flehn und flammen.

Schwer oder leicht ist alles End',
Hafis! im Weg der Liebe
Die Vögel fliegen gleich Hafis
Leicht über Berg und Täler.

[1] Wenn der Moschus deines Haars dies ausschwätzt, das ist wenn dein Haar Moschusgerüche ausstreut.

IX.

Der blutigen Herzen Leiden,
Wer sagt sie wieder!
Vergossnes Blut vom Himmel,
Wer heischt es wieder!

Es schämen sich Narzissen
Vor trunknen Augen,[1]
Entsteigen sie der Erde
Von neuem wieder.

Platonen, die beim Becher
Des Weines sitzen,
Erzählten der Naturen
Geheimnis wieder;

Wer Tulpen gleich den Becher
Im Kreis herumgibt,
Der wasche seine Augen
Mit Herzblut wieder.

Mein Herz hat sich eröffnet
Wie Rosenknospe
Es riecht die Wohlgerüche
Des Veilchen wieder.

Fürwahr, Hafis besuchet
Mit Seel' und Leibe
Sobald er kann, den Umkreis
Der Kaaba wieder.[2]

[1] Die Narzisse, die jetzt im Frühlinge wieder aufblühte, schämte sich vor den Augen der Betrunkenen.

[2] Er wird um das Heiligtum herumgehen siebenmal, wie es die Gesetze der Wallfahrt vorschreiben.

X.

Steh auf! gieße mir fröhliches Nass in den goldenen Becher,[1]
Ehe dein Schädel zum Staube den Staub gießt.

Unsere Wohnung zuletzt ist die schweigende Wohnung der Gräber,
Jetzt erhebe den Jubel zum Himmel,

Augen mit trübem Blick sind ferne vom Antlitz des Freundes
Schau ihn an mit der Reinheit des Spiegels.

Ich beschwöre dich, Wuchs der Zypresse, beim grünenden Wipfel,
Bin ich Staub, beschatte mein Grabmal.

Meinen Lippen, vom Pfeil der Schlangenlocken verwundet,
Leg Teriak aus dem heilenden Mund auf.[2]

Alle Saaten der Erde vergehen, das weißt du seit langem,
Zünde die Welt mit dem Feuer des Weins an.

Tränen reinigen uns, indem die Lehrer uns sagen:
Sei erst rein, dann schaue den Reinen.

Herr! der selbstische Mönch, er, welcher Gebrechen nur schauet
Werde blind von dem Rauche der Seufzer.

Wie die Rose Hafis! zerreiß die Kleider vor ihrem
Wohlgeruch, und verstreu sie vor ihr hin.

[1] Dieses Gasel ist dem Grabstein Hafisens eingegraben.

[2] Anspielung auf den Gebrauch orientalischer Schönen welche den Mastix, den sie im Munde gekaut, ihren Geliebten wieder in den Mund stecken, zum Beweise der höchsten Gunst.

XII.

Lass mein Schiff vom Stapel hinab in die Fluten des Weinstroms!
Seelen von Alt und Jung wecke mit lautem Geschrei.

Wirf mich, Schenk', ins Schiff des Weines, es saget das Sprichwort:
Tue Gutes und wirfs dann in die Fluten hinab.

Seht! ich habe mich aus dem Wirbel der Schenke verirret
Seid so gnädig, Herr! leitet mich wieder zurecht.

Bring mir ein moschusduftendes Glas vom rosigen Weine
Rosenwasser flammt sicher aus Eifersucht auf.

Zwar bin ich berauscht, doch sollst du mir Gnade erzeigen,
Wirf nur einen Blick auf mein verwüstetes Herz.

Willst du um Mitternacht der Sonne Angesicht schauen
Nimm von dem Rosengesicht Schleier und Hülle hinweg.

Lasse nicht zu, dass sie mich einst in die Erde begraben!
In der Schenke wirf mich in die Tonne voll Wein.

Weil das Los, Hafis, aufs äußerste dich hat getrieben,
Schleudre *Diwe* des Grams in die verzehrende Glut.[1]

[1] *Diwe,* die Dämonen der Wüste und des Berges Kaf, die Feuer schnauben und Gluten sprühen.

Aus: Der Buchstabe Sin

II.

Wer sprach von uns zu der Geliebten:
Frag' darum nicht.
Ein Fremdling bleib, und um Bekannte
Frage du nicht.

Weil du die Huld umfängst und gütig
Bist von Natur,
Verzeih die Fehler, ums Vergangne
Frage du nicht.

Verlangst du, dass der Brand der Liebe
Deutlich erschein',
So frag darum das Licht; den Ostwind
Frag darum nicht.

Der hatte von Derwischenleben
Keinen Begriff,
Der dir gesagt: *Was ein Derwisch!*
Frag darum nicht.

Bei Männern, welche Kutten tragen,
Suche nicht Gold
Bei Armen um den Stein der Weisen
Frage du nicht.

Nie las ich von *Iskender's* Siegen
Und von *Dara'*
Um andres als um Lieb' und Treue
Frage mich nicht.

Es stehet im Buche der Vernunft
Nichts von der Lieb'.
O Herz! gewöhn dein Leid, um Mittel
Frage du nicht.

Zur Zeit der Rosen sprich vom Lernen
Nichts, o Hafis
Nimms Geld, um das *Warum*, von *wannen*
Frage du nicht.

III.

Über schöne schwarze Locken
Klag' ich so viel, frage mich nicht.
Denn sie haben mich von meinen
Sinnen gebracht, frage nicht.

Hoffend auf die Treu', verlasse
Keiner die Seel', oder das Herz.
Denn ich habe oft genug schon
Dieses bereut, frage nicht.

Wegen eines Hefenrestes
Welcher kein Leid Menschen getan,
Muss ich Armer von den Toren
Tragen zu viel, frage nicht.

Frommer Mann o geh' vorüber
Ruhig und still, denn der Rubin
In dem Glase hat mir Seele,
Glauben geraubt, frage nicht.

In dem Winkel wollt' ich sitzen
Nur auf das Heil einzig bedacht
Doch da schmeichelte so viel mir
Jene Narziss', frage nicht.

Manche Sage geht, es würden
Seelen zerschmelzt wandernd allhier,
Jedermann ist in Verwirrung;
Schaue du nicht, frage nicht.

Fragen wollt' ich erst den Himmel
Über das Weh meines Gefühls;
Himmel dienen mir statt Ballen,
Sagte der Freund, frage nicht.

Weshalb, sprach ich zu dem Freunde,
Hast du das Haar zornig gekrümmt,
Lang, sprach er, ist die Geschichte
Wahrlich, Hafis! frage nicht.[1]

[1] Im Persischen *beim Koran*, d.i. ich beschwöre dich im Namen des Korans, frage mich darum nicht.

V.

O Herz, das gute Glück
Sei als Gefährte dir genug!
Der Hauch des Gartens von *Schiras*
Sei dir als Bot' genug.

Derwisch, entfern dich nicht
Durch Reisen von des Liebchens Ort,
Die Reise in Gedanken sei
Die Zelle dir genug!

Des Vaterlandes Lieb'
Und das Versprechen an den Freund
Sind, um dich zu entschuldigen,
Bei Reisenden genug.

Komm auf den ersten Platz
Des Schenkensofas, trinke Wein,
Denn statt der Ehren und des Golds
Dies zu gewinnen ist genug.

Und stürmt der Schmerz auf dich
Her aus des Herzenshinterhalt,
So ist des Wirtes Hof für dich
Als Zufluchtsort genug.

Verlange nicht zu viel
Und mache selbst dir alles leicht,
Denn eine Flasche voll mit Wein,
Ein Mond ist dir genug.

Der Himmel gibt den Zaum
Der Wünsche nur Unwissenden,
Du bist gelehrt und tugendhaft,
Der Sünden ists genug.

Für dich, Hafis, bedarf es wohl
Kein überflüssiges Gebet,
Des Abends und des Morgens ist
Dein Beten schon genug.

Verlasse dich ja nicht, Hafis,
Auf Gnaden anderer, es ist
Für beide Welten Gottes Gnad',
Des Schahes Gnad' genug.

VI.

Eine rosige Wang' vom Rosenbeete genügt mir,
Und der Wuchs der Zypress' von dieser Wiese genügt mir.

Ferne sei es von mir, mit Gleisnern mich zu besprechen,
Von dem Gewichte der Welt ein einziges *Rotel* genügt mir.[1]

Edens Palast ward als Lohn für gute Gaben gegeben.
Ich bin arm, und trunken des Wirtes Schenke genügt mir.

Sitz' an dem Ufer des Stroms, und sieh, wie das Leben vorbeifließt;
Dieses Zeichen vom Unbestand der Zeiten genügt mir.

Sieh die Münze der Welt, und sieh die grämliche Ware;
Wenn euch dieser Kauf und Verkauf nicht genügt, er genügt mir.

Ha! der Freund ist bei mir, was ist nun andrer Besuch wert;
Denn das Glück der Gesellschaft von diesem Trauten genügt mir.

Schicke mich nicht von deinem Tore nach Eden hinüber,
Raum und Zeit ist genug, ein einziger Winkel genügt mir.

Klag nicht, Hafis, dass ungerecht die Teilung vor sich ging;
Deine Natur und Verse, die fließen wie Wasser, genügt dir.

[1] *Rotel,* ein arabisches Gewicht.

Aus: Der Buchstabe Schin

I.

Hast du einen trauten Freund,
Treu in Worten sei.
So im Bad als Rosenbeet
Sein Begleiter sei.

Gib des durchgewühlten Haars
Krause nicht dem Wind,
Dass nicht der Verliebten Sinn
Ganz zerrüttet sei!

Wünschest du allein zu sein
Und mit *Chiser* gut,[1]
Du für Alexandern dann
Lebenswasser sei!

Nicht ein jeder Vogel singt
Süßen Liebeston,
Komm und für die Nachtigall
Eine Rose sei!

Übertrage mir die Pflicht
Treu zu sein als Knecht,
Übertrag sie mir bei Gott!
Und du Kaiser sei!

Zieh nicht noch einmal das Schwert
In dem Heiligtum;
Und für das, was du getan,
Ganz zerknirschet sei!

Eine Zunge und ein Herz
Haben unsre Kerzen.
Sieh des Schmetterlings Bemühn,
Ob es nicht zum Lachen sei.

Aller Reiz und Schönheit liegt
In dem Minnespiel.
Du daher in diesem Spiel
Unerreichbar sei!

Schweig, Hafis, und klage nicht
Über Freundes Schuld,
Wer befahl, dass ihr Gesicht
Anzustaunen sei!

[1] *Chiser,* der Hüter des Quells des Lebens, den Alexander umsonst im Lande der Finsternis suchte. Diese morgenländische Sage ist vermutlich aus der verunstalteten Geschichte vom Zuge Alexanders nach Ammons Tempel entstanden. Die dortige wunderbare Quelle ward von der Einbildungskraft der Orientalen in den Quell des Lebens, und die mitten in kahlen Wüsten grünende Landinsel ward in *Chiser,* den im Lande der Finsternis mit grünem Lichte leuchtenden Hüter des Lebensquells umgeschaffen. Oder vielleicht auch der hohe Priester des Ammons-Tempels.

III.

Es sinnt die Nachtigall, wie sie
Die Rose zur Freundin mache,
Die Rose aber sinnt darauf
Die Nachtigall zu kränken.

Der Mörder eines Liebenden
Ist noch kein Herzensräuber,
Wer um die Dienerschaft sich sorgt
Ist wahrhaft ein Gebieter.

Es ist gerecht, dass der Rubin
Im Herzen blutig schäume,
Wenn rote Glaskorallen ihn
Im Handel überwiegen.[1]

Die Nachtigall hat den Gesang
Gelernet von der Rose,
Woher denn sonsten das Geschwätz
Das Kosen ihres Schnabels?[2]

O Gott! gib dem gereisten Freund,
Dem hundert Karawanen
Der Herzen folgen, gib ihm stets,
Wo er auch sein mag, Wohlsein!

Du, der vorbeigehst an dem Haus
Von dem geliebten Freunde,
Gib Acht, dass an der Mauer du
Den Kopf dir nicht verschlagest.

O Herz! wie wohl dir das Gespräch
Des wahren Heils gefallen,
Verlass du doch die Liebe nicht,
Denn sie ist hoch zu ehren.

Wenn die Begierde nicht die Ruh'
In deiner Seele störet,
So findest du den Weg gewiss
Zu ihrem Angesichte.

Der Sofi, der im Rausche krumm
Die Mütze aufgesetzet,
Zerwühlet (trinkt er noch ein Paar
Von Gläsern) seinen Turban.

Durch deinen Anblick ward das Herz
Hafisens voll von Hoffnung,
Beleidige dasselbe nicht,
Es ward gar zart erzogen.

[1] Der Rubin muss blutige Wellen schlagen, wenn für Glaskorallen mehr geboten wird als für ihn, d.i., Männer von Verdienst zürnen billig, wenn ihnen Gecken vorgezogen werden.

[2] Die Rose nahm sich der Erziehung der Nachtigallen an und lehrte sie so liebe, schöne Gesänge und Gasele, sonst würde sie so stumm und liederlos wie andere Vögel geblieben sein.

X.

Gestern sagte zu mir ein Vielverständiger heimlich:
Nimmer birgst du vor mir heimliche Dinge des Wirts.

Weiteres sprach er zu mir: Erleichtere alles dir selber,
Denn es fällt ja diese Welt immer den Schweren zu schwer.

Einen Becher gab er mir dann, von dessen Gefunkel
Venus zu tanzen begann; trinke, so sagt' er dazu.

Trinke, höre den Rat, mein Sohn, dass die Welt dich nicht kümmre;
Wohl ein köstliches Wort, wenn du's zu fassen vermagst.

Blutet dein Herz, doch lächle die Lippe dir ähnlich dem Glase,
Ist dein Inneres wund, tanze mit Lautengetön!

Du erfährst kein Geheimnis, bis du nicht Freundschaft beginnest,
Denn in Unheilige dringt himmlische Kunde nicht ein.

In dem Gemach der Liebe geziemt es sich nimmer zu sprechen,
Jedes der Glieder sei dorten nur Auge, nur Ohr.

In dem Kreise der Weisen, sich selbst zu loben geziemt nicht;
Du sei kundig des Worts, oder erzeige dich stumm.

Schenke gib mir den Wein, Hafisens Trunkenheit kennet
Er, der den Koran besitzt, Er, der gelinde Wesir.

XI.

In der Zeit des milden Schahes
Trinkt Hafis aus seinem Kruge,
Dem *Mufti* aus seinem Becher.

Von der Zelle in das Weinhaus
Gehn *Sofis*, seit sie den Vogt
Sahn, die Kanne auf den Schultern.

Um den Scheich, um den Richter,
Um den Trunk der Juden fragt' ich
In der Früh' den Weinverkäufer.

»Bist du gleich ein Eingeweihter«,
Sprach er, »kann ich's doch nicht sagen,
Trinke schweigend und verstecket.«

Schenk', der Frühling ist gekommen,
Aber hin ist's Geld, bedenke
Wie mein Herzensblut nun wallet.

Geldlos und verliebt im Frühling!
Halte mich damit entschuldigt,
Und verzeihe meine Fehler.

Ei wie lange wirst du schwätzen
Wie die Kerze, sieh! des Wunsches
Schmetterling ist da, nun schweige.

Herrscher nach dem Wort und Sinne,
Den kein Auge noch gesehen,
Den kein Ohr noch hat gehöret,

Bleibe, bis dein junges Schicksal
Von dem alten Greis des Himmels
Seine blaue Kutte annimmt.[1]

[1] Bleibe unter uns, o Fürst, bis dein Los dich in dem Himmel verklärt; ein Wunsch für die Lebensdauer des Fürsten.

XII.

Morgens kam zu mir die Kunde
Aus dem Dunkeln,
Schah Schedschaa ists, der nun herrschet,
Trinke wacker!

Ehmals gingen die Verliebten
Längs den Ufern:
Tausend Worte auf der Zunge
Stumm von Lippen.

Zu dem Ton der Laute wallen,
Wie sie erzählen,
Was verheimlichet den Busen
Wallen machet.

Furcht ergreift den Herrn der Schenke
Ob dem Vogte;
Trinken lasst uns, laut aufschreiend:
Trinket, trinket!

Auf den Schultern trug man gestern
Aus der Schenke
Den *Imam*, der auf den Schultern
Trägt den Teppich.

Auf den Weg des Heiles will ich,
Herz, dich führen,
Prahle nicht mit deinen Sünden,
Nicht mit Tugend.

Unsers Schahes Rat ist Ausfluss
Höhern Lichtes,
Sei erst, willst du dich ihm nahen,
Reiner Absicht.

Wähl den Wunsch für seine Größe
Zum Gebete,
Denn das Ohr von seinem Herzen
Spricht mit Engeln.

Fürsten wissen das Geheimnis
Der Geschäfte,
Du Hafis bist nur ein Klausner,
Lass die Sorgen.

XIII.

Bittern Wein verlang' ich, dessen
Stärke selbst die Männer umwirft,
Dass ich von den Erdenplagen
Doch ein wenig ruhen möge.

Bringe Wein! wer könnte sicher
Bleiben vor des Himmels Raubsucht,
Wenn dort *Sohre* Lauten schlaget,
Und *Merih* die Waffen traget.[1]

Auf der Tafel dieser Erde
Gibt es keinen Ruhehonig,
Herz, gib auf die lockern Wünsche,
Bitters sei dir gleich und Süßes.

Zieh das Jägernetz *Behram's* ein,
Heb empor das Glas *Dschemschidens*.
Ich durchlief das Feld, entdeckte
Nicht *Behram* und nicht sein Grabmal.[2]

Auf Derwische niederblicken,
Ist der Größe nicht zuwider;
Salomon mit seiner Größe
Blickte auf die Ameis' nieder.[3]

Komm, dass ich in reinem Weine
Dir der Welt Geheimnis zeige,
Doch mit der Bedingnis, dass du
Nicht dein Herz den Schiefen zeigest.

Meine flüssigen Rubinen
Will ich aus Smaragden trinken,[4]
Denn die Mönche sind wie Schlangen,
Ich will sie damit verblenden.

Des Geliebten Brauenbogen
Wird sich von Hafis nicht wenden,[5]
Ja er nahet sich und lächelt
Seines Armen ohne Kräfte.

[1] Wie ists möglich, hienieden ruhig zu sein, wenn *Sohre*, d.i. Venus, beständig mit ihrer Laute lärmet, und Mars mit seinen Waffen klirret, wenn Liebe und Krieg das Leben der Sterblichen unter sich teilen.

[2] *Behram*, ein persischer Fürst aus der Dynastie der *Sassanaden*. Ein berühmter Jäger, wie Nimrod. Sein ganzer Name ist *Behramgur*, der dann hier zum Wortspiel mit *Gur*, Grab, Anlass gibt.

[3] Salomon verschmähte nicht das Geschenk, das ihm die Ameise dargebracht hatte.

[4] Nach der Sage, dass die Smaragden zum Fangen der Schlangen dienen, welche vor dem Glanze derselben erblinden sollen.

[5] Er wendet zwar den Bogen seiner Brauen von mir nicht ab, ich aber habe keine Kraft, dieselben anzuschauen.

XV.

Bacchusufer, Stämme der Weiden, Singkraft,
Freunde treu, und in der Gesellschaft lieblich,
Herzgeliebte, Schenken mit Rosenwangen
Und dabei lieblich.

Merke auf mein Schicksal, erkenn' der Zeiten
Ganzen Wert, in denen du dies genießest,
Wohl bekomme dieses Vergnügen dir, die
Tage sind lieblich.

Jeder, der in seinem Gemüte eine
Last der Liebe für den Geliebten traget,
Werf' sie in das Feuer, damit sein Handeln
Frei sei und lieblich.

Von dem Schmucke meiner Gedanken hab' ich
Meiner Seele Braut ein Geschmeid' geschenket,
Einstens entsteiget eine Gestalt den Zeiten
Glänzend und lieblich.

Eine Beute seien die Nachtgespräche;
Fordre nun die Rechtsgebühr froher Herzen!
Denn der Mondesschimmer erhellt die Herzen,
Bäche sind lieblich.

Wein entglänzt und perlet im Becher vor dem
Aug' der Schenken. Wahrlich ein Name Gottes!
Er berauschet selbst die Vernunft und macht den
Rebensaft lieblich.

Sorglos ward das Leben Hafis versplittert,
Komm, nun komm zur Schenke mit uns, damit du
Lernest dieser lieblichen Sitte, denn ihr
Anstand ist lieblich.

XVII.

Mein Glück hab' ich in dieser Stadt versucht,
Nun muss ich schnell mich aus dem Wirbel retten.

Ich seufzte, in den Finger biss ich mich
Und legte meinem Körper Feuer unter.

Ich hörte gestern eine Nachtigall,
Die Rose neigte hin ihr Ohr vom Busche.

Sie sang: Sei frohen Mutes, denn der Mann
Von hartem Sinn verhört des Glückes Stimme.

Soll Hartes, Leichtes nicht zu Herz dir gehen,
Nimm andrer Hartes Leichtes nicht zu Herzen.

Wenn an den Himmel schlägt des Schicksals Flut,
So wird der Weise sich doch nicht benetzen.

Hafis! Gäb's einen ewigen Genuss,
So hätte nicht *Dschemschid* den Thron verlassen.

XX.

Herr! die neue lächelnde Rose, die *Du* mir empfohlen,
Ich empfehle sie dir wider die Neider der Flur.

Ist sie hundert Meilen entfernt vom Gaue der Treue,
Sei ihr doch böses Geschick ferne von Seele, von Leib.

Ostwind, gehst du die Wohnung von meiner *Selma* vorüber,
Hoff' ich, dass du ihr Schönes entrichtest von mir.

Löse behutsam den Knäuel von ihrem verworrenen Haar auf,
Herzen stecken darin, dass du sie ja nicht verwirrst.

Sag ihr, es hab' an ihr Mal mein Herz der Fordrungen viele,
Sie bewahr' es daher schonend in Ambragemisch.

Dort, wo Gesundheit man trinkt aufs Angedenken des Munds,
Ist ein Schurke, wer dort bleibt sich selber bewusst.

Ehren und Güter sind nicht an der Türe der Schenke zu haben,
Wer da trinket, der werf', was ihm gehöret, ins Meer.

Wer vor Leiden sich fürchtet, dem ziemt nicht das Leiden der Liebe;
Unser Haupt ist ihr Fuß! unsere Lippen ihr Mund.[1]

Deine Lieder, Hafis! sind wahrlich der Grundreim der Dichtkunst[2]
Denn sie rauben das Herz, und sie bezaubern durchs Wort.

[1] Ich stelle gern mein Haupt mit ihrem Fuße zusammen, damit sie dasselbe treten, und meinen Mund mit ihren Lippen damit sie ihn küssen möge.

[2] *Heital-gasel* oder *heital-kasside* heißt der erste Vers einer *Gasele* oder *Kasside*, auf welchen die andern gereimt werden. Hafis sagt, seine Gesänge seien der Grundvers der Wissenschaft und Kunst, nämlich der Dichtkunst, die sich nach seinen Liedern richtet, wie die Verse einer Gasel nach dem ersten.

XXI.

Ich bin zu Grund' gerichtet
Vom Schmerze meiner Freundin,
Weil sie mit ihren Wimpern
Mein wundes Herz zerschneidet.

Wenn sie der Locken Kreuze
Einmal eröffnen wollte,
Wie viel Moslimen würden
Ungläubige dann werden!

Mein Herz hab' ich gebunden
An dich, getrennt von andern,
Es kennt nicht Freund und Fremde,
Wer einmal dir gehöret.[1]

O blicke auf mich gnädig!
Denn dem verirrten Herzen
Geht ohne deinen Beistand
Nichts auf der Welt vonstatten.

O Herr vom Land der Anmut!
Was hat es denn zu sagen
Wenn deines Munds Rubinen
Das wunde Herz aufreißen!

Der Schleier der Geduld ist
Dem Winde längst geopfert,
Im Hinterhalte lieget
Dein Aug' von vorn und hinten.

Aufs Herz Hafisens lege
Ein Pflaster deines Honigs,
Denn blutig ist's geworden
Vom Dolche deiner Wimpern.

[1] Seitdem du mein Freund bist, habe ich alle andere Verbindungen abgeschnitten; denn wer des Glückes deiner Freundschaft genießt, dem sind alle andere Verhältnisse gleichgültig; Freunde oder Fremde sind ihm gleich.

Aus: Der Buchstabe Sad

I.

Keiner kann sich aus den Banden
Deines Haars befreien,
Ohne Furcht vor der Vergeltung
Schleppst du die Verliebten.

Bis nicht in des Elends Wüsten
Der Verliebte wandert,
Kann er in der Seele Innres,
Heiligstes nicht dringen.

Deiner Wimpern Spitzen würden
Selbst *Kustem* besiegen,[1]
Deiner Brauen Schütze würde[2]
Selbst *Wakaß* beschämen.

Wie die Kerze brennt die Seele
Hell an Liebesflammen,
Und mit reinem Sinne hab' ich
Meinen Leib geopfert.

Bis du nicht wie Schmetterlinge
Aus Begier verbrennest,
Kannst du nimmer Rettung finden
Von dem Gram der Liebe.

Du hast in des Flatterhaften
Seele Glut geworfen,
Ob sie gleich längst aus Begierde
Dich zu schauen tanzte.

Sieh, der Chymiker der Liebe
Wird den Staub des Körpers,
Wenn er noch so bleiern wäre,
Doch in Gold verwandeln.

O Hafis! kennt wohl der Pöbel
Großer Perlen Zahlwert?
Gib die köstlichen Juwelen
Nur den Eingeweihten.

[1] *Küstem*, der berühmte Held des Schahnamen, der so viele Abenteuer mit Diwen bestand.

[2] Im Texte steht *Hadschid*, der Türhüter deiner Brauen. Der Kommentar bemerkt, dass in einigen Exemplaren statt *Hadschid Tschatschi* stehe. *Tschatsch* ist eine Stadt Persiens, berühmt durch seine Bogen, wie ehmals Adrianopel. Ein *Tschatschier* heißt also ebenso viel als ein vortrefflicher Bogenschütze, Torhüter heißen die Brauen, weil sie als solche gleichsam vor den Augen Wache halten.
Saad Ebi Wakaß, ein Jünger und Gefährte des Propheten, der berühmteste Bogenschütze seiner Zeit.

II.

Vom Nebenbuhler wird mein Herz nicht frei,
Es hasst den Fabler der Fabler.[1]

Das Glas zerbrach der Wächter, ich den Kopf;
Es heißt: gebt *Gleiches für Gleiches*.[2]

Dem Herrn Jesus gleicht das Glas mit Wein,
Er weckt die Toten zum Leben.

Spiel eine Weise, dass am Himmelsplan,
Wie *Venus*, *Jupiter* tanze.[3]

Nie wirst zur Liebe du geeignet sein,
Bist du nicht rein, wie das Gold ist.

Wie fände Perlen in dem Meer, wer nicht
Hinunter taucht in die Fluten.

Hafis! lies von dem Angesicht des Freunds
Die Suren *Hand* und *Ichlass* ab.[4]

[1] *Kass,* der Fabler, oder Märchenerzähler in den Kaffeehäusern, welche mit Erzählung der Märchen der *Tausendundeinen Nacht*, und den Wundertaten *Antars* ihr Brot gewinnen. Brotneid macht, dass sie sich gegenseitig verschreien. Dieses arabische Sprichtwort *Alkass la jehibb alkass* ist wohl auf Mahommed selbst anzuwenden, der wider die Dichter loszog und seinem Volke verbot persischen Märchen das Ohr zu leihen, aus Furcht, dass im Vergleich mit denselben sie die des Korans abgeschmackt finden möchten.

[2] Ein arabischer Spruch aus dem Koran.

[3] *Venus Sohre* oder *Nahid* und Jupiter *Muschteri.*

[4] Der Suren *Hand Lob sei Gott* und *Ichlass* Befreiung, oder auch reine Gemütsstimmung. Beides ist auf dem schönen Gesichte des Geliebten zu schauen.

Aus: Der Buchstabe Dhad

I.

Der Reiz der Schönheit deines Gesichts ergriff
Die ganze Welt der Länge und Breite nach.
Des Himmels Sonne ist beschämt[1]
Von dem Gesichte des Erdenmondes.

Es ist mir nichts als billig, dass jedermann
Hienieden deine Schönheit beteuere,
Und deines Angesichtes Anschaun
Ist selbst von Engeln für Pflicht zu halten.

Die Sonn' im vierten Himmel entlehnt
Dem Glanze deiner Wangen den Strahlenkreis,
Sie ist bedeckt mit Schulden gleich der
Siebenten Erde zurückgeblieben.

Der Geist, der dir nicht opfert und huldigt,
Wird ohne Leben bleiben für immerhin.
Zerstreuet seien Körper, die sich
Dir nicht zum Sklaven geweihet haben.

Es ist für dich nur eitles Bemühn, Hafis,
Wenn du den Staub der Erde zu küssen wähnst,
Denn die Geschichte deiner Sehnsucht
Sagen die Winde von allen Seiten.

[1] Die Sonne ist ganz beschämt wie die Erde in der niedersten Atmosphäre zurückgeblieben, mit Schulden bedeckt, weil sie Anforderungen, welche deine Schönheit an sie macht, nicht bezahlen kann. Nach der orientalischen Sphärologie gibt es neun Sternenhimmel und sieben Erden, wovon die unsrige die siebente oder unterste ist. Diese neun Himmel und sieben Erden sind nicht zu vermischen mit den acht Paradiesen und sieben Höllen der orientalischen Religionslehre.

II.

Komm, dass mir ein Geruch der Seele
Von diesen Wangen dufte,
Ich fand geprägt in meinem Herzen
Den Stempel dieser Wangen.

Was durch *Huris* durch *Paradiese*
Wahrhaft gemeinet werde,
Laß dir erklären von dem Reize
Der Anmut dieser Wangen.

Es bleibt die schwankende Zypresse
Vor diesem Wuchs im Staube,
Es bleibt des Rosenbeetes Schönheit
Beschämt von diesen Wangen.

Es ist der Körper des Jasminen
Beschämt von diesem Körper,
Es durstet Blut die Purpurblume
Beneidend diese Wangen.

Der Moschus Sina's hauchet Düfte
Durchwürzt von diesen Haaren,
Das Rosenwasser nimmt des Himmels
Geruch von diesen Wangen.

Es fängt ob deinem Angesichte[1]
Die Sonne an zu schwitzen,
Der neue Mond fängt an zu weinen
Aus Neid ob diesen Wangen.

Es träufelt von Hafisens Versen
Beständig Lebenswasser,
So dass die Seelen selber träufeln
Von der Geliebten Wangen.[2]

[1] Der Morgentau ist Schweiß der Sonne, die sich vor dir schämt, der Abendtau Träne des Monds, die der Neid weint.

[2] Hafisens Verse fließen wie Lebenswasser, so dass der Geliebten Tränen die Wangen herabträufeln.

Aus: Der Buchstabe Thy

I.

Seit um meines Freundes Wangen
Runde Zeilen sind geschrieben,
Ist der Mond am Himmel selber
Aus dem Irrtum nicht gekommen.[1]

Aus Begierde nach den Lippen
Die des Lebens Quell besingen,
Fließt aus meinen Augen immer
Wasser wie des Eufrats Fluten.

Bald geb' ich das Herz, die Seele,
Hin wie Staub aus heißer Sehnsucht,
Bald lösch' ich der Liebe Gluten
Aus in meiner Augen Wasser.

Wenn der Schah in seine Dienste
Mich als Sklaven nehmen wollte,
Gerne gäb' ich ihm ein Zeugnis
Von dem Segen seines Dienstes.

O Hafis, das Lebenswasser
Schämet sich vor deinen Rosen,[2]
Keiner hat aus Liebessehnsucht
Solche Lieder noch gesungen.

[1] Seit der Flaum um meines Freundes Mund ein Kreis bildet, ist der Mond am Himmel selber im Irrtum. Er weiß nicht, ob dies ein Mondhof sei oder nicht.

[2] Deine Wangen sind feuriger, haben mehr belebende Kraft als das Lebenswasser.

Aus: Der Buchstabe Dhy

I.

Vor bösem Aug' behüt, o Gott, die schönen Wangen,
Denn sie verteilten viel des Guten an Hafis.

O komme! Fried' und Treu' sind an der Tagesordnung,
Den Streit und Zank mit dir kennt nicht Hafis.

Es trank dein Herzensblut, der blutige Rubin der Lippen,
Nimm einen Kuss dafür, als Blutgeld, von Hafis.

Wo bist du denn, wo ist die Hoffnung des Genusses?
Nicht jeder Bettler kömmt zu ihrem Saum Hafis.

Bind' dich nicht abermal ans Haar, ans Herz der Schönen,
Wenn diesen Banden du entsprungen bist, Hafis.

O komm, und sing ein Lied, ein frisches, schönes, neues
Denn Freude bringt dein Lied, verjagt den Gram Hafis!

O Klausner mit dem Kleid des Truges, geh von hinnen,
Du aber trinkst den Wein samt Hefen aus Hafis![1]

Wie Trunkne Klag' um Seel' und Herz am Morgen,
Verricht' ein Stoßgebet für mich Hafis.

[1] Diese Ode, wie man sieht, ist sehr leicht gereimt, indem Hafis seinen Namen, der sonst nur in der letzten Strophe vorkommt, in allen sich selbst anredend wiederholt.

Aus: Der Buchstabe Ain

III.

Des Morgens, als aus dem geheimen Köschk des Aufgangs[1]
Die Sonne Strahlen Pfeile schoss auf alle Seiten,
Als aus dem Sack den Spiegel zog der Kreis des Himmels
Und als darin die Welt erschien in tausend Formen;

Als in dem Hoch-Palast des himmlischen *Dschemschids*
Der *Sohre* Orgel schlug, gleich meiner Laute Tönen,
Da scholl die Leier laut: Wo ist der Liebesleugner?
Da lächelte das Glas: Wer kann es mir verwehren?

O Schenke, schau den Gang der Welt, ergreif die Freude,
Für jeden Fall ist dies das beste Tun und Lassen.
Betrug und Schlingen sind die Locken der Geliebten,
Die Weisen sind zu klug in Streit sich einzulassen.

Wenn du das Wohl der Erde wünschest, wünsch dem König[2]
Ein langes Leben, denn sein Körper ist allgnädig.
Er ist der ew'gen Gnade Stoff, der Hoffnung Auge,
Die Weltenseele voll von Tatenkraft und Kenntnis.

Hafis steh Sklaven gleich an seiner Tür beständig,
Denn er gehorchet Gott, und ich gehorch' dem Schahe.

[1] Die äußerst kühnen Bilder der ersten drei Strophen heißen: *Da es Morgen ward*. Der Himmel zieht seinen Spiegel aus dem Sacke, um die Erde in dem wechselnden Spiele des Morgenlichtes zu betrachten; im Palast des himmlischen *Dschemschids*, das ist des des Herren der Himmel, schlägt Sohre (der Morgenstern) auf der Orgel den Marsch zum Abzug der Sterne.
[2] Von hier bis ans Ende der Ode geht das Lob Schah Schedschaas fort.

IV.

Durch Treue bin ich berühmt bei Schönen wie die Kerze,
Ich sitze bei der Nacht mit Trunknen, wie die Kerze.

Bei Nacht und Tage kommt kein Schlaf in meine Augen,
Ich weine und bin krank durch Trennung, wie die Kerze.

Den Faden der Geduld zerschnitt die Scher' des Grames,
Ich lach' in der Glut der Liebe, gleich der Kerze.

Den Schmetterling der Lust send' in die Nacht der Trennung,[1]
Sonst werde ich die Welt verbrennen wie die Kerze.

Wenn blut'ge Tränen nicht dem Auge heiß entströmten,[2]
So wär' der Welt nicht kund mein Innres wie die Kerze.

Mein weinend Herz, o schau es zwischen Glut und Wasser,
Beständig klaget es, es jammert wie die Kerze.

Der Felsen der Geduld zerschmilzt wie Wachs vor Schmerzen,
Seit deine Liebe mich zerschmelzet wie die Kerze.

Mein Tag ist finster ohne deine Weltenschönheit,
Doch unvollkommen ist die Liebe wie die Kerze.[3]

Ergriffen hat Hafisen deiner Liebe Flamme,
Wann löschet Wasser diesen Brand aus wie die Kerze.[4]

[1] Ich tappe herum in der finstern Nacht der Trennung: O sende mir doch den Schmetterling des Genusses, um mich in dieser Finsternis zu trösten, denn sonsten zehre ich mich an aus heißer Sehnsucht, wie die Kerze.
[2] Wie die Kerze in heißen Tropfen schmilzt, so zerschmilzt mein Auge in heiße blutige Tränen, welche mein Inneres der Welt verkünden und offenbaren, wie sich die Kerze durch ihre Flamme zeigt und offenbaret.
[3] Die Kerze opfert ihren Geist auf, indem sie sich selbst brennend verzehret, so opfern wir auch unsere Seele auf.
[4] Die Kerze ist allen morgenländ'schen Dichtern das Bild eines aus Liebsucht sich anzehrenden, in heiße Tränen zerschmelzenden, treuen Liebenden; Hafis vergleicht sich derselben in allen Stücken.

Aus: Der Buchstabe Ghain

I.

Vom Duft des Rosenbeets gelockt
Ging ich heut früh in Gärten,
Um Nachtigallen gleich
Mein trunknes Hirn zu heilen.

Ich sah mit unverwandtem Blick
Der Rose in die Augen,
Die in der Dämmerung
Wie eine Lampe flammte.

Sie war auf ihre Schönheit stolz
Und stolz auf ihre Jugend,
Weil sich das Herz *Bülbüls*[1]
Ihr ganz ergeben hatte.

Die liebliche Narzisse schloss
Mit Sehnsucht auf das Auge,
Die Tulpen brannten sich
Aus Neid ein Mal in Busen.

Die Lilien verlängerten
Der Zunge Schwert zum Schnupfe,
Die Anemone sprach
Leis' wie ein Ohrenbläser.

Bald hielt ich Flaschen in der Hand
Gleich wahren Weinverehrern,
Bald nahm ich wie der Schenk'
Der Trunkenen den Becher.

Benütze die Gelegenheit,
Die Zeit der Lust und Jugend,
Hafis braucht außer dem
Propheten keine Botschaft.[2]

[1] *Bülbül*, die Nachtigall; in den folgenden Strophen sieht Hafis in den Blumen nichts als den Ausdruck des Neides, der Eifersucht, der Verzweiflung über die Schönheit seiner Geliebten.

[2] Eine Anspielung auf Mahommeds wörtliche Überlieferung: *Künde ihnen, was dir aufgetragen ward, und wenn sie es nicht annehmen, darf es dich nicht kümmern.*

Aus: Der Buchstabe Fe

I.

Wenn mein Glücksgestirn mir Hülfe gewähret,
Leg' ich die Hand an ihren Kleidsaum,
Wenn ich zu Handen ihn bring', o welche Wonne!
Bringt sie mich um, o welch ein Adel!

Dieses Herz voll Hoffnung hoffet von keinem
Gnädigen Blicks erhört zu werden,
Ob ich gleich überall hin mit eignen Worten,
Was ich erlitt, verkündet habe.

Ha, wie lange soll ich steinerne Herzen
Kosend mit Schmeicheleien nähren!
Diese verzärtelte Zucht von bösen Kindern
Fraget nicht viel nach ihrem Vater.

Dieser Augenbrauen Krause hat meinen
Bitten die Tür nie aufgemachet,
Wehe mir! Dass ich verlor der schönsten Jahre,
Besseren Teil in solchen Wünschen.

Ach, wann werden einst die Brauen des Freundes
Reichen die Hand uns armen Schwachen!
Keinem gelang's noch den Pfeil der Herzbegierde
Solchergestalt ins Ziel zu schießen.

In den Winkel zog ich mit Verlangen,
Einsam zu sein und fromm zu leben,
Wunderlich scheint mir's daher, dass allerorten,
Jünglinge Pauk' und Lauten schlagen.

Eremiten sind unwissend, o singe
Lustigen Ton, und lass den ersten,[1]
Suche den Wächter voll Wein, er ist von Sinnen,
Bringe nur Wein und fürchte nichts sonst.

Schauet nur den frommen Mann aus der Stadt an,
Isst er zu Nacht nicht Leckerbissen?
Heilsam bekomme das Mahl und die Verdauung
Diesem mit Heu genährten Tiere.

Wenn, Hafis, du auf dem Pfade der Liebe,
Weiter hinaus zu gehen verlangest,
Diene als Führer des Wegs der Wächter,
Heiligen Grabs, *Ali's* zu *Redschef*.[2]

[1] *Naksch* heißt die ausgelassenste und nach den Lehren islamischer Rigoristen am meisten verbotene Tonweise, *Kul* die ernste, minder anstößige. Die Frommen, meint Hafis, wissen die eine und die andere nicht voneinander zu unterscheiden, der Sänger mag sie also immer verwechseln.

[2] *Redschef*, nahe bei (der heute zerstörten) Stadt *Kufa*, der Grabstätte *Ali's*, der hier selber unter dem Wächter verstanden wird; Dschami nannte ihn so und zog sich dadurch böse Händel mit seinen Glaubensgenossen, den Schiiten zu.

Aus: Der Buchstabe Kaf

III.

Der Feder Zunge spricht nicht aus den Schmerz der Trennung,
Sonst hätt' ich dir erklärt die Sagen von der Trennung.

Ich ziehe voll Geduld mit ihres Bildes Heeren,
Ich wandle auf der Glut der Flucht, im Schmerz der Trennung.

Des Lebens Zeit verfloss in Hoffnung des Genusses,
O weh! und noch nicht ist zu End' die Zeit der Trennung.

Ich heb' den Kopf mit Stolz bis an des Himmels Giebel,
Und aus Geradheit lieg' ich auf die Schwell' der Trennung.

Wie kann ich fliegen mit dem Wunsche des Genusses?
Entfiedert ward der Aar der Brust im Nest der Trennung.

Wie kann die Seele fordern des Genusses Freuden?
Mein Herz erliegt dem Los, den Leib umfasst die Trennung,

Der Sehnsucht Glut hat längst mein armes Herz verbrennet,
Vom Freunde ferne trink' ich Blut am Tisch der Trennung,

Der Nachen der Geduld fiel auf dem Meer der Leiden
In einen Wirbel mit dem Segeltuch der Trennung.

Noch wenig fehlt, so wird des Lebens Schiff versinken,
In Sehnsuchtsflutenschwall im weiten Meer der Trennung.

Der Himmel sah den Kopf im Reif der Lieb' gefangen,[1]
Er knüpft um meinen Hals den harten Strick der Trennung.

Wer brachte denn zuerst die Trennung auf die Erde?
Auf immer bleibe schwarz das Haus der Flucht, der Trennung.

Trüg' uns zu unserm Zweck der Fuß der Sehnsucht,[2]
Wer gäbe in die Hand der Flucht den Zaum der Trennung.

[1] Der Himmel hatte mich kaum in den Schlingen der Liebe gesehen, so umschlang er mich mit den Banden der Trennung.

[2] Wenn die Sehnsucht hinreichend wäre, uns unserem Zwecke näherzubringen, so würden die Leiden der Trennung bald ihr Ende erreicht haben.

Aus: Der Buchstabe Kiaf

II.

Trinkst du Wein, so schütt' die Hefen
Auf die Erde aus,
Fürchte nicht die Sünde, welche
Andern Nutzen bringt.

Ohne Scheu genieße alles,
Alles, was du hast.
Denn das Mörderschwert des Schicksals,
Haut dich ohne Scheu.

Ich beschwöre dich, o Liebchen,
Bei der Füße Staub,
Komm an meinem Todestage,
Komm zu meinem Grab.

Ei! was Himmel oder Hölle!
Engel oder Mensch,
Die Enthaltsamkeit ist immer
Eine Ketzerei.

Unsere Erde hat des Himmels
Bauherr eingeschränkt,
So dass weiter aus derselben
Keine Straße führt.

Auf gar wunderlichen Wegen
Führet den Verstand der Wein,
Dies Gewölb' bleibt unzerstöret
Bis zum jüngsten Tag.

Auf dem Weg der Schenke gingst du
Über alles weg.
Frommer Herzen Wunsch begleite
Stets dein Herz, Hafis.

Aus: Der Buchstabe Lam

I.

Wenn ich so glücklich bin
Zu deinem Dorf zu kommen,[1]
So wird der Hochgenuss
Auf sichern Gründen ruhen.

Von Doppelhyazinth'[2]
Ward mir Geduld geraubet,
Und die Ergebung nahm
Die doppelte Narzisse.

Da deiner Liebe Stein
Des Herzens Formen glättet,
So ist es spiegelrein
Von allem Unglücksroste.

Ich ausgezehrter Mann
Erlange neues Leben
Im Augenblicke, wo
Mich deine Wimpern morden.

Was tat ich denn vor dir,
O Herz! O meine Seele!
Dass schlichte Huldigung
Von dir nicht anerkannt wird.

Der mittellose Mann
Entblößt des Golds und Silbers,
Vermag bei deiner Tür
Nicht aus- und einzugehen.

Wohin? was soll ich tun?
Und was soll ich beginnen?
Der Gram der Zeit hat mich
In Traurigkeit versenket.

Dein Schmerz fand's nirgends so
Wie in dem Herzen wüste,
Deswegen hat er sich
Ins enge Herz genistet.

Begnüge dich, Hafis,
Mit Liebesgram und schweige,
Entdeck' Verständigen
Nicht deine stille Liebe.

[1] Aus dem persischen *Koi* stammt das deutsche *Gau* und das türkische *Koi*, wovon jenes altdeutsch ist und dieses im Türkischen ein Dorf heißt.
[2] Die doppelten Hyazinthen sind die Locken und die doppelten Narzissen die Augen.

II.

Ich fing an in der Rosenzeit
Der Reu' des Trinkens mich zu schämen,
Und doch soll Niemand des, was er
Nicht recht getan, sich schämen.

Es ist die Eingezogenheit
Auf meinem Wege nur ein Fallstrick,
Denn ich will mich der Schönen nicht
Und nicht der Schenken schämen.

Des Blutes halb, das gestern nachts
Geflossen ist von meinen Augen,
War vor den Nachtgesichtern ich
Im Falle mich zu schämen.

Es überscheint der Sonnenglanz,
Der Glanz von deinem Angesicht,
Gott sei gelobt! ich habe mich
Vor dir doch nicht zu schämen.

Die Freundin wird ob ihrer Huld
Mit Fragen mich vielleicht verschonen,
Mich kränkt die Frage und ich muss
Der Antwort mich nur schämen.

Ich habe nie vor deiner Tür
Noch meine Wangen abgewendet,
Durch Gottes Gnade hab' ich mich
Derselben nicht zu schämen.

Warum lacht wohl das Glas voll Wein
So giftig zwischen deinen Lippen?
Es muss vor dem Rubin des Munds
Der Wein gewiss sich schämen.

Mit allem Recht hängt die Narziss'
Den Kopf auf eine Seite nieder,
Sie muss sich vor des Liebchens Aug',
Sobald es zürnet, schämen.

Die Perle hat ihr Angesicht
Versteckt im Schleier einer Muschel;
Denn vor den Perlen des Gesangs
Muss sie sich billig schämen.

Des Lebensquelle hat das Kleid
Der Finsternisse umgenommen.
Sie muss sich vor Hafisens Lied
Und seinem Sinne schämen.

VIII.

Ich roch der Liebe Gerüche,
Ich roch den Blitz des Genusses.
Komm, Morgenwind, denn ich möchte
Vor deinem Dufte vergehen.

Kameltreiber, der singend
Kamele locket, o warte!
Denn voll von Sehnsucht nach Schönheit
Kann ich unmöglich dir folgen.

Mein Herz, mach einmal ein Ende
Der Klagen über die Trennung,
Es hat der Tag des Genusses
Zurückgeworfen den Schleier

Sobald das Liebchen sich freundlich
Erzeigt und Frieden begehret,
Ist's leicht sich über die Unbild
Des Nebenbuhlers zu trösten.

Ich hab' den Schleier des Auges,[1]
Den *siebenfachen* verwendet,
Der Fantasien Gemächer,
Mit selben schön zu bekleiden.

Es liegt im Winkel des Herzens
Nach deinem Munde die Sehnsucht;
O lass sich's keiner gelüsten
Solch einen Wunsch zu verfolgen!

Ich zeige meiner Geliebten
Ob einem Dinge mich traurig;
Denn ohne Ursach' wird niemand
Sich zeigen trauriger Seele.

Hafis, der Fremdling, er wurde
Durch deine Liebe gemordet,
Doch geh vorbei an dem Grabe,
Es soll sein Blut dir gerecht sein.

Der erste und dritte Vers dieser Gasele sind arabisch, die andern persisch.

[1] Den aus blutigen Tränen gewebten siebenfachen Schleier verwende ich, um mein Auge als das innerste Gemach der Fantasie und deines Ideals, dir zu Ehren purpurn auszutapezieren.

X.

Es sprach ein jeder, der mein Wort
Zu Ihrem Lobe hörte,
Das hat er recht und gut getan,
Es möge Gott ihm's lohnen!

Ich sprach zur Freundin: wann wirst Du
Dich meiner denn erbarmen?
Sie sprach: am Tag, wo Seelen einst
Sich ohne Schleier schauen.

Zwar schien es anfangs mir so leicht
Zu trinken und zu lieben,
Doch meine Seele ist zuletzt
In dieser Kunst verbrennet.

Gar schön sprach jüngst vom Dach herab
Der Reiniger der Wolle:[1]
O fragt den *Schafiiten* nicht[2]
Um Ausschluss dieser Fragen.

Ich hab' mein Herz an einen Schelm,
An eine zarte Schönheit,
An eine Freundin frommer Art
Und guten Sinns gegeben.

Ich zog in Winkel mich zurück,
Gleich deinem trunknen Auge,
Und zu den Trunknen hab' ich mich
Wie deine Brau'n geneiget.

Es zeigten meine Tränen mir
Wohl tausendmal die Sündflut,
Und doch ward aus der Brust dein Bild
Kein einz'ges Mal verwischet.[3]

O weh! dass mir die Freundin nicht
Zu ihr zu gehn erlaubte,
Sosehr von allen Seiten auch
Ich Stoff und Anlass suchte.

Mein Freund! Die Hand Hafisens ruht
Auf seinem wunden Auge,
O könnt' ich wie ein Amulett[4]
Sie um den Nacken schlingen!

[1] Vermutlich eine Anspielung auf eine im Kreise der Freunde Hafisens bekannte Anekdote.

[2] *Schafiita*, das ist der Doktor der Gottesgelahrtheit nach der Lehre des Imans *Schafii*; ein solcher ist um Liebesgeheimnisse nicht zu fragen.

[3] Der Strom meiner Tränen konnte bisher aus meinem Auge dein Bild nicht wegwaschen.

[4] *Hamail*, jedes *Amulett*, das *en baudrier* auf dem Leib getragen wird, gewöhnlich aber der Koran, oder einzelne Suren desselben.

Aus: Der Buchstabe Mim

I.

Wenn es von mir abhängt beim Herzensfreund zu sitzen,
Trink' ich vom Glas des Glücks, pflück' Rosen des Genusses.

Es reißt der bittre Wein den Bau der Ruhe um,
Leg', Schenke, deinen Mund auf meinen, raub' die Seele.

Ich werde rasend noch, indem bei Nacht und Tage
Ich mit dem Monde sprech', im Traum *Perien* sehe.[1]

Dein Aug' und Mund gibt Wein und Zucker Trunknen,
Nur ich bin ganz beraubt von einem und von anderen.

Ich geh' vom Krankenbett geradewegs in Himmel,
Wenn in dem letzten Zug du mir die Kerze haltest.

Der windentführte Staub ist schwer von deiner Anmut,
Gedenke auch an mich, ich bin ein alter Diener.

Nicht jeder Dichter singt begeisterte Gesänge,
Mein schlauer Falke fängt des Liedes Rebhuhn sicher.

Glaubst du mir nicht, so geh und frage *Sina's* Bilder,
Ob *Mani* nicht den Strich von meinem Kiel sich wünsche.[2]

Es singt die Nachtigall: Auf, Schenke! Guten Morgen.
Noch braust in meinem Kopf der Lautenton von gestern.

Frag nicht Hafisen, sondern mich um Rausch und Liebe;
Denn Flasch' und Gläser sind mir Mond, sind mir Plejaden.

Nicht jedermann ist wahr, nicht jedermann ist sicher,
Ich bin der Sklav' *Dschelaleddin's* des Großwesires.[3]

[1] Die *Peri's*, die Urbilder unserer Feen.

[2] *Mani*, der Lehrer der Manichäer, die sich unter vielfältigen Namen vom entferntesten Osten Asiens bis an den äußersten Westen Europas ausbreiteten. Nach der orientalischen Sage begründete er die Göttlichkeit seiner Sendung durch Kunstwerke der Malerkunst, wie Mahommed durch das höchste Kunstwerk arabischer Dichtkunst, den *Koran*. Nur durch den Genius verkündigt sich das Göttliche, sei es in Worten, sei es in Bildern. *Erteng Mani*, das heilige Gemäldebuch Mani's, ist den Manichäern, was der Pentateuchus dem Indier, das Evangelium den Christen, der Koran den Mahommedanern.

[3] *Dschelaleddin*, der Name des Wesirs und Gönners des Dichters.

III.

Kommt für Freunde noch nicht
Die Zeit der Erbarmung,
Und für Sünder noch nicht
Die Stunde der Reue?

Kam von ferne her nicht
Die Kunde dem Fremden?
Ah! die Flammen des Grams
Verzehren die Seele!

Du hast Kunde, mein Volk,
Von allem was vorging,
Man erbarmte sich
Der Leidenden endlich.

Meine Träne verrät
Des Busens Geheimnis,
Sieh! ein Wunder fürwahr!
Es redet ein Stummer.

Ha! der Frühling ist da,
Es grünen die Fluren.
Doch was ist es, warum,
Verstummet ihr Schönen?

In dem Lenze genießt
Der Jugend und Liebe,
Doch verboten sind mir
Die Freuden des Lenzes.

Gib mir Vetter, o gib
Ein wenig vom Hefen,
Denn es werden hiemit
Die Guten bezeichnet.

Du, der jeglichen Schah
Durch Größe besiegelt,
O erbarme Dich mein,
Es lohn' es der Herr dir!

Jedem Freund ist beschert,
Was Not ist zum Leben,
Doch besitzet Hafis
Nur Armut und Glauben.

VI.

Oftmals hab' ich's gesagt, und abermals will ich es sagen,
Ich Verlorener geh' nicht von mir selber den Weg.

Einem Papagei gleich wird mir der Spiegel gehalten,
Was der Ewige sagt, plaudere lallend ich nach.

Gebe man mir, was es sei; ich esse so Disteln als Rosen,
Meine Nahrung gemäß, wachs' und gedeihe ich groß.

Schmähet mich nicht, und wisst, es ist die Perle mein eigen,
Und ich suche nur einen Besitzer für sie.

Lachen und Weinen der Liebenden hat so mancherlei Gründe,
Abends lach' ich vor Lust; morgens bewein' ich mein Los.

Riech nicht, sagte Hafis, o riech den Staub nicht der Schenke.
Sag ihm: schmäle nicht, denn Moschus entduftet dem Staub.

VII.

Deine Wimpern haben meinen
Glauben tausendmal durchstochen,
Komm, dass ich vom kranken Auge,
Tausend Leiden für mich sammle.

Herz! das mir so nah verwandt ist,
Deiner Freunde denkst du nimmer,
Ferne, fern von mir die Stunde,
Wo du meiner nicht mehr denkest.

Wer kann auf die Welt noch bauen,
Diese Mörderin Ferhardens,[1]
Wehe! ihre Streiche bannen,
Mich von meiner süßen Seele.

Beider Welten Seligkeiten,
Opfere ich auf dem Schenken,
Denn es sind die Herrn der Erde,
Knaben auf dem Weg der Liebe.

Wählt mein Liebster andre Freunde,
Soll dies frei zu tun ihm stehen,
Aber mir ist's streng verboten,
Andre Freunde mir zu wählen.

Unsrer Trennung Gluten haben,
Mich versenkt in Schweiß wie Rosen,
Komm, o Nachtwind, bring mir einen
Duft vom Freund, der Schweiß austrinket.[2]

Alle Sagen der Begierde,
Welche diese Blätter füllen,
Sind kein Fehler, denn dieselben
Hat Hafis mir eingegeben.

[1] *Ferhad*, der Anbeter *Schirin's*, das Muster treuer, ausharrender, unauslöschlicher Liebe.

[2] Ich bin mit Schweiß bedeckt, wie die Rose mit Tau, komm, o Nachtwind, und bring mir einen Hauch vom Geliebten, der diesen Schweiß austrockne.

IX.

Komm, Schenke, denn ich möchte dir
So gerne dienen,
Ich sehne mich nach deinem Dienst,
Und wünsche deinen Segen.

Vom Orte, wo dein Becher strahlt,
Mich zu entfernen,
Dünkt mir so finster als das Land
Der Finsternisse.

Bin ich auch hundertmal versenkt
Ins Meer der Sünden,
So wird mir doch verziehn, wenn ich
Die Liebe kenne.

O Frommer! schmäh' nicht meinen Rausch
Und bösen Namen,
Denn dieses war von Ewigkeit
Mir so bestimmt.

O trinke Wein, die Lieb' ist nicht
In meiner Willkür,
Von Ewigkeit her gab man sie
Mir zum Geschenke.

Nie ging ich aus dem Vaterland
In meinem Leben,
Doch sieh, ich gehe dir zulieb'
Nun in die Fremde.

Zwar bin ich fern dem Anschein nach
Von deiner Pforte,
Allein ich bin mit Geist und Herz
Stets gegenwärtig.

Auf meinem Weg liegt Berg und Meer,
Ich bin erkranket,
O *Chiser*, du Gesegneter,[1]
Komm mir zu Hülfe.

O Morgenwind, wenn du durchhauchst
Die Moschuslocken,
So sollst du meiner Eifersucht
Ja nicht vergessen.

Ich führe meinen Blickpfeil
Von meinen Brauen
Zum Ohre der Vernunft hinan
Und laure dorten.

Vor deinen Augen wünscht Hafis
Den Geist zu opfern,
Dies ist mein Plan, wenn mir das Los
Nur Muße schenket.

[1] *Chiser*, der Hüter des Quells des Lebens im Land der Finsternisse.

XII.

Du bist der Morgen, ich die Lampe,
O lächle nur und ich vergehe,

Gebrannt hat mich die Veilchenlocke,
Dass Veilchen meinem Grab entblühen.[1]

Mein Kopf lag auf der Hoffnung Schwelle,
Du hast mir deinen Blick entzogen.

Wie dank ich dir, o Herr des Schmerzens,
Du bleibst bei mir am Sterbetage.

Ich bin der Sklav' des Augeapfels,
Der über meine Leiden weinet.

Mein Abgott liebeäugelt immer,
Doch keiner schauet, was ich schaue.

Hafis besucht dein Grab, die Freundin,
Das Leichentuch wirst du zerreißen.

[1] Dein Veilchenhaar hat einen so tiefen Eindruck auf mein Herz gemacht, dass auf meinem Grabe noch Veilchen entblühen werden aus Sehnsucht nach deinem Haar.

XVI.

Warum soll nach dem Vaterland
Ich nicht begierig sein!
Warum soll ich im Freundegau
Der Staub der Tür nicht sein!

Da ich der Trennung Herzensleid
Unmöglich tragen kann,
Warum soll ich in meiner Stadt[1]
Nicht selbst ein Kaiser sein!

Ich will dort ein geheimer Rat,
Von Liebe und Genuss,
Ich dort der ergebne Sklav'
Von meinem Herzen sein.

Des Todes Zeit ist ungewiss.
Was kann ich Bessers tun,
Als an dem Tage meines Tods
Bei dem Geliebten sein!

Verliebt sein und Betrunkenheit
War immer mein Gebrauch,
Nun will ich eifrig mich bemühn,
Beschäftiget zu sein.

Wenn mir das blinde Glück im Schlaf
Nicht meinen Willen tut,
So werde ich ins Künftige
Selbst mein Vertrauter sein.

Es weiset die des Ew'gen Huld
Vielleicht den Weg Hafis,
Wenn nicht, so wirst du ewig fort
Deshalb verbannet sein.

[1] Diese Gasele ist eine von denen, die der Dichter während seines Aufenthaltes in *Jesd* verfertigte, in denen sich die Sehnsucht nach seinem geliebten Schiras ausspricht.

XIX.

Sieh! des Körpers Staub ist der Schleier des Seelengesichtes,
Selige, selige Zeit, flieget der Schleier empor!

Solch ein Käfig geziemt nicht einem lieblichen Sänger,
Richte nach Eden den Flug, du bist ein Vogel von dort.

Weshalb ich kam und wo ich gewesen, ist immer noch dunkel,
Wehe, wehe, dass ich immer so unbesorgt war!

Wie ist's möglich, dass ich die Welt der Geister umkreise?
Ich bin im Körpernest immer ein Sklave des Mals.

Ich, der den Blick hinauf zu den Sitzen der Seligen richte,
Wähl' ich zum Vaterland dieses verwüstete Gau?

Weht vom Blute des Herzens der Duft des Moschus zu dir hin,[1]
Wund're dich nicht, denn ich teil' auch mit dem Moschus den Schmerz.

Halte dem Äußern nach mich nicht für gerad' wie die Kerze,
Inner des Hemdes steckt manches verborgene Mal.

Komm! o komm! und raube Hafisen sein eigenes Wesen,
Keiner höre von mir, wer ich denn eigentlich sei.

[1] Wörtlich: denn ich leide auch mit der *Blase* von Chotan. Der beste Moschus kommt von diesem Lande; der Moschus ist nach Meinung der Orientalen nichts als geronnenes Blut, das nur mit Schmerzen abgesondert wird. Wundert euch nicht, sagt der Dichter, wenn mein Herzensblut wie Moschus duftet, die Absonderung desselben geht mit nicht weniger Schmerzen vonstatten.

XX.

Gott bewahr! zur Zeit der Rosen
Auf den Wein Verzicht zu tun.
Ich, der mit Verstande prahle,
Wie vermöcht' ich dies zu tun?

Ha! wo ist der Sänger! alle
Tugend und Bescheidenheit
Will ich bei dem Ton der Flöte
Und des Saitenspiels vertun.

Mich erschrecken nicht die Sünden,
Denn am Tage des Gerichts
Wird man durch die Huld des Herrn
Sünden aus dem Buch austun.

Ha! wo ist der Bot' des Morgens,
Denn die Klagen dieser Nacht
Soll er jenem Freund des Glückes
Meinerseits zu wissen tun.

Einstens ward der Staub des Körpers[1]
Abgeknetet mit dem Wein,
Sagt, was fordert ihr, ihr Tadler,
Kann darauf Verzicht ich tun.

Diese mir gelieh'ne Seele,[2]
Die ich von dem Freund erhielt,
Will, sobald ich ihn nur sehe,
Ich sogleich beiseite tun.

[1] Meine Bestimmung von Ewigkeit her ist zu trinken. Was kann ich dafür, ihr Tadler?
[2] Meine Seele gehört nicht mein, sondern dem Freunde, dem ich sie entliehen habe und dem ich sie alle Augenblicke zu opfern bereit bin.

XXI.

Wenn der Staub der Sohlen der Freundin zu mir kommt,
Will ich auf der Tafel des Aug's mit Staube
Linien zeichnen.

Fordert mir ihr Schmetterling ab die Seele,
Will ich wie die Kerze im Augenblicke
Opfern die Seele.

Wenn sie keinen Wert für das Herz bestimmet,
Will ich auf dem Weg statt der baren Münze
Streuen die Augen.

Wisch nicht ab den Staub von dem Saum des Kleides
Bin ich einstens Staub, so vermag von dir kein
Wind mich zu wehren.

Ich versank in deiner Umarmung Wünschen,
Doch ich hoffe an das Gestade aus der
Flut mich zu retten.

Deine schwarzen Locken versprachen alle
Herzen zu bewahren, und meines haben
Sie mir geraubet.

Ziehe nicht zurück vom Gemüt die Treue,
Denk der Nacht, wo ich zum Gebet die Hand aus
Schmerzen erhoben.

Ostwind, bring mir einen Geruch vom Weine,
Denn mich heilen diese Gerüche von dem
Hefen des Schmerzens.

Meine Worte haben gelobt die Locken,
Deshalb hauchen sie nun Gerüche süß wie
Düfte des Moschus.

Ihre Lippen sind dir, Hafis, die Seele,
Einstens kommt die Zeit, wo die Seele auf die
Lippen sich lagert.[1]

[1] Einst kommt die Zeit, wo ihre Lippen die meinigen berühren.

XXV.

Wenn dein Phantom vorübergeht
Am Rosenbeet des Auges,
So springet gleich mein Herz hervor
Ins Fensterlein des Auges.

O komm, dass ich für deinen Pfad
So Perlen als Rubinen
Herauszieh' aus des Herzens Schatz
Ins Magazin des Auges.[1]

Ich kenne keinen Aufenthalt[2]
Der Deiner würdig wäre,
Du wandelst durch die ganze Welt
Und ruhst im Eck des Auges.

Als ich zum erstenmal Dich sah,
Da sprach mein Herz die Worte,
Wird mir ein Schaden zugefügt,
So trag das Blut des Auges.[3]

Der Strom der Tränen dachte wohl
Mich gänzlich zu zerstören.
Da nahm zum guten Glück mein Blut
Besitz vom Eck des Auges.[4]

Erwartend des Genusses Duft,
Hab' ich bis an den Morgen
Die ganze Nacht durch ausgesetzt
Dem Wind das Licht des Auges.

Erbarme Dich des Liebenden,
Der stets von Nacht zu Nächten
Des Herzens Blut auf Wangen gießt
Durch Fensterlein des Auges.

Ich fleh' bei deiner Menschlichkeit,
Verwunde nicht den Armen
Hafis mit deinem scharfen Pfeil,[5]
Dem Pfeile deines Bogens.

[1] Komm! ich will blutige Tränen aus dem Herzen ins Aug' pumpen, um dieselben bei deiner Ankunft als Perlen und Rubinen auf deinen Pfad zu streuen.

[2] *Tekiegah*, ein Ort sich aufzustützen und anzuhalten, wird auch für einen Palast, ein Köschk, Belvedere genommen. Hafis bietet den Winkel seines Auges als den Platz, der des Geliebten am würdigsten scheint.

[3] Wenn meine Augen bluten, so trägst du die Blutschuld.

[4] Mein Auge wär' in Tränen zerflossen, wenn nicht zu gutem Glück das Blut meines Herzens hineingeschossen wäre und dasselbe gerettet hätte.

[5] *Dildus*, herznagelnd. *Duchten* heißt eigentlich nähen. Sudi bemerkt aber, dass in ähnlichen Zusammensetzungen immer der Begriff des Nagelns hieher übertragen werde, und führt zur Bestätigung die Stelle aus dem *Gulistan* an:
Wenn ein *Scherif* sich mäßig schränket ein,
Glaub deshalb nicht sein Haus verächtlich oder klein,
Mit Silber voll und Gold genagelt ist die Bude,
Deshalb wird zum *Scherifen* nicht der Jude.
Scherif, ein Edler aus dem Geblüte Mohammeds; das englische *Sheriff* ist damit laut- und sinn- und stammverwandt.

XXIX.

Gestern abends schnitt durch Tränen
Ich den Weg des Schlafes ab,
Zeichnete in der Erinnrung
Auf die Tränen hin dein Bild.

Vor mir schwebten deine Brauen,
Und die Kutte war verbrannt,
Auf des Hochalters Gesundheit[1]
Trank ich dann den Becher aus.

Dein Gesicht fing mit Liebkosung
Meinem sich zu nahen an,
Und ich warf von fern dem Mondlicht
Deiner Wangen Küsse zu.

Auf dem Schenken lag mein Auge,
Auf der Laute lag mein Ohr,
Und so fiel dem Aug', dem Ohre
Diesesmal ein gutes Los.

Bis der Morgen graute, schwebte
Deines Bildes Truggestalt
Vor dem leeren Lustgebäude
Meines schlafenlosen Aug's.

Als das Lied entfloss den Saiten,
Griff der Schenke um das Glas,
Von der Leier flossen Lieder,
Aus dem Glase floss der Wein.

Jeden Vogel der Gedanken,
Der sich wiegte auf dem Ast,
Schoss ich mit den Lockenpfeilen
Deines schwarzen Haars herab.

Fröhlich flossen hin die Stunden,
Und zufrieden war Hafis,
Sieh! da warf ich auf das Leben,
Und der Freunde Glück das Los.

[1] Der Hochaltar der Brauen. Dort nämlich, wo in unsern Kirchen der Hochaltar stehet, ist in den Moscheen der *Michrab*, das ist eine in der Wand angebrachte Nische, in welcher der Koran liegt und neben welcher zwei Wachsfackeln, deren Dicke in Konstantinopel oft ins Ungeheure geht, aufgesteckt sind. Der Hochaltar steht nach Mekka, wohin sich beim Gebete alle Rechtgläubigen wenden müssen. Dieser Umstand und der schön geformte Bogen der Nische geben das Tertium Comparationis mit dem Bogen der Brauen, gegen welchen sich alle Liebenden wenden.

XXX.

Das Aug' will ich ins Meer verwandeln,
Auf Felder die Geduld hinwerfen,
Und unter solchen Dingen will ich
Mein Herz ins Meer hinunterwerfen.

Ich will aus meinem sünd'gen Herzen
Solch einen starken Seufzer stoßen,
Dass es mir soll ein Leichtes werden
In *Adams* Reue Glut zu werfen.

Es hat genug von seinen Pfeilen
Der Himmel auf mich abgedrückt,
Nun will ich einmal meine Pfeile
Bis an des Schützen Gürtel werfen.

O Schenke, reiche uns den Becher,
Den Hefen auf den Tisch zu schütten,
Lass uns der Saiten Lustgeklingel
Bis an den Dom des Himmels werfen.

Das Kapital der Freuden lieget
Im Aufenthalte meiner Freundin.
Wir trachten nun aus allen Kräften
Uns selbst an diesen Ort zu werfen.

O Vollmond mit der Strahlenmitra,
O löse auf den Busengürtel,
Wir wollen uns gleich deinen Locken
Aus Lust zu deinen Füßen werfen.

Hafis! Du weißt, es ist ein Fehler
Auf künft'ge Tage zu vertrauen,
O! sag', weswegen wir dann sollen
Die Lust von heut auf morgen werfen.[1]

[1] Der Vollmond mit der *Strahlenmitra* oder wörtlich mit der *Sonnenhaube* ist die Geliebte. *Bendikaba* ist das Achselband, womit das Oberkleid unter den Achseln, wo weder Knöpfe noch Knopflöcher angebracht sind, zusammengehalten wird. *Sulf* ist das lange Haar, das bis an die Fersen herabrollt, aus Begierde den schönen Körper zu umfangen. Ebenso will sich Hafis zu den Füßen der Geliebten werfen, wenn sie den Busengürtel gelöset und ihm die ganze Herrlichkeit ihres schönen Körpers preisgegeben haben wird. Sudi bemerkt hierbei, aus diesen und anderen ähnlichen Versen persischer Dichter erhelle, dass das Wort *Sulf* bloß von langen Locken gebraucht werde.

XXXIII.

Mein Schmerz kommt von der Freundin,
Und auch die Arznei dazu.
Mein Herz ist aufgeopfert,
Und meine Seele auch dazu.

Die Leute sagen: dieses
Ist besser als die Schönheit noch,
Doch sie besitzet Schönheit,
Und dieses Andre auch dazu.

Der beiden Welten Schimmer
Ist nur ein Abglanz ihres Lichts,
Dies sage ich vor allen,
Und sag' dies heimlich auch dazu.

Ihr Freunde, ich erzähle,
Verhüllt im Schleier, euch das Wort,
Doch sagt es immer wieder
Und macht Erzählungen dazu.

Die trunkene Narzisse,[1]
Die Locken helfen auch dazu.
Erinnert euch der Freundin,
Die bloß aus Durst nach meinem Blut
Den Bund zuerst gebrochen,
Und die Verträge auch dazu.

Die Nächte des Genusses
Mit ihrem Himmel sind vorbei,
Doch tröstet euch, die Nächte
Der Trennung schwinden auch dazu.

Das Bild von ihrem Male,[2]
O weh! vergoss so oft mein Blut,
Zuerst vor allen Leuten,
Und später heimlich auch dazu.

Es fürchten sich Verliebte,
Nur keinem Richter bringe Wein,
Und wenn du willst, so bringe
Des Sultans Wein-Verbot dazu.

Es weiß des Weines Wächter,[3]
Er weiß, Hafis sei tief verliebt,
Und nicht allein der Weinvogt,
Es weiß es der Wesir dazu.[4]

[1] *Die trunkene Narzisse,* das Auge der Geliebten.
[2] Das Bild ihres Males, das mir vor Augen schwebte, war die Ursache, dass ich blutige Tränen vergoss, erst öffentlich, dann auch heimlich.
[3] *Der Vogt des Weines,* der Polizeibeamte, dessen Pflicht es ist, über die strenge Aufrechterhaltung des Weinverbotes zu wachen.
[4] *Der Assaf Salomons.* Assaf war nach der Sage der Morgenländer der weise Großwesir des großen und weisen Königs Salomon.

XXXV.

Ha! mir wurde vergönnt der Anblick, der Kuss, die Umarmung,
O wie dank' ich's dem Glück, dank' es dem Schicksal dazu.

Frommer hinweg! denn wenn mein Glück ist, das Glück, das ich meine,
Halt' ich das Glas in der Hand und auch die Locken dazu.

Keinen habe ich noch des Rausches wegen getadelt,
Lieblich ist Lippenrubin, lieblicher Wein auch dazu.

Fröhliche Kunde, mein Herz! kein Weinvogt ist übrig geblieben,
Voll ist die Welt vom Wein, voll von Betrunknen dazu.

Nimmer lauert uns auf ein böses Aug' im Verborgnen,
Fort ist nun der Feind, fort sind die Tränen dazu.

Das Gemüt zu verstören, ist wahrlich gar nicht vernünftig,
Liedersammlungen nimm, und die Pokale dazu.

Gieße aus für die Staubverliebten die Hefen der Lippen,[1]
Rotgefärbt sei der Staub, moschusgewürzet dazu.

Alles, was lebet, das wird durch deinen Geruch nur belebet,
Sonne, fliehe mich nicht, lass mir den Schatten dazu.

Rosen und Tulpen sind nur durch deine Schönheit so lieblich,
O du Wolke der Huld, regne auf mich noch dazu.

Männer von Einsicht hast du in deinen Banden gefangen,
Fürchte dich vor Gott, vor dem Wesire dazu.[2]

Er ist die Stütze des Reichs, die Probe der Wahrheit des Glaubens,
Minen füllet er an, Meere beglückt er dazu.[3]

Siehe, die Kugel der Erd' ist seiner Gerechtigkeit Ballen,
Dieses blaue Gewölb ist das Behältnis dazu.[4]

Alles bringt dein leicht regierender Wink in Bewegung,
Selbst den Mittelpunkt, unserer Erde dazu.

Durch den kreisenden Lauf und die stete Bewegung des Himmels
Wechseln die Jahre, der Mond, Sommer und Winter dazu.

Bis an den Tag des Gerichts, sei deine Wohnung der Wohnort
Aller Großen der Welt, liebliche Schenken dazu.

Selber Hafis, der dein Lob in köstliche Perlen gereiht hat,
Ist, sobald du sprichst, scheu und beschämet dazu.

[1] Die Lippen sind Rubinenkelche voll berauschenden Weines; gieße doch wenigstens den Rest davon aus für die Armen, die in den Staub deiner Füße verliebt sind.
[2] Die folgenden Strophen enthalten das Lob des Wesirs.
[3] Durch ihn reift das Gold in den Schachten der Berge, durch ihn formt sich die Perle in der Tiefe des Meers.
[4] Die Erde ist eine Kugel, womit seine Gerechtigkeit Ballen spielt (was im Deutschen kein Lob zu sein scheint, im Persischen aber dafür gemeint ist.) Das Behältnis dieser Kugel ist das Himmelsgewölbe.

XXXVI.

Es ist schon lang, dass ich in Schenken
Den Diener mache,
Dass ich als Bettler die Geschäfte
Der Reichen mache.

Der Prediger hat nie vernommen,
Den Duft der Wahrheit,
Ich sag' es laut und will daraus kein
Geheimnis machen.

Bis in die Falle des Genusses
Das Rebhuhn rennet,
Will ich im Stillen Jagd auf gute
Momente machen.

Ich gehe, wie der Ostwind, schwankend
Zum Gau des Liebchens,
Da müssen Rosen und Jasminen
Mir Hülfschor machen.

Ein Netz sind meines Liebchens Locken,
Ein Pfeil die Wimpern,
Behalte, Herz, in dem Gedächtnis
Mein Lehren-Machen.

Die Erde deines Gaus kann nimmer
Die Lasten tragen,
Du bist gnädig! nun wir wollen
Es leichter machen.

O Gnädiger! verhüll auf immer
Dem Aug' des Bösen
Die Heldentaten, die im Stillen
Wir gelten machen.

Behüte Gott, dass ich das Jüngste
Gericht nicht fürchte,
Lass morgen gehn, wir wollen heute
Uns lustig machen.

Selbst Gabriel, der Himmelshüter,
Wird Amen sagen,
Wenn ich beginn' das Lob der Herrn
Der Welt zu machen.

O Herr! ich hoffe auf den Gipfel
Des Himmelreichs,
Das heißt, ich werde deine Schwelle
Zum Kussort machen.

Hafis ist klug in einem Kreis,
Im andern trunken,
O sieh den Schelm, er weiß den Leuten
Es weiszumachen.

XLI.

Wenn ich zur Spitze der Locken gelangte,
Schlüg' ich viel Köpfe als Schlägel davon.

Wohl wird durch Locken das Leben verlängert,
Aber noch ward mir kein Härchen davon,

Kerze, o gib mir des Schmetterlings Ruhe,
Denn ich zerschmelze vor dir wie das Wachs.

Wenn ich wie Flaschen die Seele verlache,[1]
Wünsch' ich, dass Trunk'ne leben für mich.

Weil mein Gebet nicht befreit ist von Makeln,
Hör ich nicht auf in den Schenken zu flehn,

Wenn ich in Schenken, in Tempeln dich sehe,
Mach' ich die Brauen zum hohen Altar.

Wenn dein Gesicht mein Gemach einst erleuchtet,
Heb' ich den Kopf wie der Morgen empor.

Endlich gelingt es mir doch wie *Mahmuden,*
Wenn ich verliere den Kopf für *Ajas*.[2]

Könnte Hafis sein Geheimnis vertrauen,
Da zum Vertrauten das Glas Er nur hat?

[1] Der Wein ist die Seele der Flasche, wenn er ausgegossen wird, macht die Flasche Glu Glu, d.i. sie opfert lachend die Seele.
[2] *Ajas,* der Liebling Schah Mahmud Sabuktegins des großen Königs der Chasnewiden.

XLVI.

Spiele der Liebe, Jugend,
Wein gefärbt wie Rubinen,
Freundeverein im Stillen,
Steter Trunk und Gelage;

Schenken mit Rosenlippen,
Sänger, liebliche Stimmen,
Edele Welt zum Umgang,
Wohlbekannte Vertraute.

Einen Geliebten, reiner
Als das Wasser des Lebens,
Eine Geliebte, deren
Schönheit reizet den Vollmond.

Dann ein Gemach zu Festen,
Wie die Köschke des Himmels,
Rosengeländer, welche
Fluren seliger Lust sind.

Redliche Tischgenossen,
Feine Tafelvorsitzer;
Freunde, die Zutraun wert sind,
Und erwünschte Gesellen.

Rosigen Wein, ein wenig
Scharf und leicht zu verdauen,
Rot gefärbt wie Purpur,
Wie Rubinen zum Mahlen;

Wimpern des Aug's gespitzet
Zum Verstandes Verderben.
Locken des Liebchens Herzen,
Einzufangen verspreitet.

Einen beliebten süßen
Schwätzer, wie es Hafis ist.
Einen erlauchten großen
Gönner, wie es *Kawam* ist.

Wer sich nicht dieses wünschet,
Grämle mir im Herzen,
Wer sich nicht dieses suchet,
Tu' Verzicht auf das Leben.

XLVII.

Wir haben hundertmal das Angesicht
Vor dir in Staub geleget,
Wir haben allen Trug und Gleisnerei
Vor dir beiseit' geleget.

Den guten Namen von so manchem Jahr,
Und selbst von unsern Ahnen,
Wir haben ihn, des Schenken Mondgesicht,
Zu Liebe weggeleget.

Der hohen Schule Säulengang und Saal
Und allen Streit von Tugend,
Wir haben alles auf den Liebesstand
Der Schönen hingeleget.

Wir legten keine allzugroße Last
Auf unser Herz, das schwach ist.
Wir haben, was wir treiben, was wir tun,
Nie auf ein Haar geleget.

Wir haben nicht mit unserm eignen Heer
Des Feindes Reich erobert,
Und unsrer Herrschaft Krone haben wir
Nicht selber abgeleget.

Wir haben diesen zwei Narzissen längst
Empfohlen unsre Seele,
Wir haben auf die süßen Zaubereien
Der Liebe Grund geleget.

Wir haben in der Hoffnung letztem Eck,
Gleich Sehern nach dem Monde,
Des Wunsches Sehrohr auf den Brückenbau
Der Brauen angeleget.

Wir haben unser ungeliebtes Haupt
Erfüllet von Begierde,
Und liebberauschet wie Narzissen hin
Aufs Knie zur Ruh' geleget.

Hafis! bemühe Dich um Freund' und Sang,
Denn des Verstandes Summe
Ist alle auf das schöne lange Haar
Des Freundes angeleget.

Du sagtest: O Hafis! wo ist dein Herz,
Das sich so sehr empöret?
Wir haben's sorgsam in die Ringelein
Von jenem Haar geleget.

L.

Erstens sag ich es laut, und freue mich dann des Gesagten.
Ich bin der Liebe Sklav', frei in dem Leben, im Tod.

Ich bin ein Vogel der höheren Welt, was soll ich erklären,
Wie in dieses Netz, gählinger Weile ich fiel.

Einstens war ich ein Engel und wohnte hoch in dem Himmel,
Vater Adam hat mich in die Wüste geführt.

Doch den *edenischen Baum*, die Flut *Selsebils* und die *Huris*,[1]
Alles, alles vergaß ich aus Erinn'rung an Dich.

Noch hat kein Sternenkundiger mir mein Schicksal enträtselt,
Herr! o sage mir, was ist das Los der Geburt?

Als ich ein treuer Sklave die Schenken der Liebe besuchte,
Brachte jeglicher Tag neue Beschwerden für mich.

Blut beströmet den Stern des Aug's, und dieses wohl billig.
Warum gab ich mein Herz anderen Herzen wohl hin!

In dem Herzen steht nur die *Eins* des Freundes geschrieben,[2]
Was zu tun? ich ward sonst nichts vom Meister gelehrt.

Trockne Hafisens Gesicht mit den Spitzen der Locken des Haars ab,
Sonsten führet der Strom ganz mein Gebäude hinweg.[3]

[1] *Tuba*, der Baum Edens, *Selsebil*, der Quell des Paradieses, *Huris*, die schwarzäugigen, immer jungfräulichen Mädchen desselben.

[2] Im Herzen ist mir das Elif des Freundes eingeschrieben. Elif der erste Buchstabe des Alphabets und zugleich die Zahleneinheit wie Alpha im Griechischen. Die gerade Form desselben wie unsere Eins ist dem Dichter Bild des Wuchses seines Lieblings, womit sich noch der Begriff der ausschließenden Einheit oder Treue verbinden lässt.

[3] *Der Strom der Tränen*, trockne ihn ab, sonst untergräbt er ganz das Gebäude meiner Ruhe.

LI.

Vom Wirte hab' ich ein Fatwa,
Ich traf die Übereinkunft,
Dass Trinken dort verboten sei,
Wo sich kein Liebling findet.

Ich möchte diese Gleisnerei
Zerstören! was zu machen!
Der Umgang mit den Fremden ist
Für mich die größte Strafe.

Ich hoffte, dass mein Liebling einst
Mir Hefen geben werde,
Deswegen blieb ich Jahre lang
Am Tor der Schenke stehen.

Vielleicht entfloh mein langer Dienst
Aus seinem Angedenken.
O Ostwind führ' den alten Bund
Zurück ihm ins Gedächtnis!

Nach hundert Jahren, wenn dein Duft
An meinem Grabe wehet,
Wird aus dem Staube mein Gebein
Zum Tage sich erheben.

Es hat mit Hoffnungen der Freund
Zuerst mein Herz geraubet,
Doch eine gütige Natur
Vergisst nicht ihr Versprechen.

Zur Knospe sag: betrüb dich nicht
Dass man dich so gebunden.
Der Ostwind und der Morgenhauch
Sind da, dich aufzulösen.

Zu andern Türen bring den Wunsch,
O Herz, von der Genesung,
Es wird der Liebe Krankheit nicht
Durch Arzneien geheilet.

Dein Kapital sei Wissenschaft,
Du kannst es mit dir tragen,
Denn Gold und Silber sammeln lass,
O überlass es andern.

Des Teufels Reizungen sind stark,
Doch hab' ich Gott zum Freunde,
Und hab' ich Gott zum Freunde nicht,
Was kann der Teufel nützen?

O danke Gott, Hafis! wenn's Dir
An Gold und Silber mangelt,
Ist denn des Wortes Anmut und
Gerader Sinn nicht besser?

LII.

Wiewohl wir des Kaisers Diener sind,
So sind wir doch Kaiser des Morgentrunks,

Im Ärmel der Schatz! der Sack geleert!
Der Spiegel der Welten! der Staub des Wegs!

Gesättigt von Lust, berauscht mit Stolz,
Versink' ich in Sünden in Einigkeit![1]

Sooft mich der Freund des Glücks liebkost,
So spiegelt in mir er sein Mondgesicht,

An jeglichem Abend flehen wir
Als Hüter der Krone des Schahs zu Gott.

O rechne mein Streben dir zum Glück,
Ich war, indessen du schlafen liegst,

Der siegende Schah, er weiß es wohl,
Wohin ich gewendet des Muts Gesicht

Den Feinden aus Blut ein Leichentuch!
Den Freunden das rühmliche Kleid des Siegs!

Ich berge mich nicht in Heuchelei,
Ich sag', dass ich Schlange und Löwe bin,

O gebet Hafisen doch zurück
Den Glauben, gestehet den Diebstahl ein.

[1] Es ist wahr, dass ich mich allen Freuden der Sinnlichkeit hingebe; was mich aber so stolz und sicher sündigen macht, ist gerade mein fester Glaube an die Einheit Gottes.

LIV.

Ich gäre zwar von Herzensglut,
Wie eine Tonne Wein,
Dass ich versiegele den Mund,
Trink Wein und schweige still.

Der Seele Vorsatz ist der Wunsch
Nach meiner Freundin Mund,
O sieh, wie meine Seele sich
Zu diesem Zweck bemühet.

Wie soll ich mich befreien denn
Von Herzensleid und Gram,
Wenn mich mit jedem Augenblick
Das Haar in Fesseln legt.

Ich trage nicht mein Ordenskleid
Aus bloßem frommen Sinn,
Ich trage es vielmehr darum,
Weil Fehler es verbirgt.

Ich, der vom reinsten Rebensaft
Nur trinkt, was soll ich tun?
Was tun? wenn ich dem Wirte nicht
Zu folgen willens bin.

Bewahre Gott! dass ich vertrau'
Auf eigenes Verdienst,
Ich weiß nur, dass ich leere aus
Von Zeit zu Zeit ein Glas.

Ich hoffe, dass zum Trotz des Feinds
Am Tage des Gerichts
Der Herr aus Huld die Sündenlast
Nicht auf mich legen wird.

Mein Vater hat das Paradies
Zwei Körner wert geschätzt,[1]
Man schelte nicht daher, wenn ich
Um eines es verspiel'.

Wenn unser Sänger solch ein Lied
Zu seiner Weise wählt,
Wenn er Hafisens Lieder singt,
So komm ich außer mir.

[1] Nach der Überlieferung der Morgenländer war die Frucht, um welche Adam das Paradies verscherzte, nicht ein Apfel, sondern ein Paar Getreidekörner. Da nun unser Vater Adam dasselbe nicht höher geschätzt hat als ein Paar Körner, warum soll der Dichter es nicht um eines, nämlich das Mahl des Geliebten, verspielen.

LVI.

Wenn aus der Fremde ich vielleicht
Einmal nach Haus soll gehen,
So will ich mit verständ'gem Sinn
Und wohlbedächtig gehen.

Und kehr' ich unbeschädigt heim
Von dieser weiten Reise,
So halte ich auch mein Gelübd',
Ins Weinhaus hinzugehen.

Um kundzutun der ganzen Welt,
Was ich erfahren habe,
Will ich mit meinem Saitenspiel
Zur Seitentüre gehen.

Und wird mein Blut am Liebespfad
Von Freunden ausgetrunken,
Ich wär' ein Elender, wenn ich
Drob könnte klagen gehen.

Von nun gehöret mein das Haus,
Was soll nach Lockenketten
Mein Herz, das durchaus närrisch ist,
Ob seinen Wünschen gehen?

Wenn ich des Freundes Augenbrau'n
Statt des Altares sehe,
So will ich gern aus Dankbarkeit
Zu dem Gebete gehen.

O gute Zeit, wenn, wie Hafis,
In den Wesir verliebet,
Und trunken aus der Schenke ich
Zum Liebling werde gehen.

LVII.

Wiewohl mir eine Locke
Vom Haar ist zugefallen,
So öffn' ich doch die Augen
Nach neuer Huld und Gnade.

O glaube nicht, dass froher Sinn
Mir so die Wangen rötet,
Es ist das Blut des Herzens,
Das außen widerscheinet.

Es wird des Sängers Weise
Mich selber nie entziehen.
O weh! wenn diese Weise
Mir nicht erlaubet würde.

Ich bin durch ganze Nächte
Des Herzharems Wächter,
Nur ihrem Bild erlaub' ichs,
Den Schleier durchzuschlüpfen.

Sie hat durch Zaubereien
Das Schicksal eingeschläfert,
O sag dem Ost, o sag ihm,
Dass er mich doch erwecke.

Ich bin der süße Sänger,
Der durch des Wortes Zauber,
Vom Rohr der Feder Zucker
Und reinen Kandel träufet.

Ich trat mit großer Hoffnung
Den Weg an in die Wüste,
O Führer meines Herzens,
Lass mich hier nicht zurücke.

Da ich im Zug des Windes
Nicht sehen kann die Freundin,
Wem soll ich's sagen dass er
Der Freundin etwas sage.

Hafis, so sprach sie gestern,
Ist voll von Träumereien,
Ich sprach, ich kenne nichts als
Den Staub von deiner Türe.

LVIII.

Ich bin ein Freund von schönen Wangen,
Von seinem Haar,
Ich bin verliebt in trunkne Augen,
In reinen Wein.

Du sprachst: wir kennen uns von ewig,
Nun sag ein Wort,
Ich sprach: Ich sag es gern, doch trinken
Wir eh' ein Glas.

Es kümmert sich um Glut und Flammen
Die Liebe nicht.
Ich bin gerade wie die Kerze,
Fürcht' nicht die Glut.

Ich bin ein Mann des Paradieses,
Doch auf der Welt
Bin ich durch Liebe schöner Knaben
Gar tief verstrickt.

Wenn noch einmal mein gutes Schicksal
Zum Freunde führt,
So kehr' ich mit Hurienlocken
Den Teppich ab.

Schiras ist roter Lippen Bergwerk,
Der Schönheit Quell,
Ich Münzeloser bin deswegen
So sehr verwirrt.

Ich hab' so viele trunkne Augen
Allhier gesehn,
Dass ich nun keinen Wein mehr trinke
Und trunken bin.

Die Stadt ist von den Schmeicheleien
Der Schönen voll.
Ich habe nichts, sonst kauft' ich gerne
dieselben aus.

Hafis! es lüstet mich zu sehen
Den Reiz der Braut,
Allein ich habe keinen Spiegel,
Drob seufze ich.

Hafis ist von der Glut der Dummen
Ganz angebrannt,
Wo ist der Schenke, dass er gieße
Ins Feuer Flut.

LXI.

Sei willkommen, o glücklicher Vogel,
Gesegneter Bote!
Welche Kunde vom Freunde, vom Guten?
Wo führet sein Weg hin?

Herr! Du leite der Reisenden Heerzug
Durch ewige Güte;
Sie verstricken die Feinde in Schlingen,
Sie beglücken Verliebte.

Was sich alles mit mir und dem Liebling
Hat Verschiednes ereignet,
Hat kein Ende, denn leider! gebrichts hier
So am Ausgang wie Anfang.

Wenn der Liebling befiehlt, aus den Locken
Feuergürtel zu machen,
Dann, o Meister! ist's uns nicht erlaubet,
Ordenskleider zu tragen.

Jüngst noch prahlte der Vogel des Geistes
Mit dem Lebensbaum *Sidra*,
Sieh, da hat ihn das Körnlein des Males
In die Schlingen gelocket.[1]

Allzu üppig erscheinen die Rosen,
Zeig die Hülle des Geistes!
Wohl bewegen sich schwankend Zypressen,
Doch nicht lieblich, o Wandler!

Sage, ziemt es dem blutigen Auge,
Ziemt es ihm wohl zu schlafen?
Kann derjenige schlafen, der siechend
Stets in Todesgefahr liegt.

Du zeigst leider! mir Elendem keine
Huld, keine Erbarmung
Dieses ist vorüber, ich klage,
So bist du und die Zeiten.

Wenn Hafis zu den Brauen sich hinneigt,
Ist's nicht anders als billig,
Denn es machen die Künstler der Rede
Hochaltäre aus selben.[2]

[1] Jüngst noch wähnte sich mein Geist ganz über alle Sinnlichkeit erhoben in die höheren Regionen des Paradieses, wo der Baum *Sidra* blühet, verzücket, sieh da lockte ihn das Korn deines Schönheitsmals auf die Erde zurück.
[2] Die Dichter vergleichen die Brauen des Geliebten mit der gewölbten Nische der Hochaltäre.

LXII.

Wir haben ohne Gram und trunken
Das Herz aus den Händen gegeben.
Wir sind der Liebe Eingeweihte,
Wir sind die Vertrauten des Glases.

Ich muss ja leiden! von den Leuten
So vieles dulden und leiden,
Seitdem ich all mein Tun und Lassen
Empfehle den Brauen der Augen.

O Rose mit dem Feuermale,
Du hast dich erst gestern gefärbet,
Ich aber bin die Anemone,
Die schon mit dem Male zur Welt kam.

Der alte Herr der Schenke, sollt' er
Sich über die Reue betrüben,
Ich bin bereit die Ehrenabbitt'
Mit Gläsern voll Weines zu machen.

O Wegweiser! einen Blick nur,
Denn alle Geschäfte vollbringst Du,
Und ich gesteh' es herzlich gerne,
Ich habe vom Weg mich verirret

O schau nicht auf des Weines Tulpe,
O schau nicht aufs Glas in der Mitte;
Du schau vielmehr aufs Brandmal, das du
Ins blutige Innre gebrannt hast.

Du fragst mich, Hafis: was haben
Denn diese Gemälde zu sagen?
Ich sprach: Lass dich hiedurch nicht trügen,
Denn rein ist die Tafel des Herzens.[1]

[1] Lass dich durch die Bilder, welche meine Einbildungskraft von deinen Reizen vorgaukelt, nicht irre machen, mein Herz ist deshalb nicht minder rein.

LXIII.

Verwunde nicht mein Herz mit Wimpernpfeilen,
Vor deinem kranken Aug' muss ich sonst sterben.

Vollkommen ist der Reiz von deiner Schönheit.
Bedürftig bin ich, tu mir Armem Gutes.

Ich bin der Vogel, der so früh als Abends
Nur auf dem Dach des Himmels niedersitzet.

O füll das Glas, ich bin im Glück der Liebe
Noch jung, wiewohl ich schon an Jahren alt bin.

So sehr ist von der Freundin voll der Busen,
Dass Sorge für mich selbst daraus verbannt ist.

Wenn je mein Schreiber eine Feder anrührt.
So sei's, die Rechnung von dem Wein zu machen.

Im Lärmen fraget keiner um den andern,
Ich nehme Gnaden an von meinem Wirte,

Wie lang betrügest du mich noch wie Kinder,
Mit schönen Äpfeln, Milch und Honigkuchen?

Ich schloss mit Weinverkäufern dieses Bündnis,
Dass mein der Schenke sei am Tag des Grames.

O gute Zeit, wo ich, im Rausch begraben,
Entbehren kann des *Schahs* und des *Wesirs*.

Es liegen viel Schätze mir im Busen,
Wiewohl der Nebenbuhler arm mich glaubet,

Mein Herz hab' ich Hafisen dann entwendet,
Als insgeheim den Schenken ich geliebet.

LXV.

Wir haben die Lehren der Zauberei
In Schenken niedergeleget,
Wir haben den guten Erfolg des Flehns
Vors Liebchen niedergeleget.

Wohl hundert vernünftige Köpfe setzt
Das Mal des Liebchens in Flammen.
Ich habe ins närrische Herz das Mal
Mit Liebe niedergeleget.

Es hat mir der ewige Herr den Schatz
Des Grams der Liebe gegeben,
Seitdem ich auf diesem zerstörten Platz
Die Stirne niedergeleget.

Ich öffne der Liebe der Schönen nun
In meinem Herzen den Weg nicht,
Ich habe das Siegel von ihrem Mund
Auf meine Türe geleget.

Unmöglich erreicht die Verstellungskunst
In Kutten höhere Stufen,
Ich habe den Grundbau des Ordenskleids
Wie Trunkne niedergeleget.

Es reichte der fromme Geselle mir
Die Hände hin, sie zu küssen,
Ich habe den Kuss auf den Becherrand
Des Schenken niedergeleget.

Gedankt sei's dem Herren, ich bin ein Wirt,
Beraubt des Herzens und Glaubens,
Allein die Verständigen habe ich
Jedoch zur Erde geleget.

Wie könnte dies störrische Schiff zuletzt
Wohl weiter segeln im Meere?
Ich habe mein Herz aus Begierde nach
Den Perlen niedergeleget.

Mit Schatten begnüge ich mich von dir,[1]
Hierin Hafisen vergleichbar,
Ich habe die bettelnde Art vor dir,
O Herr! längst niedergeleget.

[1] Ich begnüge mich mit deinem Schattenbilde und bin nicht mehr so zudringlich wie sonsten.

LXVI.

Ich habe dein Gesicht
Vor die Fabrik des Aug's gezogen.
Ich sah und hörte nur
Von einem Bilde, das dir gleichet.

Auf Herrschaft hoffte ich,
Ich opferte mich deinem Dienste,
Ich wünschte mir ein Reich,
Und wählte dich zu meinem Herren.

Wiewohl ich mit dem Nord
In gleichem Flügelschritte gehe,
So konnt' ich doch noch nicht
Zur Zeder deines Wuchses kommen.

In deiner Locken Nacht
Tat ich Verzicht auf Lebenstage,
Im Kreise deines Munds
Vergaß ich meines Herzens Wünsche.

Fürwahr, es ist die Schuld
Des schwarzen Aug's und schönen Nackens,
Dass ich wie Rehe scheu
Mich vor dem Menschen fürcht' und flüchte.

Wie viel vergoss ich nicht
Aus Sehnsucht deines Auges Tränen!
Wie viel Liebkosungen
Erkauft' ich nicht von deinen Lippen.

Mit wie viel Pfeilen hast
Du nicht mein wundes Herz durchschoßen?
Wie viele Lasten Gram
Hab' ich in deinem Gau geschleppet?

Bring mir, o Morgenwind,
Ein Stäubchen von dem Gau der Freundin,
Ich rieche dort den Duft
Des blutdurchströmten wunden Herzens.

Ein Duft aus ihrem Gau
Ging über mich wie über Knospen,
Und dieser Duft zerriss
Des armen Herzens Hülle.

Beim Fußstaub schwör' ich's dir,
Und bei dem Augenlicht Hafisens,
Dass ohne Wangen Glanz
Des Auges Lampe mir nicht strahlet.

LXVII.

Ob Pracht und Größe bin ich nicht
Zu dieser Tür gekommen.
Mich zu verwahren vor dem Los,
Bin ich hierher gekommen.

Ich wandle auf der Liebe Pfad,
Und von des Nichtseins Grenzen
Bis in das Land des Seins bin ich
Hieher des Wegs gekommen.

Ich sah den grünen Flaum des Barts[1]
Und bin vom Paradiese,
Zu pflücken dieses seltne Kraut,
Ganz eigens hergekommen.

Der Hüter über solchen Schatz,
Ist Gabriel, der Engel,
Als Bettler bin ich zu der Tür
Des Schatzes hergekommen.

O Schiff der Leitung und der Huld!
Wo ist der Güte Anker?
Ich bin im Meere dieser Welt
In die Gefahr gekommen.

O Regen, der die Sünden wäscht,
Mein Wangenglanz verschwindet,
Wasch mich, ich bin durch meine Schuld
Ins schwarze Buch gekommen.

Hafis, wirf weg das woll'ne Kleid,
O wirf es in das Feuer,
Denn hinter Karawanen her[2]
Bin ich mit Weh gekommen.

[1] Der grüne Flaum, den Hafis in einem der vorigen Gaselen gar Grünspanflaum nennt, ist der junge Bart, der mit *grünem* weichen Grase verglichen wird, wie das Haar mit *dunkeln* Veilchen und Hyazinthen – wiewohl die nächste Beziehung nicht in der Farbe, sondern dort in der *Weichheit*, hier in der *Krause* liegt.

[2] Hinter den Karawanen der Gleisner und Heuchler bin ich hergekommen, tausend Ach! aus dem Busen stoßend.

LXXI.

Zu schmälen sind wir nicht gesinnt,
Noch Böses sonst zu machen,
Wir wollen nicht die Namen schwarz,
Nicht blau die Kutten machen.

Die Großen und die Mönche viel
Und wenig schmälen taugt nicht.
Es ist das Beste doch zuletzt
Nichts Böses tun und machen.

Ei, lass uns tummeln unser Ross
Vor aller Augen aufrecht,
Wir wollen uns um Ross und Zaum
Nicht graue Haare machen.

Wir werden nicht der Weisheit Buch
Mit unserm Kiel durchstreichen.
Und zu Geheimnissen nicht gar
Der Gaukler Künste machen.

Wenn mir der Mönch den Wein versagt,
So ist es wahrlich besser,
Dass wir mit unsrem reinen Sinn
Ihm keine Hoffnung machen.

Und trinkt der Schah mit Langmut nicht
Den Hefen der Betrunknen,
So werden wir auch kein Geschäft,
So wie sichs ziemet, machen.

Vom Himmel ziehet man das Schiff
Der Tugend selbst herunter,
Weit besser ists auf dieser Welt
Nicht Hoffnung sich zu machen.

Sagt dir der Neider Böses nach,
Und zürnen dir die Freunde,
So sag: sei froh, wir wollen nicht
Die Dummen hören machen.

Hafis! und fehlte selbst dein Feind,
Wir wollen ihn nicht tadeln,
Und hat er Recht, so können wir
Ja nichts dagegen machen.

LXXII.

Du schauest mich und alsogleich
Vermehrest du mein Leiden;
Ich schaue dich und alsogleich
Vermehrt sich meine Liebe.

Ich weiß nicht, was im Sinn du führst,
Du fragst nicht, wie's mir gehe;
Du eilest nicht, mir beizustehn,
Weißt du nicht, dass ich kränkle?

Du wirfst mich in den Staub und gehst
Vorüber, ist dies billig?
O komm, und frage, wie's mir geht,
Ich will dein Wegstaub werden.

Ich zieh' die Hand von deinem Staub
Nicht ab, bis dass ich Staub bin,
Wenn du mein Grab vorübergehst,
Flieg' ich dem Saum als Staub an.

Im Gram um deine Liebe ging
Hinab zum Grund die Seele,
Du rächest dich, du sagest nicht
Nun ruhe aus ein wenig.

Ich suchte bei der dunkeln Nacht
Mein Herz in deinen Locken,
Da sah ich deiner Wangen Mond
Und trank aus roten Lippen.

Ich zog dich her an meine Brust,
Da kräusten sich die Haare,
Ich legte Lippen auf den Mund,
Aufopfernd Herz und Seele.

Wenn du hinaus auf Felder gehst,
Hinaus ins Grüne wandelst,
So strömet meine blut'ge Trän'
Herab die gelben Wangen.

Leb' mit Hafis in treuem Bund,
Begehr vom Feind die Seele;
Wenn du dich gnädig mir erzeigst,
Was kümmern mich die Feinde!

LXXIII.

Sag an die Kunde des Genusses,
Vom Sitz der Seele steh' ich auf,
Ich bin des Paradieses Vogel,
Vom Netz der Erde flieg' ich auf.

Wenn du mich deinen Diener nennest,
Tu ich Verzicht auf Zeit und Ort
Und schwinge mich bloß dir zuliebe
Hoch über alle Herrschaft auf.

O Herr! send' aus der Leitung Wolke
Doch einen Regen mir herab.
Eh' dass ich als ein leichtes Stäubchen
Aus dieser Mitte fliege auf.

Sitz anders nicht an meinem Grabe,
Als mit dem Becher, mit Gesang,
Ich stehe dann vor deinem Dufte
Mit Springen und mit Tanzen auf.

Ich bin zwar alt, allein im Dunkeln,
Magst du mich wohl umarmen fest,
Ich stehe dann zur Geisterstunde
An deiner Brust als Jüngling auf.

Steh auf! und zeige deine Höhe,
O du, mein Abgott! süßen Gangs.
Ich stehe, wie Hafis, von allem,
Von Geist und Gütern gerne auf.[1]

[1] Der Deutsche sagt *ab*stehen, der Perser *auf*stehen. Ich stehe von Blut und Gut auf, d.i., ich tu Verzicht auf das Leben und die Güter dieser Welt.

LXXIV.

Ich bin zwar alt und krank
Und kräftelos geworden,
Allein ich dachte dein,
Und bin dann jung geworden.

Es sei gelobt der Herr!
Und was ich bat den Herren,
Ist mir nach meinem Wunsch
Durch mein Bemühn geworden.

Ich bin am Weg des Glücks
Auf einem Schicksalsthrone
Mit einem Glas voll Wein
Zu Wunsch dem Freund geworden.

O junger Dornenstrauch!
Genieße deines Glückes,
In deinem *Schatten* bin
Ich zum *Bülbül* geworden.

Ich wusste lange nichts
Vom Ton und Laut der Welten,
Durch deinen Gram bin ich
Bekannt damit geworden.

Mit jener Stunde, da
Dein böses Aug' mir zukam,
Bin ich nicht mehr besorgt
Ums Künftige geworden.

Das ew'ge Los hat mich
Zum Schenkendienst bestimmet,
Was ich auch anders tat,
Ich bin nun so geworden.

Zum Greise ward ich nicht
Durch Monde und durch Jahre,
Die Falsche ging vorbei,
Da bin ich alt geworden.

Noch gestern gab die Huld
Des Herren mir die Kunde:
Ich bin der Bürge des
Verzeihns, Hafis! geworden.

LXXV.

Ha! was für ein Unheil ists,
Das im Lauf des Monds ich sehe,
Dass ich alle Länder voll
Unheils und Empörung sehe.

Sieh, die Tochter führet Krieg,
Streitet mit der eignen Mutter,
Und nur Böses wünscht der Sohn
Seinem Vater, wie ich sehe.

Rosenwasser, Zucker ist
Immer der Sorbet der Dummen,
Und der Weisen Nahrung ist
Herzensblut, soviel ich sehe.

Sieh! den Hengst Arabiens
Drücket wund der schwere Sattel,
Aber Esel sind mit Gold
Aufgezäumet, wie ich sehe.

Suchest du Hafisens Rat,
Teurer, geh und tue Gutes,
Dieser Rat ist besser als
Alle Schätze, wie ich sehe.

LXXVII.

Komm Weiser, lass uns dieses Kleid
Des Trugs ausziehen.
Lass übers Bild der Gleisnerei
Den Schwamm uns ziehen.

Die Opfer und die Spenden lass
Für Wein uns geben,
Die Kutte lass uns durch den Bach
Der Schenke ziehen.

Berauscht spring' aus der Zell' hervor
Vom Neiderfeste.
Lass uns den Wein, lass Mädchen uns
Beim Haar herziehen.

Und von dem tief verborgnen Los,
Das keiner kennet,
Lass uns den Schleier, der es deckt,
Im Rausch wegziehen.

Wir wollen nichts als Gutes tun,
Sonst wird uns Schande,
Am Tage, wo die Seele muss
Von hinnen ziehen.

Und sollte man das Paradies
Uns dann verweigern,
So wollen wir selbst die Huris
Heraus uns ziehen.

Wo sind die süßen Schmeichelei'n
Von diesen Brauen,
Dass wie der Mond den Himmelsplan
Nach uns wir ziehen.

Hafis, es ziemet dir ja nicht,
So viel zu prahlen
Und aus des Teppichs Kreis hinaus
Den Fuß zu ziehen.[1]

[1] Der Teppich, worauf das Gebet verrichtet wird. Hierauf ziemt es Derwischen und Sofis zu stehen und den Fuß nicht darüber hinaus zu setzen.

Aus: Der Buchstabe Nun

I.

Die Krone der Fürstin,
Der Rose zeigte sich auf Fluren.
Es sei den Zedern und Jasminen
Gesegnet die Ankunft.[1]

Nun stehet in Wahrheit
Der Kaiserthron an seinem Orte,
Es setze sich ein jeder auf den
Ihm eigenen Platz hin.[2]

Dem Ringe *Dschemschidens*[3]
Gib von dem guten Ende Kunde,
Der große Name, der ihn zeichnet,
Bezwingt *Ahrimanen*.

Es blühe beständig
Das hohe Haus, das du bewohnest,
Von dessen Türenstaub ein Lüftchen
Erbarmender Huld weht.[4]

Die Größe des Sohnes
Peschengs, sein Schwert, das Welten zwinget,
Ist durch des *Schahrames* Geschichten
Zur Sage geworden.[5]

Den Renner des Himmels
Bezäumtest du mit deinem Zügel,
O Reiter, du bist auf dem Rennplatz,
Nun schlage den Ballen.

Es strahlen die Reiche
Durch deines Säbels Glanz und Wasser,[6]
O pflanze du den Baum des Rechtes,
Entwurzle die Bösen.

Was ist es zu wundern?
Wenn du so süß und milde duftest,
Und wenn die Düfte *Chotens* hauchen,
Iredschische Steppen.[7]

Die Winkelbewohner
Erwarten deine Schmeicheleien,
Entblöß' den Kopf von deiner Mütze,
Zerreiße den Schleier.

Ich fragte die Klugheit:
O trinke Wein, Hafis! so sprach sie,
O Schenke! reiche uns den Becher,
Dem Rate zu folgen.

Ostwind, dem Schenken
Beim Fest der *Atabegen* melde,
Dass er von jenem goldnen Glase
Den Hefen mir gebe.

[1] Dieses Gasel gehört unter die wenigen, die politischen Inhalts sind. Es ward gedichtet auf die Rückkehr der Stadt Schiras in den Besitz des Schahs Mansur, woraus denselben die Turkomanen eine geraume Zeit hindurch vertrieben hatten; die Krone der Rose ist Schah Mansur selbst, die Zedern und Jasminen sind die Großen des Reichs.
[2] Nachdem die Usurpation der Turkomanen vorbei ist, so nehme nun wieder jeder den ihm gesetzmäßig gebührenden Platz ein.
[3] Der Ring Dschemschids, in späteren Zeiten als das Siegel Salomons berühmt, auf den es von jenem fortgeerbt ward, wie dieses in den Legenden der Propheten des Mehreren zu lesen ist. Ahriman, der Herr der Diwe, das Prinzip des Bösen. Salomon hatte einst seinen Ring eine Zeitlang verloren. Dämonen hatten denselben gefunden, und unter seinem Namen geherrschet. Hafis bezieht auf diese Begebenheit das Zwischenreich der Turkomanen.
[4] Eine Anspielung auf einen Spruch der mündlichen Überlieferung Mohammeds: *Es weht ein Lüftchen des Allhuldvollen von Jemen her.* Da Schah Mansur in der mündlichen Überlieferung sehr gelehrt war, so wird sein Palast als der Ort dargestellt, woher jenes Prophetenlüftchen weht.
[5] *Pescheng* und sein Sohn, zwei der Helden der alten persischen Geschichte.
[6] Das Wasser des Säbels, der Glanz desselben wie im franz. *l'eau d'une pierre.*
[7] Das Feld von *Iredsch,* eine unfruchtbare Steppe zwischen Lar und Schiras.

II.

Mein Augenlicht! ich sage dir ein Wörtchen,
Solang der Becher voll ist, trink und tränke,
Höre mich an!

Die Alten sprechen nur aus der Erfahrung,
O Knabe, spiele du mir nicht den Alten;
Höre den Rat.

Es fesselt nicht der Weisen Hand die Liebe,
Verlanget dich im Haar des Freunds zu wühlen,
Lass die Vernunft.

Die Kutte gibt nicht den Geschmack des Rausches,
Du such den Mut zu solcher Unternehmung
Nur in dem Wein.

Du spare weder Zeit noch Blut für Freunde,
Du opfre hundert Seelen auch für einen
Einzigen Trunk.

Es gibt Versuchungen im Weg der Liebe,
Gib Acht! und leih das Herzensohr dem
Himmlischen Geist.

Die Frucht verschwand, verloren ist die Freude;
O Laute wein', und du, o Trommel, trommle
Immerfort zu!

Nie sei dein Becher leer von Wein, o Schenke,
Nur armen Hefetrinkern schenke einen
Einzigen Blick.

Gehst du vorbei im goldnen Kleid und trunken,
Gib dem Hafis in Woll' gekleidet einen
Einzigen Kuss.

III.

Mein hohes Liebchen, voll Liebkosungen,
Hat die Enthaltsamkeit mir abgekürzt.

Siehst du, was Alter, Tugend, Wissenschaft
Mir angetan hat, sprach ich zu dem Liebchen.

Die Tränen haben mich in Glut gestürzt,
Sie haben mein Geheimnis ausgeplaudert.

Mein Freund ist trunken, denk' des Freundes nicht.
Der Schenke gnädig für die Armen lebe.

Ich fürchte meiner Frömmigkeit Ruin.
Der Brauen Hochaltar raubt mir die Ruhe.

Wie Kerzen lächelnd wein' ich über mich.[1]
O steinern Herz, was macht die Flut und Flamme!

Ich mal' ein Bild auf meiner Tränen Flut,
Wann wird, o Herr! das Bildliche erst wirklich?

O Herr! wann weht der Hauch des Morgenwinds,
Durch dessen Duft ich einst gerettet werde?

O Mönch! Nichts kömmt aus dem Gebet heraus,
Viel besser ists, bei Tag und Nacht zu trinken.

Der Gram verzehrt Hafisen, sag's, o Wind!
Dem Schah, der Freunde nährt und Feinde sengt.

[1] Die brennende Kerze, ein Sinnbild des treuen Liebenden, der sich verzehret, indem er heiße Tränen weinet, wie die Kerze zerschmolzne Wachstropfen, und dabei ein frohes Gesicht macht, wie die heitere Farbe; die Kerze lacht flammend und flackernd, sie weint schmelzend und zergehend, so flackert der Geist des Dichters lachend in lichter Lohe auf, so weint er in heiße Tränen zerschmelzend.

V.

Soviel ich mein Leiden den Ärzten geklagt,
Sie heilten mich Elenden nicht.

Die Perle der Liebe ist ferne vom Ring.[1]
Es geh' nicht den Neidern nach Wunsch.

O sage der Rose von Dornen umhegt:
Schämst du vor *Bülbülen* dich nicht?

Verleih' mir so lange das Leben, o Herr!
Bis dass den Geliebten ich seh'.

Ich habe den Freunden mein Leiden geklagt,
Wer hehlet die Krankheit dem Arzt?

O Schwelger am Tisch des Genusses, wie lang,
Wie lange entbehre ich noch!

Es diente Hafis nicht der Welt zum Gespött,
Vernähm' er den heilsamen Rat.

[1] Die Perle der Liebe ist nicht in dem Siegelring, wo sie sein sollte; d.i. sie hat von ihrem Werte verloren, und weil sie minder wert ist, gebührt ihr auch nicht mehr der Ehrenplatz im Ringe. Das Liebchen ist erkaltet; Herr, gestatte nicht, dass es den Nebenbuhlern nach Wunsch gehe, ihnen, die mich noch mehr vom Liebchen zu trennen suchen.

VI.

Dein Mondgesicht, o Liebchen! ist
Ein Frühlingstag der Schönheit.
Es ist dein Flaum, es ist dein Mal
Der Mittelpunkt der Schönheit.

In deinem Funkelauge ist
Ein Zauberspruch geschrieben,
In den verwirrten Locken liegt
Beständigkeit der Schönheit.

Ein Mond, dir ähnlich, ging nie auf
Am Himmel der Vollendung.
Und keine Zeder, die dir gleicht,
Wuchs je am Strom der Schönheit.

Der Lebenslauf der Schönen wird
Erfreut durch deine Anmut.
Durch deine Lieblichkeit wird froh
Der Weltenlauf der Schönheit.

Die Locken sind ein Netz, es ist
Das Mal ein Korn der Lockung,
Darum ist jeder Vogel stets
Die Beute deiner Schönheit.

Um deine Lippen blüht so frisch
Die Veilchensaat des Flaumes,
Weil sie das Lebenswasser trinkt
Frisch aus dem Quell der Schönheit.

Der Anmut Amme nähret dich
In unsrer Seelen Mitte,
Sie nähret dich mit Schmeichelei'n
Am Busenrand der Schönheit.

Es hofft Hafis nun nimmermehr
Dein Angesicht zu sehen.
Denn außer deinen Wangen gibt
Es nichts im Land der Schönheit.

VII.

Frühling und Rosen erwecken die Lust; magst brechen die Reue!
Reißen aus trauriger Brust fröhlich die Wurzeln des Grams.

Sieh, der Morgenwind weht, und alle Knospen der Rosen
Haben zerrissen ihr Hemd, billig der Sinnen beraubt.

Lern, o Herz! die Reinheit der Sitten vom perlenden Wasser,
Von der Geradheit stell Zedern als Muster dir auf.

Ha! die Braut der Knospen, sie raubt mit schmeichelndem Lächeln
Auf die schöneste Art uns so den Glauben als Herz.

Trauergesänge *Bülbüls* und *Philomelens* Geweine[1]
Kommen der Rose zulieb' aus dem Gemache des Grams.

Siehe, wie hat der Räuber, der Ost, die Locken zerstöret,
Hyazinthen zerstreut um das Jasminengesicht.

Dir erzählte das Glas Hafis den Umlauf der Dinge
nach des Sängers Spruch, und nach des Wirts *Fatwa*.[2]

1 *Bülbül* und *Hasar* sind zwei verschiedene Arten von Nachtigallen.
2 *Fatwa*, der richterliche Ausspruch des Mufti.

VIII.

Deinem Geruche zulieb', weil die Rose den Schleier zerreißet,
Zerreiß' auch ich mein ganzes Kleid.

Auf den Fluren ersah dich die Rose, und ohne Besinnen
Zerriss wie trunken sie ihr Kleid.

Schwer befrei' ich mein Herz aus der Hand der Schmerzen und Leiden,
Und du befreiest so leicht dein Herz!

Ich verließ den Freund, von meinem Feinde beredet,
O niemand sei den Freunden Feind.

Tue mir nichts, sonst steigt von meinen verbrennenden Seufzern
Der Rauch empor wie vom Kamin.

Deinen Körper umhüllt das Gewand, wie den Nektar der Becher,
Das Herz die Brust, das Gold der Stein.

Träufle, Kerze, herab! o träufle Tränen in Fluten!
Dein Herzensbrand sei allen kund!

Brich nicht das arme Herz, und wirf es mir nicht vor die Füße,
Es ist geknüpfet an dein Haar.

Da Hafis sein Herz an deine Locken geknüpft hat,
So wirf es mir nicht vor den Fuß.

IX.

Wenn ich der Staub der Freundin bin,
So reinigt sie den Saum von mir,
Und wenn ich sage: kehr dein Herz
So kehret sie sich ab von mir.

Sie zeigt ihr schönes Angesicht
Der ganzen Welt, den Rosen gleich,
Und wenn ich sage: deck es zu,
So decket sie es zu vor mir.

Wenn ich wie Kerzen vor ihr steh',
Lacht sie wie's Morgenrot zum Gram;
Und wenn ich böse drüber bin,
So zeiget sie sich böse mir.

Ich sprach zu meinem Aug', o schau
Sie einmal an mit einem Blick;
Mein Auge sprach zu mir: Willst du,
Es fließ' ein blut'ger Strom von mir.

Sie dürstet stets nach meinem Blut,
Nach ihren Lippen dürste ich,
Erhalte ich vielleicht mein Ziel,
Rächt sie sich wohl vielleicht an mir.

Ihr Freunde! eines Kusses halb'
Gäb' ich die ganze Seele hin,
Seht! wegen solcher Kleinigkeit
Bleibt sie zurück im Lauf mit mir.

Entflöhe mir aus Bitterkeit
Die Seele, wie *Ferhaden* einst,
So macht es nichts, es bleiben einst
Der süßen Sagen viel von mir.

Versiegle doch dein Wort, Hafis,
Denn wenn du so die Liebe singst,
So singet vor in jeder Eck'
Die Liebe Zaubereien mir.

XIII.

Herein zur Tür!
Erleuchte nächtliches Dunkel,
Durchwürz die Luft
Des Kreises geistiger Männer.

Dem Geist das Herz
Empfehl' ich Augen und Brauen,
O komm, o komm,
Und schaue die Aussicht, den Bogen.[1]

Bring einen Staub
Von uns edenisches Lüftchen
Ins Paradies
Und würz die Düfte desselben.

Der Schönheit Schein
Verhüllt das Licht des Verstandes,
O komm! erleucht'
Damit die Fackel der Sonne.

Der Stern der Nacht
Der Trennung sendet nicht Strahlen.
Steig auf das Dach,
Zünd an die Leuchte des Mondes.[2]

Es weichen dir
An Reiz die Schönen der Fluren,
Drum sprich mit Huld
Jasminen, Pinien an.

Der Schenke spricht
Viel überflüssige Dinge,
Dich kümmr' es nicht,
Du füll den Becher mit Wein an.

Uns ziemt es nicht,
Nach dem Genusse zu geizen,
Du weise uns
An zuckersüße Rubinen.

Du küss das Glas
Und gibs den Trunkenen über,
Mit diesem Wort
Durchwürz den Duft des Verstandes.

Rät dir der Mönch
Nicht Liebesspiele zu spielen,
Reich ihm das Glas,
Befeucht' damit sein Gehirne.

Mit deiner Huld,
Mit deiner lieblichen Tugend
Heb wie die Kerz'
Empor das Haupt in Gesellschaft.

Die Kutte setzt
Mich in nicht kleine Verwirrung.
Mach mich zum Mönch
Mit einem schmeichelnden Blicke.[3]

Nachdem du viel
Mit Mondgesichtern geliebelt,[4]
Präg' deinem Sinn
Hafisens Lieder mit Fleiß ein.

[1] Unter der *Aussicht* werden die Augen, unter dem *Bogen* die Brauen gemeint.
[2] Weil mir in der Trennungsnacht kein Stern funkelt, so komm du auf die Terrasse und beleuchte die Nacht mit deinem Mondgesichte.
[3] Meine Kutte setzt mich in große Verlegenheit, weil ich nichts weniger als den wahren Geist des Mönchtums besitze. Nur deine Blicke können mir Mut und Kraft zur nötigen Selbstverleugnung einflößen.
[4] *Isch* und *ischk* sind die Ergießungen sinnlicher und leidenschaftlicher Liebe, beide verschieden von *ischret,* der eigentlichen Wollust, und *muhabbet,* der reineren schon mehr an die edeln Gefühle der Freundschaft grenzenden Liebe.

XIV.

Sieh rötlichen Wein,
Sieh Mondengesichter,
Sieh jenen zum Trotz
Die Schönheit von diesen.

Sie tragen ein Band,
Versteckt in der Kutte,
Die Ärmel sind kurz,
Doch lang sind die Hände.

Sie beugen den Kopf
Um Himmel und Erd' nicht,
Ei siehe den Stolz
Der kleinlichten Bettler.

Es öffnet der Freund
Die trotzigen Brau'n nicht,
O sieh wie darum
Ihn Liebende bitten.

Noch hörte ich nichts
Vom Bunde der Liebe,
O schaue die Treu'
Der Freunde und Trauten.

Durch Liebe geknüpft
Erhalt' ich die Freiheit,
So sorget der Sinn
Vorsichtiger Liebe.

Es reinigt den Staub
Hafisen die *Liebe*,
O schaue, wie rein
Der Spiegel des Sinns ist.

XVII.

Verhüll mit Moschushyazinthen
Die Rosenblätter,
Das ist die Wangen mit den Locken,
Verheer' die Welten.

Ström Schweiß von deinem Angesichte,
Füll an die Gärten,
Wie die Pokale unsrer Augen,
Mit Rosenwasser.

Schließ auf die schlafende und trunkne
Narziss' liebkosend,
Dass die Narzissen eifersüchtig
Sich schlafen legen.

Des Lebens Tage gehn vorüber
Schnell wie die Rosen,
O Schenke! eil die Weinrubinen
Herumzureichen.

Mach dich bekannt mit Veilchendüften,[1]
Schau an die Locken,
Schau an der Tulpen Flor, begehre
Das Glas zum Trinken.

Siehst du das Weinglas, o so rolle
Dein Aug' wie Blasen,
Und schließ aus Blasen auf den Zustand
Des Weltgebäudes.

Seitdem die Liebenden zu morden,
Dir ward zur Sitte,
Reichst du den Becher hin den Feinden
Und schmälest unser.

Hafis ging auf dem Weg des Betens
Nach dem Genusse;
O Herr, erhöre die Gebete
Der kranken Herzen.

[1] Die Locken hauchen Veilchendüfte, daher die veilchenhaarigen Schönen der Griechen.

XX.

Ich bin durch Liebeleien
Zum Stadtgespräch geworden,
Ich bins, der nie sein Auge
Mit bösem Sehn befleckt hat.

Wir sind getreu und traurig
Und sind dann wieder fröhlich.
Dem Nächsten Böses tuen
Erkennen wir als Sünde.

Ich sagte zu dem Wirte,
Wo ist der Weg des Heiles?
Er nahm ein Glas und sagte:
Geheimnisse bewahre!

Was ist wohl unsre Absicht,
Wenn wir die Welt betrachten?
Wir sammeln Wangenrosen
Durch unsre Augenäpfel.

Ich Weinverehrer habe
Mein Bild in Nass gemalet,
Damit die Eigenliebe
Um so viel eh' zerfließe.

Ich baue und vertraue
Auf deiner Locken Milde,
Wenn diese mich nicht heben,
Was nützet mein Bemühen?

Von ihren Flaumen lerne
Die schönen Wangen lieben,
Denn schön ist es die Wangen
Der Schönen zu umkreisen.

Ich möchte meinen Zügel
Von hier zur Schenke lenken,
Denn Pred'ger ohne Beispiel
Ziemt sich nicht anzuhören.

Du küss der Schönen Lippen,
Du küss das Glas Hafisens,
Denn Sünde ist's, die Hände
Der Heuchelnden zu küssen.

XXII.

Ich brenne von der Trennung,
Wend' mein Gesicht von Leiden ab,
Ein Unglück ist die Trennung,
O wende, Herr! von mir das Unglück ab.

Sieh, wie der Mond erglänzet
Auf grünem Gaul des Himmels-Plans,[1]
Damit er flieh' nach Westen.
Wend' dich von seinem Glücke ab.

Damit Vernunft und Glauben
Von Liebenden geplündert sei,
Erscheine du betrunken,
Und wirf so Kleid als Haube ab.

O staube aus die Locken;
Trag Hyazinthen selbst zum Trotz
Des Wohlgeruches Rauchfass[2]
Dem Ost gleich Fluren auf und ab.

O Augenlicht der Trunknen,
Ich harre deiner voll von Begier,
O schlag die Laute, oder
Gib uns den Becher auf und ab.

Es schrieb der Lauf der Zeiten
Auf deinen Wangen schöne Schrift,[3]
O Herr! von meinem Freunde,
Wend' böse Schriften von ihm ab.[4]

Hafis, du darfst von Schönen
Erwarten nicht ein anders Los,
Wenn dies dir nicht behaget,
So wend' den Spruch des Schicksals ab.

[1] Im höhern Asien, besonders in Samarkand und Buchara, hat das Firmament in heitern Nächten nicht sowohl dunkelblaue als dunkelgrüne Farbe.
[2] Das Rauchfass sind abermals die Haare, als Locken gekraust.
[3] Die Haarschrift des jungen Bartes.
[4] Zaubereien.

XXIII.

Liebkose mich, vernicht' hiedurch
Den Markt der Zaubereien,
Mit einem einz'gen Wimpernwink
Beschäme die *Somire.*[1]

Vernicht' mit einem Glase Wein
Den Kopf, den Bau der Welten,
Das ist, vernicht' durch deinen Reiz
Die heuchelnden Kapuzen.

Sag deinem Haar: Gib einmal auf
Halsstarrige Gebräuche,
Den Wimpern sag, dass sie einmal
Des Unrechts Heer vernichten.

Komm! trag hervor den Schönheitsball[2]
Vor allen andern Leuten,
Beschäm die Reize der *Huris,*
Vernichte die *Perien.*

Stell eine Jagd auf Löwen an
Mit deines Auges Hirschen,
Zerbrich den Bogen Jupiters
Mit deinen Augenbrauen.

Des Morgenwindes Hauch durchwürzt
Das Haar der Hyazinthen.
Beschäme sie mit einer Spitz'
Von deinen Ambralocken.

Verkauft, Hafis! die Nachtigall
Wohlredenheit in Liedern,
Vernichte ihrer Waren Preis
Mit persischen Gesängen.

[1] *Somir,* ein berühmter Zauberer.
[2] Der Ball der Schönheit.

XXIV.

Der Phönix meines Herzens hat
Sein Nest im letzten Himmel,
Im Körperkäfig eingesperrt,
Ist er längst satt des Lebens.

Der Seele Phönix, fliegt er einst[1]
Empor vom Aschenhaufen,
So nistet er sich wieder ein
In jenem hohen Neste.

Fliegt er empor, so sitzt er auf
Am Baum des Paradieses,
Drum wiss', es ist mein Aufenthalt
Hoch auf des Himmels Zinnen.

Und spreitet über diese Welt
Die Flügel aus mein Phönix,
So ruhet auf der ganzen Welt
Des guten Glückes Schatten.

In beiden Welten wohnet er
Hoch über allen Himmeln,
Sein Körper ist von Ätherstoff,
Doch nirgends wohnt die Seele.

Der Plan der höhern Welten ist
Der Spielort meines Phönix,
Des Paradieses Rosenbeet
Gewährt ihm Trank und Speise.

Verlorener Hafis, solang
Du Gottes Einheit predigst,
Schreib Einheit hin auf jedes Blatt
Der Menschen und Genien.

[1] Im Persischen stehet nur der Vogel, weil aber die Stelle des Wiederemporfliegens vom Aschenhaufen ausgenscheinlich auf die Fabel des Phönix anspielt, schien es erlaubt, seinen Namen zu nennen. Es ist der Geist, der sich hoch über alles Irdische aufschwingt zur Einheit Gottes. Dieser Ode lässt sich hoher mystischer Sinn nicht absprechen.

XXV.

Bring, o Herr, den Moschushirschen
Nach *Choten* zurück![1]
Bringe diese hohe Zeder
Auf die Flur zurück.

Lindre mein verderbtes Schicksal
Nur mit einem Hauch,
Bringe die entfloh'ne Seele
Zu dem Leib zurück!

Gott! der Mond, die Sonne kommen
Auf dein Wort zurück,
Bring daher mein Mondgesichtchen
Wieder mir zurück.

Aus Begier nach den Rubinen
Sind die Augen Blut,
Herr, o bring das Glücksgestirn
Glänzend uns zurück!

Ohne dich mag ich nicht leben,
Dieses ist mein Wort,
Hör auf meine Worte, Bote,
Botschaft bring zurück!

Fliege, fliege, guter Vogel,
Aus dem Paradies,
Bring der Raben und der Krähen
Worte zum *Anka*![2]

Bring der Freundin, die zur Heimat
Meine Augen hat,
Aus der Fremde wieder in ihr
Vaterland zurück.

[1] *Choten,* das Land des Moschusgazellen.
[2] *Anka* oder *Simorg*, der auf dem Berge Kaf nistet.

Aus: Der Buchstabe Waw

I.

Es ziemet deinem Wuchs der Herrschaft Kleid,
Es schmückt dein hoher Sinn den Ring, den Thron.

Die Sonne der Erbarmung gehet auf
Vor deinem wundervollen Angesicht;

Wiewohl des Himmels Aug' die Sonne ist,
Doch schmücket deiner Füße Staub ihr Licht.

Es sitzt des Paradieses Vogel auf,
Wo deines Vogels Schatten niederfällt.

Man zankt sich tausendmal um das Gesetz,
Und doch hältst du die Wissenschaft zurück.

Dein Papagei, das ist dein Zauberkiel,
Verströmt die Fluten der Wohlredenheit.

Was Alexander wollt' und nicht erhielt[1]
Ist deines reinen Glases Hefen nur.

Was braucht es unsre Not, dir kundzutun!
Nichts bleibt geheim vor deines Auges Strahl.

O Herr, Hafisens graues Haupt wird jung,
In Hoffnung, dass du mir verzeihen wirst.

[1] Die Quelle des Lebens.

II.

Die Sonne ist der Spiegelhalter
Von deiner Schönheit,
Der Moschus ist das schwarze Rauchfass
Von deinem Male.

Ich habe meiner Augen Hofraum
Zwar rein gewaschen,
Allein, was nützt es, dieser Winkel
Ist deiner unwert.

Der schwarze Punkt des Augenapfels,
Des Lichtes Ausfluss,
Ist nur das Licht, das widerstrahlet
Von deinem Male.

O gib beim Feste des Genusses
Mir Freundenkunde,
Damit ich zu dem Schicksal wieder
Mit Menschen kehre.

Wann werden deine Augenbrauen
Mir wieder schmeicheln?
Damit ich selbst den Himmel zähle
Zu meinem Sklaven.

Es stehet im Zenit der Anmut
Die Schönheits-Sonne!
O Herr! bis an das End' der Welten
Geh' sie nicht unter!

Es malte der Diplomenmaler[1]
Von Moschusbrauen
Bisher kein schöneres Gemälde
Als deine Formen.

Es steigen auf des Friedens Düfte,
O komm zu mir her!
Du bist für uns mit deinen Wangen
Der junge Frühling.

Wie soll ich wohl vor meinem Herren
Mein Leiden klagen!
Wo fang' ich an bei meinen Bitten?
Bei deinen Härten?

Hafis, der Närrischen sind viele
In diesen Banden,
Lass dir nichts Wildes träumen,
Das dir nicht ziemet.

[1] Eigentlich der *Tugraschreiber* der Augenbrauen. *Tugra* ist der verzogene Name des regierenden Herrn, welcher bei Befehlen und Diplomen bald mit schwarzer, bald mit ro-

ter, grüner oder goldner Tinte oben angesetzt wird. Da derselbe, drei gerade senkrechte Schattenstriche ausgenommen, aus lauter Bogenstrichen besteht, so sieht der Dichter darin abermals die Formen der Brauen des Geliebten.

IV.

Ich schwöre bei des Wirtes Seele,
Beim Gnadenrechte,
Es wohnt kein Wunsch in meinem Kopfe,
Als ihm zu dienen.

Ich weiß, es sind die Gärten Edens
Kein Ort für Sünder,
Doch bring nur immer Wein, ich warte
Auf die Erbarmung.

Die Lampe dieses Wolkenblitzes
Sei stets erhellet,
Sein Wetterstrahl hat eingeschlagen
In meine Scheune.

Bring Wein, denn mich belehrte gestern
Des Himmels Bote:
Der Reigen von der Milde Gottes
Sei allumfassend.

Siehst du vielleicht ein Haupt im Staube
An Schenkenschwellen,
So tritt es nicht, denn seine Absicht
Ist wohl erkennet.

Sieh mich nicht an mit einem Auge
Voll von Verachtung,
Von der Enthaltsamkeit, vom Trinken
Bin ich nicht Meister.

Es zeiget zwar noch keine Neigung
Mein Herz zur Reue,
Doch will ich in des Herren Namen
Mich drum bemühen.

Mein Freund, du gib nicht auf die Hoffnung
Auf Freundes Gnaden,
Denn es verbreiten seine Gnaden
Sich über alle.

Beständig ist das Kleid Hafisens
Um Wein versetzet,
Vielleicht ist er wohl ganz geformet
Aus Schenkenstaube.

VIII.

Blut verströmet mein Aug', verwundet vom Schwerte der Brauen,
Welten werden verwirrt durch diese Augen und Brauen.[1]

Gänzlich weihe ich mich dem Dienste des lieblichen Knaben,
Sein Gesicht ist die Ros', und schattige Lauben die Brauen.

Abgezehret bin ich aus Gram so fein wie der Neumond,
Weil der Mond es noch wagt, keck zu stehn vor den Brauen.

Du, ungläubiges Herz, verhüllest dich nicht mit den Locken,
Aber ich fürchte, es stürzt der Altar zusammen vor Brauen.

Wunderlich dünkt den Zellenbewohner die Stirne des Freundes.
Denn es neigen herab sich auf die Flaumen die Brauen.

Immer halte dein Aug' gespannt den Bogen der Schönheit,
Denn es fliegen die Pfeile zum Mond vom Bogen der Brauen.

Ha! es merken nicht auf die Nebenbuhler, indessen
Kommt mir Kunde der Stirne des Aug's vom Mittler der Brauen.

Keiner vergleiche den Freund hinfort mit Huris und Perien,
Wo hat jene das Aug', und wo hat diese die Brauen?

Zwar ist in Sehnsucht und Lust Hafis ein lustiger Vogel,
Aber er ward doch erlegt vom scharfen Pfeile der Brauen.

[1] Schöngewölbte starke Augenbrauen, die sich in einander verlaufen, wie die Brauen Bathlis bei Anakreon, sind eine der vorzüglichsten Schönheiten im Morgenlande. Kein Wunder also, dass Hafis denselben hier durch ein besonderes Preisgedicht huldigt. Sie erscheinen ihm als krumme Sarrasse, welche die Augen verwunden, dann als schattige, schön gewölbte Lauben, in denen die Herzen der Liebenden ausruhen. Er zürnet sich, dass der Bogen des Neumonds sich unterstehet, vor den Brauenbogen noch länger am Himmel stehen zu bleiben, und sich nicht gleich aus Scham versteckt. Er verwundert sich, wie die Brauen fast auf die Flaumen des Barts heruntersinken. Eine Hyperbel, welche in den Haremen des Morgenlands durch die Kunst der Toilette zur Wahrheit wird, denn die angemalten hochgewölbten Brauen laufen wirklich oft bis auf die halbe Nase herunter wo sich ihre Spitzen berühren. Der Dichter kniet vor dem Hochaltar der Brauen, er zittert vor ihren gespannten Bogen; er sieht endlich in denselben einen freundlichen Internuntius, der ihm von Aug' und Stirne durch Nicken Nachricht bringt.

X.

Siehe die grünende Flur des Himmels, die Sichel des Mondes,
Sie erinneren mich an meine Saaten und Ernten.

Auf! so sprach ich zum Glück, du schläfst, und schon leuchtet die Sonne
Ob dem Vergangnen, so sprach's, verzweifle du nicht an der Zukunft.

Fahrst du von allem Irdischen rein in den Himmel, wie *Jesus*,
Hundert Strahlen verleiht dann deine leuchtende Sonne.

Traue du nicht zu viel dem Gestirne des nächtlichen Diebes,
Denn er stahl die Krone von *Kaus*,[1] und von *Chosrewen* den Gürtel.

Sage dem Himmel: o rühme dich nicht mit solchem Getöse,
Um ein Körnlein verkauft die Liebe dem Mond die Plejaden.

Wenn gleich Rubin und Gold dein Ohr als Gehänge beschweret.
Höre du immer den Rat, und wisse, die Schönheit vergehet.

Weit von deinem Mal sei die Bosheit der Augen entfernet,
Denn es hat an Schönheit den Mond, die Sonne bestohlen.

Siehe, die Heuchlerglut wird zuletzt den Glauben verbrennen.
Wirf, Hafis! das wollene Kleid weg, gehe von hinnen.

[1] *Kaus* oder *Keikawus,* einer der mächtigen Könige der alten persischen Dynastie der Kejaniden, so wie *Chosrew* aus der neueren der *Sassaniden.* Der nächtliche Dieb ist die Welt, das Schicksal.

Aus: Der Buchstabe He

V.

Von deinem Wangenglanz entlehnt
Des Auges Fackel Licht.
Ein Auge wie dein trunknes Aug
Hat nie die Welt gesehn.

Ein Liebchen, das vom Kopf zum Fuß
Voll Anmut ist wie du,
Ward nie erzeuget von der Welt,
Erschaffen nie von Gott.

Vom trunknen Auge, und den Brau'n
Sind Liebende verfolgt,
Denn jenes liegt im Hinterhalt,
Und diese schießen los.

Wie lange noch wird hingestreckt
Vom grünen Pfeil der Brau'n
Mein Herzensstäubchen halb entseelt
Gewälzt in Blut und Staub.

Von meines Herzens Gluten steigt
Der Rauch mir in den Kopf,
Wie lang werd' ich wie Aloe
Noch schmelzen in der Glut?

Wenn sich mein unbezähmtes Glück
Mir endlich unterwirft,
So wird mir noch von jenem Mund
Erfüllt des Herzens Wunsch.

Wenn in die Wangen deine Brau'n
Verliebt nicht sind wie ich,
Warum sind sie denn so gekrümmt
In Bogen wie mein Wuchs?

Legst du den Mund auf meinen Mund,
So strömt mir Leben zu,
Im Augenblicke, da mein Geist
Auf meine Lippen kommt.

Wie lange noch verlassest du
Mein Herz gleich deinem Haar,
Wie lange noch verwirrst du es,
O du mein Augenlicht!

Mein Herz zerrang in tausend Pein
Sich mit dem Trennungsdorn,
Und pflückte doch von dem Genuss
Nicht eine Rose ab.

Mein ganzer Reichtum ist mein Lied,
Wenn es dir wohlgefällt,
So schreib Hafisens Perlen all'
Zusammen in ein Buch.

Ergreifest du nicht meine Hand,
So klag' ich dem Wesir,
Dem Liebenden hast du geraubt
Durch einen Blick das Herz.

VI.

Wie glücklich ist des Ostes Ambraross!
Früh steht er auf voll von Begier nach dir.

O schön beschwingter Vogel, zeig den Weg.
Mein Aug' zerfloss aus Sehnsucht nach dem Staub.

Ich schwimm' im Blut, und meiner eingedenk
Betrachtet man den neuen Mond mit Huld.

Aus Liebe deiner Wangen werden einst
Auf meinem Grab statt Gräsern Rosen blühn.

Ich lebe ohne dich, o pfui der Scham!
Vielleicht verzeihst du mir, wie tät ich's sonst.

Der Morgen hat von deinem Freund gelernt,
Deshalb zerreißet er der Wolken Kleid.

O schmäle mich nicht, aus du zarter Sinn,
Im Namen Gottes hat's Hafis gesagt.

VII.

Ich ging zur Schenke gestern,
Vom Schlafe ganz befleckt,
Befeuchtet war die Kutte,
Der Teppich ganz befleckt.

Es kam ein Schenkenknäblein
Und sagte mir mit Spott:
Es ist schon Zeit: Erwache
O du vom Schlaf befleckt![1]

Vor allem andern wasch dich,
Dann komm' zur Tür herein,
Es würde ja die Schenke
Von dir sonst auch befleckt.

Geh, wo die Alten wohnen,
Mit Reinigkeit vorbei,
Das Kleid des Alters werde
Von Jungen nicht befleckt.

Wie lang wird noch aus Sehnsucht
Nach einem süßen Mund
Mit flüssigem Rubine
Der reine Geist befleckt?

Erfahrene der Liebe
Sind zwar in diesem Meer
Hinab zum Grund gefahren,
Und wurden nicht befleckt.

Sei rein, steig in die Höhe,
Vom Brunnen der Natur,
Denn nimmer schmeckt das Wasser
Als rein, das Staub befleckt.

Ich sprach zu meinem Liebchen:
Ist es nicht Schand' und Spott,
Dass in dem Lenz die Rose
Sich so mit Wein befleckt?

Sie sprach: Hafis, die Rätsel
Verkauf den Freunden nicht!
O Schade! dieser Milde
Mit solchem Grimm befleckt.

[1] Es ging Hafisen wie Horazen auf seiner Reise nach Brindisi:
tum immundo somnia visu
Nocturnam vestem maculant ventremque supinum.
In weitere Erörterung dieses Gasels voll Befleckung einzugehn, hieße das Papier umsonst beflecken wollen.

XII.

Und regnet es Schwerter im Gau des Monds,
So halte ich immer den Nacken hin.

Wir wissen nicht minder, was Sitte ist,
Doch was ist mit bösem Gestirn zu tun!

Die Alten und Pred'ger verstehn wir nicht,
Den Becher und kurze Geschichten wohl.

Verliebt und betrunken nun Reue tun,
Der Himmel bewahre, bewahre mich!

Von deinem Gesichte her schien kein Glanz,
Ach Spiegelgesicht, du bist zart und hell!

Das Dulden ist bitter, das Leben kurz,
O fänd' ich ein Mittel, zu ihr zu gehn!

Was weinst du, Hafis, wenn du Liebe suchst?
Muss es dir gefallen zu trinken Blut.[1]

[1] Zur Zeit und zur Unzeit.

XV.

Du warfst den Schleier schnell von dir,
Und dies warum?
Betrunken gingst du aus dem Haus,
Und dies warum?

Der Nebenbuhler hat dein Ohr,
Dein Haar der Ost,
So hast du alles durchgewirrt,
Und dies warum?

Die Bettler lieben dich, du bist
Der Schönen *Schah*,
Du kennest nicht den eignen Wert,
Und dies warum?

Du gabst die Spitze deines Haars
Mir in die Hand,
Dann warfst du zu den Füßen mich,
Und dies warum?

Des Herzens Wort verrät dein Mund,
Dein Gurt den Wuchs,
Mit beiden drohte mir dein Schwert,[1]
Und dies warum?

Ein jeder träumet sich von dir
Was anderes,
Doch übel spielst du andern mit,
Und dies warum?

Hafis! es setzte sich der Freund
Ins enge Herz,
Doch triebst du nicht die Fremden aus,
Und dies warum?

[1] Das Schwert deiner Wimpern.

XVI.

Fort, ewiges Leben! ihr Genuss ist besser.
Verleih ihn mir, o Gott! denn er ist besser.
Sie schlug mich mit dem Schwert, ich sagt' es keinem,
Denn vor dem Feind geheim zu sein, ist besser.

Mein Herz sei ewig in dem Gaue Bettler,
Denn jedes Glück, das ewig währt, ist besser.
Lad' in die Einsamkeit mich nicht, o Frommer,
Der Apfel dieses Kinns ist vieles besser.

Gebrandmarkt mit dem Mal des Sklavendienstes,
Für sie zu sterben ist vieles besser.
Das Blut des Safrans ist zwar schön und lieblich,
Der Staub, von ihrem Fuß zermalmt, ist besser.

O fraget meinen Arzt um Gottes willen,
Wann wird es dann mit diesen Schwachen besser?
O wende dich vom Greisenrat nicht ab.
Denn er ist mehr als Jünglingsgunst und besser.

Sie sprach einst bei der Nacht: wo sind die Perlen,
Die schöner sind als mein Gehäng' und besser.
In meiner Freundin Munde sind die Perlen,
Doch ist Hafisens Wort um vieles besser.

Aus: Der Buchstabe Ja

I.

Sag, Herz, du gehst beim Freunde nicht vorbei,
Du bist im Geist versammelt, tust doch nichts.

Du hältst den Schlägel, schlägst den Ballen nicht,
Den Falken hast du, und du jagest nicht.

Das Blut, das in dem Herzen brausend kocht,
Verwend'st du für kein liebes Angesicht.

Dein Hauch ward durchwürzet, wie der Ost,
Wiewohl vorbei du gingst am Freudengau.

Ich fürchte, dass du keine Rosen pflückst,
Den Dorn des Rosenbeetes nicht erträgst.

Du gleichest einem Becher voll von Wein,
Allein du selbst verkennest deinen Wert.

Viel Moschus hat der Ärmel des Gemüts,
Doch weihst du selben nicht dem Freundeshaar,

Hafis, geh fort, du dienst dem Freunde nicht,
Wenn alle Liebenden es tun, du kannst es nicht.

III.

Ich preise Gott für die Gerechtigkeit des Sultans
Ahmed Oweis des Sohns *Hassans* des *Ilchaniden,*[1]

Des *Chan's,* der Sohn des *Chan's,* der Schahe Schah geboren,
Er, so der Geist der Welt verdient genannt zu werden,

Eh' Dich das Auge sah, warst Du als Fürst genennet,
Sei mir gegrüßt, Du, würdig solcher Gnaden Gottes.

Wenn ohne dich der Mond aufgeht, wird er gespalten,
O Wunder von dem Glück *Ahmeds,* von seiner Allmacht.[2]

Der Glanz des Thrones raubt die Herzen Schah und Bettlern.
Das böse Aug' sei fern! Du bist der Allgeliebte.

Kraus deine Locken, wie ein Türk', bei dir vereint sich
Der hohe Geist *Chakans,* der Mut der *Dschengischane,*[3]

Von dir entfernet will ich auf dein Wohlsein trinken.
Auf Geistesreisen gibt es keine fernen Posten,[4]

Auf Persiens Boden blüht der Freuden Knospe nimmer,
Ich sehne mich nach Bagdads Wein und nach dem Tigris.

Ein liebend Haupt, das nicht zum Staub wird des Geliebten,
Wie kann es sich vor der Gefahr der Wirbel retten?

Bring mir, o Wind, den Staub der Türe des Geliebten,
Auf dass Hafis damit des Herzens Aug' erleuchte.

[1] Ahmed Oweis, gewöhnlich unter dem Namen Scheich Oweis bekannt, der schon mehr als einmal erwähnte Fürst aus der Familie Ilchan.

[2] Anspielung auf das Wunder Mohammeds (auch Ahmed genannt), der den Mond am Himmel spaltete.

[3] *Chakan,* der Titel der Kaiser von Sina, auf welche sowohl als auch auf Dschengischans Familie die Ilchaniden ihr Geschlecht zurückführten.

[4] *Sultan Ahmed* pflegte den Winter in Bagdad, den Sommer in Schiras zuzubringen; Hafis, vom Sultan, der damals sich in Bagdad befand, entfernet, reist im Geiste nach Bagdad.

VII.

Hätte dieser schwarze Bart
Mir ein Wort geschrieben,
O das Blatt von meinem Sein
Wäre aufgeschrieben!

Bringet Trennung gleich zuletzt
Früchte des Genusses,
Besser wär's, man hätte jetzt
Nicht verpflanzt den Samen.

Deine Feder hört nie auf
Zucker auszuströmen!
Doch du zeigtest Liebe nicht,
Schriebest keine Antwort.

Hätte dich der Architekt
Liebe nicht gebauet,
Wär' mit Liebe Menschenton
Nicht geknetet worden?

Sage mir vom Paradies
Nichts, du frommer Klausner,
Denn mein Mädchen ist *Huri*,
Und mein Haus ist *Eden*.

Gib nicht für den Prunk *Schebads*,[1]
Für den Garten Erems
Eine Flasche voll von Wein,
Eine Saat der Lippen.

Was ist für ein Unterschied
Zwischen unserm Wissen,
Wer nicht sieht, was weiß er wohl,
Was da schön und mild sei.

Nicht allein in meinem Sinn
Ist ein Götzentempel,
Überall steht ein Altar,
Überall Idole.

Nimmer ruht es sich bequem
Auf der Liebe *Sofa*.
Mangeln goldne Polster nur,
Tun's auch Strohtapeten.

Weises Herz, wie lang wirst du
Leiden auf der Erde?
Weh des Schönen, welches sich
Hat verliebt in Wilde.

Von dem Kleid mit Wein befleckt,
Rühret her das Unglück,
Sage, wo ist wohl der Mann
Deines Sinns und Herzens.

Warum ließ Hafis dein Haar
Wohl aus seinen Händen,
So ward es ihm einst bestimmt,
Konnt' er anders handeln?

[1] *Schebad,* der arabische König, der ein irdisches Paradies aus Gold und Silber und Edelsteinen in Jemens glücklichen Fluren erbaute. Im Koran geschieht dieser Sage Erwähnung, *Erem, von Säulen gestützt,* soll nach den meisten Auslegern dieses irdische Paradies bedeuten; allein der scharfsinnige Geschichtsforscher Ibni Chaladim meint mit

weit mehr Wahrscheinlichkeit, dass Erem mit vielen Säulen nichts anders als einen arabischen Stamm dieses Namens bezeichne, der viele Säulen, d.i. viele Zeltpfähle und folglich viele Zelte hatte.

IX.

Dir, auf deine Schönheit Stolzem,
Ist's verzeihlich, nicht zu lieben;

Liebenden geh nicht zu nahe
Du, durch Weisheit Allberühmter!

Du kennst nicht den Rausch der Liebe,
Kennest nur den Rausch des Weines.

Blässe und die Seufzer zeugen
Von der Liebe schwerer Krankheit.

Ohne Wein und ohne Mädchen
Gäb's in Eden keine Freude.

Buhl' um dieses Mondes Liebe,
Und wärst du auch eine Sonne.

Tu Verzicht, Hafis, auf Leumund,
Fordre Wein, du bist berauschet.

X.

Der du in allen wüsten Häusern
Dein Plätzchen hast,
Du herrschest, wenn du in den Händen
Ein Gläschen hast.

Du der mit Locken und mit Wangen
Die Zeit zubringst,
O welchen Abend, welchen Morgen
Du Froher hast!

Du, der zu dem Genuss im Stillen
Zurück dich ziehst,
Halt teuer jegliche Minute,
Die du noch hast!

Ostwind, es harren auf dem Wege
Verbrannte dein,
Weil du von dem gereisten Freunde
Die Kunde hast.

Wiewohl du zu der Zeit der Treue
Verstand nicht hast,
Dank' ich doch Gott, dass du im Zürnen
Verstand noch hast.

Dein grünes Mal ist ohne Zweifel
Ein Liebeskorn,
Doch weh der Netze, die am Rande
Gestellt du hast.

Ich rieche an dem Rand des Busens
Der Seele Duft,
O rieche diesen Duft, wenn anders
Geruch du hast.

Was ist's, wenn dich um deinen Namen
Ein Fremder fragt,
Du bist es, der allein den Namen
Im Volke hast.

Es soll die Seele dir bewahren
Manch Zauberwort,
Dir, der zu deinem wahren Diener
Hafisen hast.

XII.

Es strahlt in deinem Angesicht
Der Herrschaft Schimmer,
In deinem Sinn verstecket sich
Die Weisheit Gottes.

Gelobt sei Gott, es hat dein Kiel
Mit einem Tropfen
Geöffnet hundert Quellen Licht
Im Reich des Glaubens.

Der Schimmer Gottes strahlet nicht
Auf *Ahrimanen*,
Du hast das Reich, du hast den Ring,
Herrsch' nach Belieben.

Wer über Salomons Gewalt
Noch Zweifel heget,
Dem lachet in das Angesicht
So Fisch als Vogel.

Es setzt der Falke zwar aufs Haupt
Ein kleines Häubchen,
Doch wissen Herrscherrecht und Brauch
Des *Kafes* Vögel.

Das Schwert, das selbst der Himmel tränkt
Mit seinem Wasser,
Erobert eine ganze Welt,
Doch ohne Heere.

Es schreibet deine Feder schön
Für Freund' und Feinde;
Des Freundes Leben wird vermehrt,
Des Feinds vermindert.

Du hast in dir das Element
Des Steins der Weisen;
Dein Glück ist von des Unglücks Sturm
Sehr weit entfernet.

Wenn deines Schwertes Funkelschein
In Schachten fiele,
So würden die Rubinen selbst
Davor erblassen.

Mein Glas ist schon durch lange Zeit
Geleert vom Weine,
Sieh, so beginn' ich den Prozess,
Der Vogt sei Zeuge.

Ich weiß, dass du Erbarmung hast
Mit Nachtdurchwachern.
O frag den Ost, er saget dir,
Wie es mir gehet.

O Schenke, bringe mir ein Glas
Vom Haus des Wirtes,
Dass ich mir von dem Klosterstolz
Die Kleider wasche.

Seit dass die Herrschaft Anfang nahm
Bei Adamssöhnen,
Hat keiner dieses noch so gut
Wie du begriffen.

Der Himmel tuet nichts zuleid
Den reinen Engeln,
Auf mich häuft sich des Unglücks Last,
O meine Zuflucht.

Hat der Empörung Wetterstrahl
Bei Menschen eingeschlagen,
Wer fraget ums Gebrechliche
Von unsern Sünden.

Hafis sei gegen deinen Schah
Nicht ungehalten,
Wenn der dir auch den Namen raubt,
So komm zurücke!

O du, der Gnaden Zufluchtsort,
Du Huldverspender!
Erbarme dich, viel Unglücks kam
Auf diesen Armen.

XIII.

Was man vom Paradies erzählt,
Ist eine Fabel deines Gaues,
Was von *Huris* man uns erzählt,[1]
Das gilt von deinen Wangen.

Des Herren Jesus Wunderhauch
Geht aus von deinen Lippen,
Und deines Mundes Welle ist[2]
Das Lebenswasser *Chisers*.[3]

Ein jedes Stück von meinem Herz
Ist eine Gramgeschichte,
Und jede Zeile deines Sinns
Ist auch ein *Vers* im Himmel.[4]

Wie würde von der Rose wohl
Der geist'ge Kreis gewürzet,
Wenn sie getreu zu bleiben dir
Sich vorgesetzt nicht hätte.

Ich bin verbrennet aus Begier
Nach meines Freundes Staube,
Erinnre dich, o Morgenwind,
Dass du uns nicht beschützest.

Erscheint mir in der Hölle Glut
Der Zauber deines Bildes,
Ich werde über Höllenglut,
O Schenke, drum nicht klagen.

Des angebrannten Herzens Duft
Ist überall verbreitet,
Es wirket meines Innern Brand
Daher nach allen Seiten.

O Herz, umsonst verlorest du
Die Wissenschaft, das Leben.
Ein großes Kapital war dein,
Doch warst du nicht zufrieden.

Erratest du Hafisens Wunsch,
Wenn Er dir spricht von Leiden,
Von dir ist's eine Schmeichelei,
Vom Kaiser ist es Gnade.

[1] Die ganze Sage von der Schönheit der *Huris* ist ein bloßer Kommentar deiner Schönheit.

[2] Die Wellenlinie des Mundes.

[3] Der Mund ist der Quell des Lebens, den *Chiser*, wie bekannt, im Lande der Finsternis hütet.

[4] Ein Vers vom Worte Gottes, von Ewigkeit her erschaffen, wie die Verse des Korans.

XVI.[1]

Unkundiger, o höre mich,
Dass du bekehret werdest,
Solang den Weg du nicht betrittst,
Wirst du kein Wegweiser.

In Gegenwart des Liebenden,
Dort in der Wahrheit Schule
O Knabe, merke fein und gut,
Dass du einst Vater werdest.

Der Schlaf, das Essen und der Trank
Hat dich verführt vom Lieben,
Wenn du nicht issest und nicht schläfst,
Wirst du die Liebe finden.

Fällt in die Seele einst ein Strahl
Vom Licht der Liebe Gottes,
Bei Gott! ich weiß, du wirst alsdann
Weit schöner sein als Sonnen.

Entferne deine Hand vom Erz,
Wie die erfahrnen Leute,
Dass du im Leben Alchimist
Und ganz zu Golde werdest.

Von deinem Fuße bis zum Kopf
Ist alles ein Strahl Gottes,
Sobald du ohne Fuß und Kopf
Im Dienste Gottes weilest.

Stürz dich auf eine Zeit ins Meer
Und hege keinen Zweifel,
Denn aller *sieben* Meere Flut
Wird dir kein Haar befeuchten.

Wenn Gottes Angesicht auf dich
Herab mit Milde blicket,
Wer zweifelt noch, dass du alsdann
Nicht ein Betrachter seiest.

Wird deines ganzen Wesens Bau
Vom Grunde aus zerstöret,
So glaube nicht, dass du auch ganz
Vom Grund aus wirst zerstöret.

Hafis! hast du in deinem Kopf
Die Hoffnung des Genusses,
So werde du zuvor zum Staub
Der Türen der Betrachter.

[1] Dieses Gasel gehört unter die wenigen, deren reinen, ungemischten mystischen Sinn wir gerne eingestehen; Abgezogenheit vom Sinnengenusse leitet auf den Weg der wah-

ren Liebe Gottes. Ohne Fuß und Kopf sich seinem Dienste weihn, heißt auf alles Irdische Verzicht tun. Nur so kann der Adepte die Wasserprobe der sieben Reinigungsmeere ohne Gefahr bestehen. Betrachtung des Übersinnlichen führt auf die Lehre der Unsterblichkeit; doch wer diesen höheren Genuss anspricht, muss sich zuvor in Demut vernichten. Dies ist ohngefähr der Faden der Ideen, die Hafis in diesem Gasel durchführte.

XVIII.

O lieb' und trinke stets, mein Herz!
Dann ist dir Sein und Nichtsein gleich.
Siehst du die Frommen, schau auf dich,
Denn Selbstsucht ist das Böseste.

Die Kälte zeigt von wenig Treu',
Der Rausch ist listig und gewandt,
Du bist unwissend, wenn du prahlst,
O glaube, liebe dich nicht selbst.

Ich sah das Unheil, das mich traf,
Du flohst mich in der harten Zeit.
O Herr! mich brach entzwei dein Haar,
Wie lange raubt der Schwarze noch?

Mein Götze sprach noch gestern schön
Bet' Götzen mit den Heiden an.
Seit dass Hafis die Locken sah,
Trat er die Niedrigkeit zu Grunde.

XX.

Bei Taubengegirr und Bülbülengesang
Wenn nüchtern du bleibest, wo ist denn Arznei!

Enthüllt sind die Rosen, es klagen die Vögel.
O gib aus den Händen das Glas nicht. Ei, ei!

Du hast in der Hand die belebende Flut,
O trinke; denn *alles belebet die Flut.*[1]

O sammle des Frühlinges Farben und Duft.
Es kommen die Räuber des Winters hernach.

Nichts schenket die Zeit, was sie wieder nicht nimmt,
Was Niedrige geben, ist niedrig und schlecht.

Wann hatte Regierung und Herrschaft Bestand?
Von Salomons Throne blieb nur das Gerücht,

Für Erben zu scharren ist Sünde fürwahr.
Beim Laute der Schenken, der Trommeln des Rohrs.

Es stehet geschrieben am himmlischen Tor
Weh dem, der vom Schicksal betrügen sich lässt.

Freigebigkeit gibt's nicht, drum drehet das Wort,
Und trinket mit Wein die Gesundheit *Hatems.*[2]

Es sieht auf des Geizigen Duft nicht der Herr,
Ergreife den Becher, Hafis, auf mein Wort.

[1] Eigentlich *das Wasser macht alles lebendig,* ein arabischer Spruch, der bis zum Überfluss auf den Inschriften der meisten Fontänen zu Konstantinopel und in andern orientalischen Städten wiederholt ist.

[2] Hatemtai, der Freigebigste der Araber.

XXI.

Mit freiem Sinn ein Mondgesicht betrachten
Ist mehr als Herrschaft Wert und Saus und Braus.[1]

Ich bin auf meine Augen eifersüchtig,
Es ist nicht recht, dass sie dich so anschaun.

Mein Herz ist fort, ich weiß nicht, wo es hinging.
Das Leben ist schon aus, noch weiß ich nichts.

Ich seh' dich nicht beim letzten Odemzuge,
Und doch hab' ich mir sonsten nichts gewünscht.

Zerstör nicht, Ost, das Haar der *Peris*gleichen,
Hafis hat tausend Seelen hingeweiht.

[1] *Hei* und *Hui* wie Hollah und Halloh der onomatopoetische Ausdruck von Lärmen und Tumult; auch das rasende Geschrei der Derwische, die den Namen *Haj,* der All-Lebendige, und *Huwe* (Jehova) so schnell nacheinander wiederholen, dass man nichts als ein wildes *Ho* und *Hu* hört.

XXIII.

Noch gestern hielt die Nachtigall,
Hoch auf Zypressenästen,
Im Dialekte *Pehlewi*[1]
Kollegien der Liebe.

Sie sprach: o komm, die Rose brennt
Jetzt mit dem Feuer *Moses*;[2]
O komm, dass du vom Rosenstrauch
Vernehmest Sinn der *Einheit.*[3]

Der Gärten Vögel singen jetzt
In abgemessnen Tönen,
Damit bei *Pelewi*gesang
Auch der Wesir jetzt trinke.[4]

Die Zeit der Sicherheit, der Ruh'
Gedeihet wohl dem Armen,
Denn für die Kaiserthronen ziemt
Sich nicht die Lust und Freude.

Des Glases Ruhm ist in der Welt
Allein von *Dschem* geblieben,
Ich bitte dich, o bind' dein Herz
Nicht an der Erde Güter!

Wie treffend sprach ein Alter nicht
Das Wort zu seinem Sohne:
Mein Augenlicht, du erntest nur,
Was ich gesäet habe.

Dein Auge hat mit Schmeichelei'n
Der Leute Haus verbrennet,
Berausch dich nicht, es stehet dir
Ein kleiner Rausch am besten.

Hör diese wunderbaren Ding'
Vom umgekehrten Schicksal,
Ermordet ward ich von dem Freund
Durch seines Mundes Odem.

O Schenk', es hat vielleicht Hafis
Dir gar zu viel gegeben,
Denn sieh, des Mönches *Bund* und *Haar*[5]
Ist gänzlich in Verwirrung.

[1] Die Nachtigall liest im Dialekte Pehlewi (der Hafisen insoweit der poetische ist, als *Ferdusi* daraus den Stoff der Dichtungen des Schahnamis genommen) *Makemat* oder *Sitzungen* der Liebe. *Mokamat* ist der Titel des so berühmten Meisterwerks arabischer Wohlredenheit von *Hariri*. Hafis lässt die Nachtigall im Dialekte Pehlewi, als der Landessprache des Vaterlandes der Schönen, sprechen.

[2] Das Feuer, das den Dornenstrauch verzehrte.

[3] Die Einheit Gottes.

[4] Der Wesir *Chadscha Dschelaleddin.*

[5] Der *Kopfbund* oder *Dülbend*, woraus unser Turban entstanden ist.

XXIX.

Es stand der Himmel dir wohl bei
Am Tag des Streites,
Wie preisest du ihn wohl dafür,
Wie zeigest du dich dankbar?

Man kauft nicht in dem Liebesgau
Die Glorie des Schahes,
Bekenne dich zum Herrendienst,
Zum frommen Sklavendienste.

Der Mann, der fällt und welchen Gott
Dann bei der Hand ergreifet,
Dem sage, dir gebühret es,
Gefallene zu trösten.

O Schenke komm zur Tür herein
Mit deinen Liebeswimpern,
Dann geht der Gram der ganzen Welt
Hinaus von meinem Herzen.

Es liegen auf der Größe Pfad
Gar mancherlei Gefahren,
Weit besser ist es, dass du leicht
Dich auf den Weg begebest.

Der König denkt auf Stadt und Heer,
Auf Kronen und auf Schätze,
Derwische denken nur auf Ruh',
Auf einen stillen Winkel.

Es steht bei deinem Mut und Sinn
Die Wünsche zu erreichen.
Du brauchest nur des *Schahes* Gunst,
Und dann die Hülfe Gottes.

Ich sage dir ein frommes Wort,
Schenkst du mir nur Erlaubnis,
Mein Augenlicht, weit besser ist's
Im Frieden sein, als kriegen.

Wasch die Genügsamkeit, Hafis,
Nicht ab von deinen Wangen,
Denn dieser Staub ist besser als
Der wahre Stein der Weisen.

XXX.

Zwei schelmische Mädchen, zwei Eimer voll Wein,
Die Muße, ein Buch und ein Winkel im Haus,

Dies gäb' um das andere Leben ich nicht,
Und stünden auch Scharen zu dienen bereit.

Wer ruhige Winkel für Schätze hingibt,
Verkauft den ägyptischen Joseph für nichts.[1]

Herein! denn es fehlt nicht herinnen an Raum
Für Fromme wie du und für Sünder wie ich.

Am Tage des Kummers vertraut euch dem Wein,
Denn keinem sonst trauet in unserer Zeit.

Sitz ruhig im Winkel, betrachte das Ding,
Denn keiner gedenket so seltenen Streit;

In niedrigen Händen erblick' ich mein Bild,
So lohnet der Himmel den redlichen Dienst.

O Herz, sei geduldig, es rettet dich Gott,
Ein *Salomons*-Ring in den Händen des *Diw's*.[2]

Die Stürme der Zeiten erlauben es nicht,
Zu sehn, ob ein Schöner in *Schiras* noch sei.

O Wunder! es blies auf der Flur der Samum,
Es blies doch Jasminen- und Rosengeruch.

Die Welt ist verderbt durch Übel, Hafis,
Wo ist der *Brahman*, und wo ist der Arzt.

[1] Ein Tor, wer die Einsamkeit und Ruhe um Schätze verkauft. Die Ruhe und Einsamkeit ist der ägyptische Jospeh, der in Ägypten zu einem ungeheuren Preise versteigert wurde. Wie töricht wäre es, einen solchen Schatz für nichts hingeben zu wollen.
[2] Gott wird nicht zugeben, dass ein Salomonsring wie mein Herz sich in den Händen Ahrimans befinde.

XXXI.

Ich bin allein der Narr
Im Schenkenkloster,
Es ist mein Buch und Kleid
Für Wein versetzet.

Der Spiegel unseres *Schahs,*
Das Herz ist staubig,
Ich fleh' deshalb zu Gott
Um Sinnerleuchtung.

Es fließt ein steter Strom
Vom Aug' zum Gürtel,
O dass zum Ufer hin
Man Zedern pflanze!

O bring das Schiff des Weins!
Ob ihren Wangen
Ist jedes Aug' aus Gram
Zum Meer geworden.

Ich habe Buß' getan
Beim Weinverkäufer,
Nun trink' ich nimmer Wein,
Weil sie nicht da ist.

Die Kerze sagt vielleicht
Uns das Geheimnis,
Es schenkt der Schmetterling
Sich nicht des Wortes.

Sprich nur Verliebten nichts
Als vom Geliebten,
Ich achte niemanden,
Als Wein und Liebchen.

Erzürn' dich nicht, wenn dir
Narzissen prahlen,
Wer helle siehet, geht
Nicht hinter Blinden.

Wie lieblich klang mir nicht
Die neue Sage,
Erzählt am Schenkentor
Von meinem Christen;

Er sprach: Wenn den Islam
Hafis nicht achtet,
Ach weh! was saget er
Dann beim Gerichte![1]

[1] Der junge Christ, Hafisens Liebling, selber ärgert sich daran, dass Hafis ein so schlechter Moslim ist.

XXXIX.

Früh morgens sprach ein Reisender
Auf einem Rain zum Freund das Rätsel:
O weiser Mann, der Wein wird rein,
Sobald die Flasche Perlen auswirft.

Ist's nicht der Finger Salomons,
Was nützet dir das Bild des Ringes?
Gott ärgert sich an diesem Kleid,
Die Ärmel sind gefüllt mit Götzen.

Sehr finster ist's im Inneren,
Vielleicht bringt einer eine Lampe,
Die Großmut ist ein leeres Wort,
Doch sei du gegen Fleher gnädig.

O Herr der Ernte, du tust wohl,
Die Ährenleser wohl zu halten!
Ich sehe niemand aufgeräumt,
Ich sehe für mein Herz kein Mittel.

Ich hoffe nichts von großem Mut,
Ich sehe auf kein Mal der Liebe,
Ich seh', Hafis hat keine Ruh',
Die Weisen keine Kenntnis.

Zeig mir die Schenkentür, dass ich
Erfahrene hierum befrage.
Die Schönen sind hart von Natur,
Wie gut ist's, wenn du sprichst mit Duldern!

XLIII.

O Schenke, der Lenz und umschattete Ufer sind da,
Tu selbst, was sich geziemt, ich sage nichts.

Die Dinge behalten nicht einerlei Farb' und Gestalt,
Deswegen wasch mit Wein die Kutten aus.

Die Welt ist so niedrig, du traue der Schmeichelnden nicht,
Erfahrener! such bei Niederen nicht Bestand,

Eröffne die Ohren, es weinet die Nachtigall nun,
Die Leitungsrose riech, ermangle nicht!

O höre den doppelten Rat, und bereichere dich dann,
Geh durch der Liebe Tür, tu Schlechtes nicht.

Begehrst du die Freundin, so reiche den Scheitel ihr hin,
Narziss' und Rosen keimen nicht aus Stahl.

Bevor du zum Staube der Schwelle der Türe dich machst,
Versteck in Schenken ein Paar Tage dich.

Wir haben nun Frühling, der Himmel sei deshalb gelobet!
Tu Gutes, und die Leitungsrose riech![1]

Du sagtest, der Durst der Verstellung umgebe Hafis,
Ei brav! wie trefflich ist nicht dein Geruch!

[1] Die Rose, welche auf den Weg des Heiles leitet.

XLV.

Des Morgens sprach der Schenke Bot'
Zu mir mit einem Glückwunsch:
O komm zurück, ich weiß, du bist
Hier einer aus den Alten.

Setz an den Becher, wie einst *Dschem*,
Trink ihn bis an die Hefen,
Des Glases Schimmer tue kund,
Die Gaben seiner Herrschaft.

Es liegen an der Schenke Tür
Berauschte Kalendere,
Sie spielen mit der Herrschaft Ton,
Den sie um nichts verschenken.

Ich halte mich mit meiner Kraft
Stets zu der Schenkentüre,
So steige ich, so klein ich bin,
Bis an des Himmels Zinnen.

O Reisender, geh höflich um
Mit Bettlern an der Schenke,
Das Reich von dem Geringsten reicht
Von einem Pol zum andern.

Begib dich ohne *Chiser* nicht
Auf diese weite Reise,[1]
Der Weg ist finster, fürchte dich
Vor mancherlei Gefahren.

Hafis! du vielbegehrender,
O schäme dich der Sage,
Wo hast du Großes schon getan,
Dass du den Lohn begehrst?

Vielleicht bist du gar nicht im Stand,
Ans Armutstor zu klopfen,
Gib wenigstens den Herrscherkreis
Nicht so aus deinen Händen.

[1] *Chiser,* der Hüter des Quells des Lebens, auch der Wegweiser des Moses auf einer Reise, die sie nach der orientalischen Legende unternahmen, um sich über Los und Vorherbestimmung zu überzeugen.

XLVII.

Komm, o Schenke, mit Wein sind der Tulpen Kelche gefüllet,
Wie lange noch den Mönchebrauch!

Lass den Stolz und lass Schmeicheleien beiseite,
Wo sind die Kaiser *Sinas*? *Roms*?[1]

Sei vernünftig, es hat der Vogel sich eben betrunken.
Erwach'! der Schlaf des Nichts harrt dein.

Ast des Frühlings, wie schön ist deine Schaukelbewegung!
Dich treffe nicht der Sturm des Winters!

Freunde, glaubet mir, traut den glatten Worten des Glücks nicht,
Weh dem! der sich darauf verlässt.

Morgens warten *Huris* auf uns in Edens Gefilden,
Und heut die Schenken mit dem Glas.

Es erinnert der Ost an die Zeiten der Fürsten von *Saba*,
Gib uns das Glas zur Seelenkur,

Sieh nicht auf die Pracht und auf den Schimmer der Rose,
Der Wind zerstreut jedes Blatt.

Auf die Gesundheit *Hatems* gib uns ein Glas von zwei Maßen,
Man bürde uns den Geiz nicht auf!

Dieser Wein von rötlicher Farb' und süßem Geschmack
Macht meinen Liebling rot und süß.

Bringe den Polster heraus, es warten auf dich in dem Garten
Die Zeder und die Flöte schon.

Höre die Sänger der Flur, sie haben zusammengestimmet
Die Flöten und das Barbiton.

Deine Zaubergesänge, Hafis, sind durchaus verbreitet,
Von Sina bis nach Griechenland.

[1] Eigentlich meint Hafis unter den Kaisern nicht den römischen, sondern den griechischen, wie dieses auch aus dem Schlussverse erhellet. Doch führten ja auch die griechischen Kaiser den Titel der römischen, und Romanien (Rumili) war damals in Asien, wie heut' in Europa.

LI.

Aus Scham vor deinen Wangen ist
Die Rose ganz in Schweiß versenket,
Aus Scham vor deinen Lippen schwitzt
Das Weinglas große Tropfen

Ist's Tau auf Tropfen, was ich seh',
Ist's auf den Rosen Rosenwasser?
Ist's auf den Gluten reiner Quell,
Ist's Schweiß auf ihren Wangen?

Der Augenbrauen Bogen hat
Aus unsrem Auge sich verloren,
Das Herz, das eilig lief davon,
Hat auf dem Wege sich verloren.

Gar viele sind in *Amirs* Stamm[1]
Medschnunen gleich aus Liebe rasend,
Sobald die Rose ein Gesicht
Den Wangen Leilas gleich uns zeiget.

Die Flöte drücket ihren Mund
Voll Sehnsucht an des Sängers Lippen.
Die Laute ruht an seiner Brust
Und die Schalmei in seinem Arme.

Streu Aloe hin auf die Glut,
Brenn Rauchwerk auf dem Kohlenherde,
Bekümmre im Geringsten nicht
Dich um das Kapital von gestern.

Dem, der bei jedem Hefenglas
Mit Frohsinn seine Seele opfert,
Gib deine Seele in die Hände.
Ihm gib das Glas mit Wein gefüllet,

Und fährt das Schicksal künftig fort,
Dich mit Verachtung zu behandeln,
So rette dich zum Thron *Daras,*[2]
Des großen mächtigen Schahes.

Des Herrn der Welt, des Name längst
Die ganze Welt mit Ruhm erfüllet,
Der *Hatems* Namen aus dem Buch[3]
Freigeb'ger ausgestrichen.

Dem, welcher dir für Hefen Weins
Bereit ist, Seelen hinzugeben,
Begehr' die Seele, gib dafür
Ein Glas von lauterm Weine.

Du, reiche mir das Glas mit Wein,
Und wie Hafis sei unbekümmert,
Was aus *Dschemschid* geworden sei,[4]
Wo *Keikawus* sei hingekommen.

[1] *Beni Amir,* der arabische Stamm, woraus *Medschnun,* der berühmte Liebhaber *Leilas.*
[2] *Dara* Darius.
[3] *Hatemtai,* der Freigebigste der Araber.
[4] *Dschemschid, Keikawus,* zwei der mächtigsten Herrscher der ersten persischen Dynastie.

LIV.

Die Untreu' ist zum Modebrauch geworden,
Und niemand weiß von Freundschaft und von Treu';

Es nahen Würdige sich jetzt Nichtswerten,
Und strecken ihre Hand um Gaben aus.

Wer in der Welt heut tugendhaft und weis' ist,
Ist keinen Augenblick von Gram und Sorgen frei.

Im Überfluss hingegen lebt der Dumme,
Mit Ehren und mit Gold stets überhäuft,

Und singt ein Dichter fließend wie das Wasser
Gefühlvoll, sprechend zum Gemüt, zum Sinn,

So schenket ihm der Geiz doch keinen Heller,
Säng' er auch Sprüche, *Abusina's* wert.

Zu dem Verstand sprach die Vernunft noch gestern:
Geh fort, gedulde dich und klage nicht;

In der Zufriedenheit such deinen Reichtum,
Und trinke Wein statt andrer Arznei.

Hafis! du folge diesem guten Rate,
Denn fällt dein Fuß, so hebt dein Kopf sich auf.

LVI.

Du, welche, was hienieden
Du immer wünschest, hast,
Ich weiß nicht, welchen Schmerzen
Du ob uns Armen hast.

Begehr' das Glas und raube
Das Herz dem Sklaven weg,
Weil Freie zu beherrschen
Du keinen Anstand hast.

Du kennest keine Mitte,
Daher verwundr' ich mich,
Wie in der Schönen Mitte
Du stets das Mittel hast.

Es ist der Wangen Weiße,
Gemalt nach den *Huris*,[1]
Indes du schwarze Zeilen
Auf Purpurblättern hast.

O trinke Wein, es gehet
Dir alles leicht von Hand,
Zumal im Augenblicke,
Wo du den Schwindel hast.

Hör auf, mich auszuschelten,
Doch tränke stets mein Herz,
Tu, was dir nur beliebet,
Weil du die Vollmacht hast.

Vergiss die Nebenbuhler,
Sei heitern frohen Muts,
Denn leicht sind alle Dinge,
Wenn einen Freund du hast.

Wenn du zu dem Genusse
Des Freundes einst gelangst,
So weißt du, dass du alles,
Was du nur wünschest, hast.

Hafis, nimm Ros' und Becher,
Nimm um die Mitte sie,
Weil auf des Gärtners Launen,
Du nicht zu schauen hast.

Lanzetten hunderttausend
Gebrauch nach deiner Lust,
Wenn ob dem Blut des Kranken
Du einen Zweifel hast.

[1] *Huri,* der Name der schwarzäugigen, immer jungfräulichen Schönen des Paradieses. Die Abstammung des Wortes selbst aber ist im Arabischen dunkel.

LVII.

Wenn im Rosenbeete du
Zedern ähnlich schwankest,
Fressen Rosen alsogleich
Eifersüchtig Dornen.

Jedes Ringel deines Haars
Ist voll List und Truges,
Deiner Augen Zauberei
Machet nichts als Kranke.

Trunknes Auge meines Freunds
Schlaf nicht wie mein Glück ein,
Ach und Wehe hält dich rings
Wach von allen Seiten.

Meiner Seele Münze streu'
Ich im Staub des Wegs hin,
Aber diese bare Münz'
Zahlet deinen Wert nicht.

Wandle nicht, mein Herz, den Weg
Von den Lockensklaven,
Wenn du blind den Weg verfolgst,
Wie wird's dir gelingen!

Hingegeben ist mein *Haupt*,
Ungetan die *Hauptsach'*,
Fortgeflohen ist mein *Herz*,
Und kein *Herz* ergriff ich.

Einem Punkte bist du gleich,
Sprach ich in dem Kreise,
Lächelnd sprach sie, du, Hafis,
Gleichest einem Kreise.

LXII.

Morgen ists; Tau entträufelt den Frühlingswolken,
Grüße den Morgen, gib mir ein Glas zu trinken.

Über das *Ich* und *Wir* bin verwirrten Sinns ich.
Reiche mir Wein, das *Ich* und das *Wir* zu meiden.

Trinke des Bechers Blut, denn gerecht ist selbes.
Erinnre dich nur der Freunde, dies heißet handeln.

Sollte der Morgenrausch dir vielleicht in Kopf gehn.
Schaffe sogleich Geschämigkeit aus dem Kopfe.

Schenke, sei nah, es lauert der Gram im Rücken,
Horche dem Sänger, wo du auch wandeln mögest.

Reiche mir Wein, es sprach mir ins Ohr die Laute:
Freu dich des Lebens, glaube dem Wort der Alten.

Nichts zu begehren ist, o Hafis, das Beste,
Dies war der Wunsch, ertönet es dankbar dem Sänger.

LXIV.

Meiner Sehnsucht Trauerkleid
Schrieb ich auf, die Tränen flossen,
Komm denn, ohne dich bin ich
Ganz entseelt von Gram und Leiden.

Sehnsuchtsvoll nach dir entflammt
Sprach ich oft zum blut'gen Auge,
Stete meiner Selma sag,
Sage, wo ist deine Selma!

Äußerst wunderlich fürwahr,
Und ein nie gehörtes Ding wär's,
Wenn der Mörder selbst den Schmerz
Des Ermordeten beklagte.

Darf sich einer unterstehn,
Deinen reinen Saum zu schmähen?
Rein bist du wie Tropfen Taus,
Die auf Rosenblättern hangen.

Von dem Staube deines Gaus,
Gab der Herr der Ros' und Tulpe
Glanz, als Er am Schöpfungstag
Erd' und Wasser formend mischte.

Ambra hauchend ging vorbei
Jetzt der Ostwind, auf! o Schenke!
Bring mir einen Becher Weins
Lauter und Gerüche duftend.

Sag dich von der Trägheit los,
Nütz' die Zeit, es geht das Sprichwort:
List und Schlauheit suche du
Bei dem Wanderer des Weges.

Ohne deine Milde bleibt
Einst von mir kein Denkmal über,
Meinen Taten kannst nur du
Leben in die Zukunft geben.

Sieh der Rose Wangenglanz,
Und der Füßestaub der Zeder,
Danken solchen Zauberreiz
Nicht dem Wasser, nicht dem Staube.

Wie vermöchte wohl Hafis
Deine Schönheit zu beschreiben,
Da die göttliche Natur
Unsre Hoffnung übersteiget?

LXX.

Fordre Wein, und streue Rosen,
Alles von der Welt zu fordern;
Sprach zur Nachtigall die Rose
Auf der Gartenflur. Was sagst du?

Gibt es auf der Welt was Bessers,
Als mit Schenken und mit Mädchen
Lippen fassen, Wangen küssen,
Nektar trinken, Rosen riechen!

Schreit' einher, mein holder Buchsbaum,
Wandle durch die Rosenbeete,
Dass von deines Glanzes Anmut
Die Zypresse Haltung lerne.

O mein süßes Rosenzweiglein,
Du bewegst dich in dem Kreise,
Um zu wählen, wem soll werden
Der Genuss der Rosenknospen.

Sieh, es ist des Herzens Kerze
Ausgesetzet jedem Winde,
Deine übergroße Güte
Wird gewiss des Flämmchens schonen.

Diese Locken, deren Ringeln
Sina's Moschus überdüften,
Würden mir noch süßer duften,
Wär' es Duft von gutem Herzen.

Meine Lieder bringen alle
Vögel in den Hain des Schahes,
Du, o Nachtigall, erscheine
Mit Hafisens neuen Liedern.

LXXI.

Frühlings ist's! höre mich, sei nun fröhlich;[1]
Rosen blühn noch einst, wenn du Rasen bist.

Soll ich dir sagen, mit wem zu trinken,
Da du selber es weißt und weise bist?

Höre den Rat, den die Leier tönet,
Doch er nützet nur, wenn du fähig bist!

Jegliches Blatt ist ein Buch der Weisheit,
Schade, dass du so träg' und sorglos bist!

Voll von Gefahr ist der Weg zum Freunde,
Leicht ist's, wenn du der Posten kundig bist!

Hin ist die Summe des Lebens,
Wenn du Tage und Nächte durch verlegen bist.

Wenn dich das Glas, o Hafis! begünstigt,
Kanns sein, dass du der Raub des Falken bist!

[1] Die Alliteration zwischen *gusch* und *chosch*, *gul* und *gil* ist, so viel, als möglich war, durch *Frühling* und *fröhlich*, *Rosen* und *Rasen* treu wiedergegeben.

LXXII.

O Morgenwind des Glückes,
Aufs Zeichen, das du weißt,
Geh an dem Gau vorüber,
Zur Zeit, du weißt.

Du bist Geheimnisbote
Und deiner harrt das Aug',
Befehle nicht so strenge,
Was du schon weißt.

Es ist die schwache Seele
Entflohen, sag zu Gott:
Schenk vom Rubin des Lebens,
Was du schon weißt.

Ein Wort hab' ich geschrieben,
Von dem kein andrer weiß,
O lies es nach der Weise,
Die du schon weißt.

Soll ich den Hoffnungsgürtel
Nicht um die Mitte tun;
Fein ist des Leibes Mitte,
Wie du schon weißt.

Was Durstigen das Wasser,
Ist uns dein Schattenbild,
Wir sind Gefangne, mord' uns,
So wie du weißt.

Die Araber und Perser
Sind eins hierin, Hafis,
Sing Liebe in den Sprachen,
Die du schon weißt.

LXXVI.

Tausend Mühe gab ich mir,
Dass du meine Freundin seist,
Dass du nach dem Wunsch
Des verstörten Herzens seist.

Dass du einen Augenblick
Zum betrübten Herzen kommst,
Dass du nur auf eine Nacht
Meines Herzens Trauter seist.

Dass die Lampe meines Aug's
Vor dir angezündet sei,
Dass dem hoffenden Gemüt
Du Gefährt' und Leiter seist.

Dass, wo Schöne auf der Flur
Greifen um der Freundin Hand,
(Lieget es in deiner Hand)
Du mir Augenweide seist.

Mager, wie ich bin, ich fang'
Ganz gewiss den Sonnenhirsch,
Dass den jungen Hirschen gleich
Du von mir erjaget seist.

Wenn ein Kaiser voller Huld
Sich herablässt zu dem Knecht,
Ist es sicher, dass indes
Du mein Herr und Kaiser seist.

Wenn ich einen Ballen mach'
Aus des Herzens Blutrubin,
Will ich, dass du mir hierob
Tief und treu verschwiegen seist.

Wenn die Küsse, welche mir
Deine Lippen schuldig sind,
Du nicht zahlest, weißt du wohl,
Dass du dann mein Schuldner seist.

Keine Mittel find' ich auf,
Meinen Wunsch erfüllt zu sehn,
Dass du nur durch eine Nacht
Meiner Tränen Zeuge seist.

Hochberühmet wie Hafis
Wäg' ich nicht erst Körner ab,
Dass aus eignem Antrieb du
Freund und Herzgeliebter seist.

LXXVII.

Der du aus finsterer Nacht so freundlich mein Schicksal belächelst,
Sage, was will der Hof dort um den leuchtenden Mond?

Deines Genusses Traum hat mich so lange betrogen,
Wie viel Gestalten nimmt noch dein Zauberbild an!

Blutigen Herzens bin ich durch sein betrunkenes Auge,
In der Liebe folgt Wunder auf Wunder sich nach.

Blutig sind Herz und Aug', und Körper und Seele vertrocknet,
Dieses kommet mir, jenes der Liebe zuschuld',

Bin ich gleich schwarz im Weltenbuche gezeichnet, gib Wein her!
Wer verzweifelt wohl je an der ewigen Huld!

Schenke, bringe das Glas, entreiß' mich dem einsamen Leben,
Dass ich von Türen zu Tür luftig geschürzet herumgeh'.

Billig fand's die Geliebte, mit meinem Blute zu spielen,
Mollas saget, was ist Inhalt des *Liebesfatwa*?

Reiter, zu was bedarfst du wohl Begleiter und Führer,
Findest du einen aus *Redschd*, gib ihm Kunde von mir.[1]

Nimmer ruhet mein Aug' aus Sehnsucht nach *Redschedens* Gebirgen,
Und mein trübes Herz kämpfet mit großer Beschwerd'.

Gott! dir gehöret die Wüste, worin die Geliebte sich aufhält,
Einer Gazelle Blick hat die Gemüter verwirrt.

Bist du weise und schlau, so tue Verzicht auf vier Dinge,
Nämlich auf *Ruhe* und Wein, *Liebchen* und *Einsamkeit* auch.

Keinen einzigen Augenblick ist das Schicksal beständig,
Klag' nicht, Hafis, dafür wollen wir trinken jetzt Wein.

Rein ist das Glas des Gemüts zur Zeit *Assafes*, des Weisen,
Auf und schenke mir ein von dem lautersten Wein!

Weit hat sich vergrößert der König durch Herrschaft und Reichtum,
Ewig daure, o Herr, ewig die Größe und Macht.

Sieh, es sitzet hoch auf dem Polster des Glückes des Reiches,
Königen, Völkern ein Licht, *Abunassr* voll Glanz.[2]

[1] *Redschd,* der gebirgige Teil Arabiens; hier wird Schiras gemeint.
[2] *Abunassr,* Zuname des Wesirs.

LXXVIII.

Es ist gewiss, dass, wenn der Schenke
Mir diesen Wein ins Glas schenkt,
Er alle hochgelehrte Weisen
In einen ew'gen Rausch wirft.

Und dass, wenn er auf diese Weise
Das Haarnetz unters Mal stellt,
Er viele Vögel des Verstandes
In dieses Netz hineinwirft.

O dreimal selig der Betrunkne,
Der seiner nicht bewusst ist,
Ob Turban oder Kopf im Rausche
Er zu dem Fuß des Freunds wirft.

Es wollte zwar der fromme Klausner
Der Liebe sprechen Hohn,
Doch wird er reif, wenn er die Blicke
Hin auf den roten Wein wirft.

Bei Tage hüte dich vorm Trinken,
Indem der Tagesrausch
Den Geist, der hell ist wie ein Spiegel,
In tiefes Grau'n der Nacht wirft.

Die Zeit des Weines, der die Herzen
Aufhellet, ist gekommen,
Wenn über des *Horisons* Wölbung
Die Nacht das Schleierkleid wirft.

Hafis! du trinke mit dem Vogte
Beileibe nicht den Wein,
Indem er sonsten in den Becher
Des Weins den Stein hineinwirft.

Hafis steckt aus den Sonnenstrahlen
Hervor einst seinen Kopf,
Wenn einstens ihm das gute Schicksal
Das Los von ferne zuwirft.

LXXIX.

Bei der Seele! deren Großmut
Meiner Seele Helfer wäre,
Schwör' ich, dass die kleine Gab'
Ihrer Sklaven unwert wäre.

Wenn mein Herz an ihre Locken
Fest nicht angebunden wäre,
Wüsst' ich nicht, wie ich beständig
Hier auf dieser Staubbahn wäre.

Bei den Wangen! deren Schimmer
Alle Himmel überstrahlet,
Ach! dass doch mein Herz ein Stäubchen
Dieser Weltensonne wäre!

Dann nur würde man erkennen
Ganz den Wert des Staubs der Füße,
Wenn derselbe für das ew'ge
Leben hingegeben wäre.

Wenn ich sie im Traume sehe,
Kann ich sie doch nicht genießen,
Da mir dieses nicht geworden,
Wollt' ich, dass es jenes wäre.

Längstens hätte die Zypresse
Ihren hohen Wuchs verkündigt;
Wenn sie, wie der Lilie Zunge,
Im Besitz von Sprachen wäre.

Dem Hafis den Klageschleier[1]
Zu entreißen wäre möglich,
Wenn er nicht in trautem Umgang
Mit des Morgens Sänger wäre.

[1] Es wäre möglich, Hafisen um sein elegisches Talent zu bringen und ihn dessen zu entwöhnen, wenn er nicht stets in trautem Umgang mit der Nachtigall lebte.

LXXXII.

Schenke, sieh, die Rosen haben
Fluren Eden gleich gemacht;
Setz' dich auf das Rosensofa,
Aufgestellt am Bachesufer.

Sorgenlose Herzen kannst du
Mit dem Weine sauber waschen,
Höre nur, was gestern sagte
Jener Mann von reinen Sitten.

Wenn der Vogt mit einem Steine
Dir die Kanne sollt' zerschlagen,
So zerschlag mit einem Steine
Du getrost dem Vogt den Schädel.

Ordenskleid mit Wein beflecken,
Bringt Verderben auf die Erde,
Folge du den Wangen jener,
Die da sind von reinem Herzen.

Einsam mache dir die *Kaaba*[1]
Meines Herzens zum Altare,
Stell auf jeden Fleck der Zelle
Meines Herzens Feuergötzen.

Gestern sprach ein Christenjunge
Ach, es ist wahrhaftig schade,
Dass ein Mann wie du, Hafis, sich
Ganz dem Feuerdienste weihet.

[1] Der *Kaaba,* der Punkt, wohin sich alle Moslemen wenden, wenn sie das Gebet verrichten.

Aus: Vier Mesnewiat

I.

O komm, mein wilder Hirsch! wo bist du denn?
Wir sind ja schon seit langem her vertraut,

Komm, dass wir gegenseitig uns erzählen
Und unsre Wünsche zu befried'gen suchen.

Wir sind ja beide einsam störrisch scheu,
Von Fallen, die man vorn und hinten legt.

Ich sehe, dass in dieser öden Wüste
Kein Ruhe- und kein Freudeplätzchen grünet.

Gefährten saget an, wer möchte wohl
Gespann der Armen und der Fremden sein.

Vielleicht dass *Chiser* aus besondrer Huld
Mit Segnungen herein zur Türe kommt.

Vielleicht dass jetzt die gute Zeit des Segens,
Dass jetzt mein gutes Los ist angekommen.

Es ging einmal ein Schöner auf dem Weg,
Der sprach voll Huld zum trunkenen Gespann:

Was trägst du, Pilger, hier in deinem Sacke?
Spann aus das Netz, wenn du ein Korn besitzest;

Ich habe, war die Antwort, Netz und Korn,
Allein ich stelle nur *Simurgen* nach.

Wie fängst du ihn? entgegnete der Frager,
Denn niemand kennt den Ort von seinem Neste.

Weil die Zypresse mein Begleiter ist,
Bewahre du, o Herr, mir Aug' und Haupt!

Er ging und ließ mir frohen Sinn zurück.
Wo handelt so der Bruder an dem Bruder?

Das Glas, die Rose gib nicht aus der Hand,
Allein vergiss im Rausch nicht auch die Welt.

Was für Gewicht kann meine Bitte haben,
Wenn aus dem Beutel eine Sonne glänzt!

Am Flussesufer und am Rand des Quells
Seh' ich nur Tränennass, hör' Selbstgeschwätz des Winds.

Der Winde Weh'n, und Wolken, die vorüberziehen,
Sind mir ein Bild von hingegangnen Freuden;

Wenn murmelnd euch der Bach entgegen stöhnt,
Vermehrt sein Wasser mit der Augen Nass.

Denn lange schmeichelt euch nicht der Genuss,
Bei Gott Moslimen! Ja, bei Gott, Moslimen!

Die Flut der Trennung hat mich so zerstört,
Nur *Chiser* kann durch Huld und Seelengüte

Die einzelnen Zerstreuten noch vereinen.
Lass Glaskorallen, such den Edelstein,

Streb' nach dem wahren Ruhm, lass eiteln sein.
Setz' ich die Feder an ein Buch zu schreiben,

So frage, was des Loses Kiel geschrieben.
Ihr kennet euern wechselseit'gen Wert,

Darum brecht mit Kommentaren nicht den Kopf.
Der beste Rat aus allen ist wohl dieser,

Es liegt im Hinterhalt der Feind, die Trennung.
Die Seele die Vernunft hab' ich vereint,

Und jeden Samen, der mir fiel, gesät,
Die wahre Mischung, die daraus entstanden,

Ist Versemark vesetzt mit Mark der Seelen.
O komm und würze den Geruch des Geists,

Mit dieser Hoffnung duft' auf ewig durch,
Er kommet von Paradiesesnymphen,

Nicht von dem Reh, das Menschen scheuet.
O hör im Tal, was die Schalmeie ruft:

Unschuld'ges Blut dort der Engel Schwingen,
Damit den Kindern Feuer anzuzünden.

Warum bekämpfen wir denn unser Los
Und haben stets mit unsrem Sterne Streit?

Der Trennung Flut schlägt überm Kopf zusammen,
O traue nicht den Schmeichelein des Schicksals.

Ich nahm den Weg nach Freundes Gau,
Dass, wenn ich sterb', ich sterbe auf dem Wege.

Die Fremden, welche meine Lage sehen,
Sie sollen auf mein Grab sich niedersetzen.

Die Fremden sind der Fremden eingedenk,
Und sie erkennen sich einander wohl.

In meiner Mittellosigkeit ein Mittel
Kannst außer mir nur du, o Schöpfer, finden.

Wie du hervorrufst aus der Nacht den Tag,
So ruf aus diesem Gram hervor die Lust.

Ich muss mich über Trennung viel beklagen,
Hier ist nicht Raum genug für die Geschichte.

Wer ist im Stand zu sagen hier ein Wort?
Gelobt sei Gott! was ist wohl hier für Hilf'!

Geh fort, Hafis! und öffne nicht die Lippen,
Mach kurz das Wort! denn Gott weiß es am besten.[1]

[1] *Allah aalem*, Gott weiß es besser oder am besten, ist das orientalische Epiphonem historischer, kritischer und philosophischer Untersuchungen, wo die Verfasser ihre Unwissenheit oder die Grenzen der menschlichen Vernunft gerne eingestehen.

II.

Ein Hund ist besser als ein Mensch,
Der Freundesherzen kränket.
Dies Wort bleibt wahr für immerhin,
Und grab' sich in die Herzen.

Mit beiden Händen isst der Mensch,
Der Hund harrt an der Schwelle;
O schade um des Hundes Treu',
Und um des Menschen Feindschaft.

III.

O Morgenwind! mein Herz ist krank,
Dein Duft durchwürzet mein Gehirne;

Geh in der Früh' zum Rosenbeet,
Und grüß mir Rosen und Zypressen.

Prahl nicht, o Rös'gen, sein Gesicht
Wer Halmen flicht, weiß nicht zu sticken.

Prahl nicht, Zypresschen, seinen Wuchs,
Du würdest aus dem Maße fallen.

Komm, Schenk', es ist des Frühlingszeit
Zum Trotze aller Tugendsamen,

Mit Schönen trinke roten Wein,
Solang du kannst und bist im Stande;

Die Sittenrichter höre nicht,
Was taugt der Rat und was die Predigt!

Im Garten spricht die Nachtigall:
Gib jetzt den Wein nicht aus den Händen,

Genieß die Rose, o genieß!
Nimm fest dir vor, jetzt Wein zu trinken!

Versäum nicht die Gelegenheit,
Die Zeit der Lust verstreichet eilig.

Nimm von Hafis den guten Rat:
Trink Wein! den Rest weiß Gott am besten!

IV.

Wer in die Welt tritt voll von Unruh',
Er muss zuletzt hinab ins Grab.
Hier ist des andern Lebens Brücke
Ein unbeständ'ger Ort und wüst.

Häng nicht an dieser Schreckensbrücke.
Brich auf! und hier verbleibe nicht.
Gescheiten Leuten dünkt die Erde
Ein wüster Flecken ohne Schatz.

Die Weisen nennen sie mit Rechte
Ein *Karawanserai* bloß.
Niemand kann dort für stets verbleiben,
Und niemand bleibt in dieser Welt.

Verlang nach Ämtern nicht und Gelde;
Gold ist ein Drach', das Amt ein Brunn'.
Bist du nicht blind, betracht' die Gräber.
Sei müßig nicht; ich sag' es dir.

Denn keiner flieht von dieser Stätte,
Der Schah, der Bettler, Jung und Alt.
Gehst du vorbei an meinem Grabe,
Bet' für Hafis ein *Fatiha*.[1]

[1] Die erste Sure des Korans, aus sieben Versen bestehend, wie das Vaterunser aus sieben Bitten.

Moganniname

Das Buch des Sängers

Sänger mit dem hohen Tone,
Spiele mir die Kaiserweise,
Sende neuen Ton den Trunknen,
Ton für abgeschiedne Freunde.

Sänger, spiele frohe Weisen,
Fange Lieder an zu singen.
Sieh, mich drückt der Gram zu Boden,
Heb mich auf von diesem Platze.

Bring ein Bild mir von dem Vorhang
Sieh, was sagt der Vorhanghalter,[1]
Hebe hoch empor die Stimme,
Dass *Naitis* selber tanze.[2]

Rühr die Trommel, schlag die Pauke,
Gib den Freunden süße Töne,
Dass die Wesen sich vertiefen,
In Betrachtung wie im Rausche.

Sänger, schlage mir die Orgel,
Raub dem Herz die Weltgedanken,
Ruhe kommt vielleicht der Seele,
Wenn sie nicht mit Gram befleckt ist.

Komm, wir haben keine Fehde,
Schlag die *Duffe*, statt der Zither,[3]
Wenn der Wein dir schaden könnte,
Nützet dir der *Duffe* Lärmen.

Sänger, komm und schlag die Laute,
Und beginne neue Weisen.
Heile mich mit einem Tone,
Hundertfach zerstück' das Herz mir.

Sei so gnädig, durch die Flöte
Feuer in das Herz zu werfen,
Außer mir bringst du mich selber,
Und zerstörst die Beut' des Grames.

Sänger! sage mir, wo bist du,
Spiel mir eine neue Weise,
Wenn die Welt einst leer geworden,
Ist der Bettler mehr als König.

Sänger! sing, heb auf die Leier!
Mittellosen gib ein Mittel.
Zeig nach *Irak* mir die Straße,[4]
In dem Auge strömt der *Sindus*.[5]

Sänger! hör und schlicht' Geschäfte
Nach dem Rat, den ich dir gebe,
Wenn der Gram mich überziehet,
Komm mit *Lauten*, *Duff'* und *Flöten*.

Sänger! du bist mein Vertrauter,
Spiel von Zeit zu Zeit die Flöte.
Gib den Wein, und hast du Kummer,
Blas ins Rohr, die Welt ist Lufthauch.

Spiel das *Barbiton*, o Sänger!
Schenke, füll mit Wein die Kanne,
Lass uns miteinander schwärmen,
Miteinander wieder ruhen.

Sänger! sing von meinen Liedern
Eines zu dem Ton der Zither,
Dass ich in Betrachtung sinke,
Sinnberaubt und nacket tanze.

Heimliches wird kund durch Trunkne,
Die Geheimnis' nicht bewahren.
Traurig bin ich, spiel' zwei Saiten,
Spiel' auf einer, spiel' auf dreien.

Sänger! spiel die neuen Lieder,
Sprich zu den Gazellen singend.
Heitre auf den Geist der Großen
Mit *Parwis* und mit *Barbuden*.[6]

Wieder Unruh' weckt das Schicksal
Ich und Rausch und Schelmenaugen!
Diese blut'gen Schlachtenfelder
Trink mit Blut der Flasch' des Schenken.

Wundern muss des Schicksals Lauf mich,
Weiß nicht, wer in Staub soll beißen!
Weltbetrug ist ohne Kunde,
Sieh, was wird! die Welt ist schwanger.

Hüt' dich vor der Welt, o hüt' dich!
Niemand bleibt am Brückenkopfe.
Diese Welt ist eine Einkehr,
Wo *Efrasiab* einst thronte.[7]

Eine Wüste, wo die Heere
Turs und *Salems* Blut vergoßen.[8]
Wo ist *Piran*? Er, der Feldherr?
Wo ist *Schida,* Dolche zückend?[9]

Ihre Dome sind verschwunden,
Niemand weiß um ihre Gräber.
Einen macht das Los zum Schreiber,
Andern gibt es einen Degen.[10]

1 Der Vorhanghalter, welcher den Vorhang oder die Tapete des Eintritts hält (auf Persisch *Perdedar*, auf Arabisch *Hadschib*), begleitet eines der ersten Hofämter, das bei uns dem des Obersten Kämmerers entspricht.

2 *Nahid*, woraus die Griechen Anaitis gemacht, ist eigentlich die *Diana Lucifera*, die Göttin des Morgensterns und der Liebe, welche zu Babylon unter dem Namen *Kallise,* der Schönsten, verehrt ward. Hier steht *Nahid* für *Sohre* oder *Venus*, welche die Leier schlägt zum Reigen der Sterne.

3 *Duff*, die belannte Halbtrommel, verderbt *Aduffe*.

4 *Iraki* ist eine berühmte Tonweise, auf die hier angespielt wird. Hafis redet den Sänger an, ihm die Straße nach Isfahan, der Hauptstadt Iraks, zu zeigen.

5 Den dort vorbeifließenden Fluss *Sinderud* oder Lebensfluss findet er von selbst in den Tränen des Aug's.

6 *Barbüd*, der Kammersänger *Chosrus Perwis* und nach der orientalischen Sage der Erfinder des Barbiton, das ihm vielmehr seinen Namen geliehen.

[7] *Efrasiab,* ein durch das Schahname und andere alte persische Geschichten berühmter Fürst von Turan, der Erbfeind Irans, d.i. des alten Persiens. Die Beherrscher Turans waren Dränger, gewaltige Eroberer und furchtbare Dynasten, deren Nachfolger noch heute mit ihren Namen turannoi Tyrannen benennet werden.
[8] *Tur, Solem* und *Iredsch,* die drei Söhne *Feriduns,* eines der ältesten Universalmonarchen Asiens, dessen Teilung seiner Länder unter diesen drei Söhnen viele blutige Kriege veranlaßte.
[9] *Piran,* der Feldherr, und *Schida,* ein Sohn Efrasiabs.
[10] Das Los hat verschiedentlich die Nahrungszweige und Erwerbsquellen unter die Menschen verteilt; den einen macht es zum Schreiber, den andern zum Soldaten, und (wie Sudi größerer Deutlichkeit willen hinzusetzt) den einen zum Schneider, den andern zum Schuster, den einen zum Koch, den andern zum Bäcker.

Inhalt

Bibliografische Information der Deutschen Nationalbibliothek
Die Deutsche Nationalbibliothek verzeichnet diese Publikation in der Deutschen Nationalbibliografie; detaillierte bibliografische Daten sind im Internet über http://dnb.d-nb.de abrufbar.

3. Auflage 2020

Der Text wurde ausgewählt und behutsam revidiert
nach der Ausgabe Stuttgart und Tübingen 1812,
in der Übersetzung von Joseph von Hammer-Purgstall
Korrektorat: Dr. Markus Lorenz, Bonn
Covergestaltung: Nicole Ehlers, marixverlag GmbH
Bildnachweis: Detail des Deckenmosaiks im Hafis Mausoleum, Shiraz, Iran
Satz und Bearbeitung: SATZstudio Josef Pieper, Bedburg-Hau
Gesetzt in der Adobe GaramondGesamtherstellung:
CPI books GmbH, Leck – Germany

ISBN: 978-3-86539-305-0

Mehr über Ideen, Autoren und Programm des Verlags finden Sie auf
www.verlagshausroemerweg.de und in Ihrer Buchhandlung.